달라이 라마의
지혜 명상

달라이 라마의
지혜 명상

1판1쇄 인쇄	2020년 2월 17일
1판1쇄 발행	2020년 2월 25일
지은이	달라이 라마
엮은이	툽뗀 진빠
옮긴이	최로덴
펴낸이	남배현
기획	모지희
책임편집	박석동
디자인	동경작업실
펴낸곳	모과나무
등록	2006년 12월 18일 (제300-2009-166호)
주소	서울시 종로구 종로19, A동 1501호
전화	02-725-7011
전송	02-732-7019
전자우편	mogwabooks@hanmail.net
ISBN	979-11-87280-41-5 (03220)

이 책의 판권은 지은이와 모과나무에 있습니다.
이 책 내용의 일부 또는 전부를 재사용하려면
반드시 양측의 서면동의를 받아야 합니다.
모과나무는 (주)법보신문사의 출판브랜드입니다.

이 도서의 국립중앙도서관 출판예정도서목록(CIP)은
서지정보유통지원시스템 홈페이지(http://seoji.nl.go.kr)와
국가자료공동목록시스템(http://www.nl.go.kr/kolisnet)에서
이용하실 수 있습니다.(CIP제어번호: CIP2020006576)

지혜의 향기로 마음과 마음을 잇습니다.

The Dalai Lama

달라이 라마의
지혜 명상

PRACTICING

《입보리행론》〈지혜품〉 핵심 강의

달라이 라마

툽뗀 진빠 편역
최로덴 옮김

WISDOM

모과
나무

 རྗེ་སྲིད་ནམ་མཁའ་གནས་པ་དང་།།
འགྲོ་བ་རྗེ་སྲིད་གནས་གྱུར་པ།།
དེ་སྲིད་བདག་ནི་གནས་གྱུར་ནས།།
འགྲོ་བའི་སྡུག་བསྔལ་སེལ་བར་ཤོག།

허공의 세계가 존재하는 한

중생의 세계가 존재하는 한

저도 그곳에 함께 머물면서

중생의 고를 멸하게 하소서.

8세기 샨띠데바 보살의《입보리행론》회향품 중에서

༄༅། །གནམ་ལོ་གསར་ཚེས་ལ་བཀྲ་ཤིས་བདེ་ལེགས་དང་སྨོན་ལམ་བཅས།།

새해에도 건강과 행복이 함께 하시기를 기도합니다.

티벳 제14대 달라이 라마 땐진 갸초

2020. 1. 1

이 책은 "부처님께서 전하신 일체의 방편 법문은 모두가 다 반야의 지혜를 위해 설하신 것"이라는 게송으로 시작하는 샨띠데바의 《입보리행론(入菩薩行論)》[1] 제9장 〈지혜품(般若波羅蜜)〉에 대한 달라이 라마의 해설법문을 기반으로 한 것입니다. 지혜품 첫 번째 게송에 나오는 이 내용은 단순해 보이지만 부처님 법의 핵심을 꿰뚫는 심오한 통찰을 담고 있습니다. 동시대의 사문(沙門, Śramaṇa)이나 브라흐만 성직자들과는 달리 부처님께서는 '최고의 깨달음(無上菩提)은 자신을 괴롭히는 물리적 고행이나 번잡한 종교의식 혹은 맹목적인 기도를 통해서 이룰 수 있는 것이 아니라 마음을 길들이는 수행을 통해서 가능한 것'이라고 설하셨습니다. 하지만 깨달음을 얻지 못하고 윤회에 속박된 우리의 현실은 존재의 본질에 대한 근본적인 무지에 뿌리를 내리고 있습니다. 따라서 깨달음을 이루는 핵심 요소는 자아(人我)와 현상(法我)의 본질을 깊이 이해하는 것입니다. 이것이 부처님께서 지혜의 개발을 강조하는 이유입니다.

샨띠데바의 《입보리행론》을 대승불교의 가장 중요한 철학서 중 하나이자 정신적 지침서로 꼽는 일은 결코 과장된 것이 아닙니다. 8세기에 저술된 이 문헌은 구경의 깨달음을 원만하게 성취하기 위한 보살의 긴 여정이 주제인데, 이후의 불교사에서 기념비적 고전으로 자리 잡았습니다. 이와 유사하게 게송으로 저술된 또 다른 대승불교의 고전인 아리야슈라(Ārya-śūra, ca. 4 C.E.)의 《바라밀약설(Pāramitāsamāsa)》²은 대승 육바라밀의 구성체계를 좀더 명확하게 적용한 문헌입니다. 하지만 샨띠데바의 문헌은 육바라밀의 구조를 그만큼 엄격하게 적용하고 있지는 않습니다. 정지(留念), 인욕, 정진, 선정, 지혜를 설하고 있는 (제5장에서 제9장까지가) 네 가지 바라밀에 해당하기는 하지만, (제1장에서 제4장까지의) 처음 네 가지 장들은 발보리심發菩提心에 대한 다양한 면들을 다루고 있습니다. 그리고 마지막 (제10장)은 이타적 회향으로 향하는 보살의 깊은 원력을 보여줍니다.

샨띠데바의 이 고전이 처음 티벳어로 번역된 시기는 대략 9세기 무렵인데, 카슈미르 편집본을 통해 이루어진 것입니다. 이후 로짜와(譯經師) 린첸 상뽀(Lotsāba Rin chen bzang po, 958~1055)가 중인도판 편집본의 근본게송(本頌)과 관련 주석서들을 기반으로 주의 깊게 비교하여 수정하였고, 이에 더해 12세기의 유명한 티벳인 역경사인 응옥 로덴 셰랍(rNgog bLo ldan shes rab, 1059~1109)이 기존의 판본들을 다시 한 번 비판적으로 검토하여 개정하였습니다.

인도 벵골 지방에서 온 스승 아띠샤(Atiśa, 982~1054)와 그의 직제자인 돔뙨빠('Brom ston pa rgyal ba'i 'byung gnas, 1004/5~1064) 그리고 이어지는 까담파(bKa' gdams pa)3 전통 초기의 주요 스승들이 자신들의 가르침에 샨띠데바의 보리심 가득한 게송들을 꾸준히 인용한 덕분에 《입보리행론》의 가르침은 티벳 내에서 강력한 대중성을 확보하게 되었습니다. 나가르주나(Nāgārjuna)의 《보행왕정론(Ratnāvalī)》4, 아상가(Asaṅga)의 《보살지(Bodhisattvabhūmi)》5와 함께 샨띠데바의 문헌은 티벳불교 전통에서 창안된 로종(blo sbyong, 修心) 수행의 근본 교재가 되었는데, 이 수행의 중심 목적은 일체중생을 위해 구경보리를 이루려는 이타적 보리심을 함양하는 것입니다. 또한 그와 같은 이타적 원리를 일상에서 구현하기 위한 것입니다. 이어진 9백여 년 동안 이 짧은 문헌에 대한 대중적 관심과 영향력은 티벳불교의 거의 모든 종학파들에게 미치게 되었고, 이로 인해 싸꺄 오조五祖(Sa skya gong ma rnam lnga)의 두 번째 스승인 쐬남 쩨모(bSod nams rtse mo, 1142~1182), 로종 수행의 스승인 톡메 상뽀(rGyal sras dNgul chu Thogs med bzang po, 1297~1371), 겔룩파의 위대한 저술가 걜찹 제(rGyal tshab dar ma rin chen, 1364~1432), 그 외 까규파(bKa' brgyud pa)의 스승들과 유명한 역사가인 빠오 쭉락 텡와(dPa' bo gtsug lag phreng ba, 1504~1564/66) 그리고 잘 알려진 닝마파

(rNying ma pa)의 스승 쟈 뺄툴(rDza dpal sprul Rin po che, 1808~1887) 린포체 등과 같은 위대한 티벳인 스승들의 실증적인 주석서들이 나오게 되었습니다.

한 가지 분명한 것은 이 문헌이 현 제14대 달라이 라마의 실천 적 사상에 지대한 영향을 끼쳤다는 사실입니다. 《입보리행론》은 달라이 라마가 불교도를 대상으로 한 수많은 대중법문에서 가장 자주 인용하는 문헌일 뿐만 아니라 심지어 비불교도인 청중들에 게 대중강연을 할 때도 열정적으로 그 의미를 공유하는 내용입니 다. 실제로 다음의 게송은 달라이 라마가 가장 중요하게 여기는 삶 의 지표이자 원천으로 여기는 내용입니다.

허공의 세계가 존재하는 한
중생의 세계가 존재하는 한
저도 그곳에 함께 머물면서
중생의 고를 멸하게 하소서!

이 고전적인 인도불교의 문헌이 티벳인들에게 그토록 많은 사랑을 받은 이유는 아마도 게송의 아름다움 때문일 것입니다. 이 문헌의 저자인 샨띠데바는 원력을 품은 보살의 다양한 수행적 요소와 함 께 개인적 통찰을 담은 일련의 게송들을 대부분 일인칭 시점에서 서술하고 있습니다. 그의 게송들은 대부분 강력하고 즉각적인 감동과 보리심을 일깨우는 통렬함을 담고 있습니다.

영문 편역을 맡은 저(Thubten Jinpa) 역시 티벳의 많은 젊은 승려들처럼 이 문헌을 10대 초반에 암송할 수 있는 특전을 누렸습니다. 더불어 제가 속해 있던 남인도의 승원에서 가끔 시원한 밤이 되면 가슴속 깊이 그 게송들을 통째로 염송하는 영광을 여러 번 누리기도 하였습니다. 1970년대 망명 티벳인들이 정착촌을 형성한 남인도의 그 작은 승원에 딸려 있던 옥수수 밭에서 일하던 노동의 시간에도 그 게송들을 암송하며 행복했던 기억이 지금도 여전히 생생합니다. 이 문헌의 티벳어본 게송들은 원래부터 티벳어로 쓰여진 시문학 작품이라고 해도 좋을 만큼 완벽하게 계량된 시문으로 번역되어 있기 때문에 티벳인들이 암송하고 기억하기가 좋습니다.

본문의 기반이 되는《입보리행론》제9장 지혜품은 또 다른 문헌으로 분류해도 될 만큼 고도로 정교화된 철학적 논서입니다. 샨띠데바는 다음과 같은 게송으로 지혜품을 시작합니다.

이[전에 설한] 모든 [가르침의] 가지들은
부처님께서 지혜를 위해 설하신 것이다.
그러므로 고를 제멸하고자 하는 이들은
부처님의 이 지혜를 개발해야 할 것이다.

지혜(般若)를 개발해야 하는 본질적인 중요성을 강조하는 이 게송과 함께 샨띠데바는 이어지는 게송들을 통해 자신이 이해한 바에 따라 부처님께서 교설하신 존재의 궁극적 본질에 대한 핵심적 교의를 체계적으로 제시합니다. 중관학파의 입장을 따르는 그에게 있어 존재의 궁극적 본질이란 존재를 이루는 모든 요소들의 자성自性이 공한 것(空性)을 의미합니다. 다시 말해, 지혜를 개발한다는 것은 공성에 대한 이해를 가장 깊은 차원에서 개발한다는 것을 의미합니다. 지혜를 개발하는 수행에 대한 샨띠데바의 설명은 크게 세 부분으로 나누어져 있는데, (1) 이제二諦의 본질과 특징에 대한 설명, (2) 단지 윤회의 해탈만을 원하는 이들도 공성을 깨달아야 하는 필요성에 대한 설명, (3) 공성의 진리를 성립시키는 다양한 논리들에 대한 광범위한 설명으로 구분됩니다.

샨띠데바는 본문의 첫 번째 부분(1)에서 이제(俗眞二諦)의 본질에 대한 그의 이해와 더불어 [소승들의] 실유론적 관점(見)과 나아가 같은 대승학파인 유식학파의 견해를 주로 살펴보면서 그들의 관념론적 관점을 지속적으로 논박합니다. 또한 두 번째 부분(2)에서는 그의 전체적인 주장의 일부로서 [소승들이] 윤회의 해탈 정도만을 이루려고 해도 공성의 지혜가 필요하다는 것과 대승경전의 유효함을 포함한 대승교설의 정통성을 체계적으로 입증하고 있습니다. 그렇게 함으로써 그는 나가르주나와 아상가 그리고 대승보리도의 유효함을 입증하기 위한 목적으로 실증적인 저술을 남겼던 바바비베까(Bhāvaviveka, 淸辨)와 같은 뛰어난 선대 스승들의 발자취를 따라갑니다. 마지막 세 번째 부분(3)은 인무아와 법무아에 대한 부처님의 가르침을 담고 있으며, 공성의 진리를 성립시키는 '연기법의 논리'와 함께 다양한 형태의 논리들을 제시합니다. 이 과정에서 그는 아뜨만(ātman, 我) 혹은 영원한 자아를 상정하는 이론, 근본물질(Prakṛti, 原質)을 상정하는 상키야학파(Sāṃkhya, 數論派)의 이론, 최고신(Īśvara, 自在天)의 창조설을 주장하는 시바파(Śaivam)의 이론과 극미의 원자론을 제시하는 바이셰시카파(Vaiśesikā, 勝論派)의 이론, 그리고 우연한 발생을 주장하는 짜르바까(Cārvāka, 唯物論派)의 이론 등과 같은 인도의 비불교학파 학설체계들을 광범위하게 논파하고 있습니다. 이를 통해 인무아와 법무아에 대한 실증적인 명상법을 설명하고 있는데, 이것은 일반적으로 잘 알려져 있는 신수심법身受心法의 사념처四念處를 기반으로 한 수행적 관점에서 제시된 것입니다. 그리고 본문의 지혜품은 일체중생을 향한 '무한한 대비심과 반야의 지혜를 결합'하여 '궁극적인 공성의 지혜를 개발'하라는 감동적인 권유로 끝을 맺습니다.

달라이 라마는 보통의 지성과 신심으로는 이해하기 쉽지 않은 본문의 지혜품을 많은 시간 다양한 법문을 통해 해설하셨고, 이들 중 일부는 이미 출판되어 있습니다.[6] 이 책의 특별한 점은 지혜품에 대한 달라이 라마의 법문이 19세기 티벳불교의 중요한 종학파적 관점을 각각 대변하는 두 편의 흥미로운 문헌을 기반으로 하고 있다는 것입니다. 하나는 닝마파의 관점을 대변하는 캔뽀 꾄상 뺄

댄(mKhan po kun bzang dpal ldan, 1862~1943)의 《*Sacred Words of My Teacher Manjushri*(나의 스승 문수보살의 성스러운 말씀)》이라는 제목의 문헌이며, 다른 하나는 겔룩파의 관점을 대변하는 미냑 뀐상 쇠남 (Mi nyag kun bzang bsod nams)의 《*Brilliant Lamp Illuminating the suchness of Profound Dependent Origination*(심오한 연기緣起의 진여 를 밝히는 밝은 등불)》이라는 제목의 문헌입니다.7 두 문헌의 저자는 모두 《입보리행론》의 이론과 실천을 특별히 닝마파 전통에 적용하 여 활성화시키는 데 크게 기여한 '리메(Ris-med, 無山)운동'의 계몽 가 쟈 뺄툴 린포체의 제자들입니다. 또한 두 저자는 모두 19세기 초 동티벳 지역에서 처음으로 시작된 무종파적 혹은 무정파적 불 교(和諍)운동인 리메운동의 적극적인 참여자들이기도 합니다.

달라이 라마는 샨띠데바의 문헌 중에서도 가장 중요한 부분에 해당하는 이 지혜품의 내용을 구체적인 게송(本頌)에 따라 자세하 게 설명하고 있습니다. 이 내용은 '본송의 해설' 부분에서 살펴볼 수 있습니다. 여기에는 불교의 실천수행(菩提道)에 대한 달라이 라 마의 깊은 통찰이 드러나 있습니다. 결과적으로 보면 이 해설 자체 가 하나의 철학적 고전이라고 할 수 있습니다. 한편, 본문에는 '지 혜의 개발'이라는 부분이 있는데, 이것은 샨띠데바의 근본송(本頌) 을 좀더 명확하게 이해할 수 있도록 대승의 핵심교리를 부연 설명 한 것입니다. 달라이 라마는 이 부분을 통해 반야의 공성과 관련 한 대승불교의 가장 중요한 문헌 중 하나인 《입보리행론》이 독자들에게 좀더 깊이 경험될 수 있도록 풍부한 해석적 기반을 제공합니다. 이와 같은 본서의 내용은 이전에 개최된 프랑스 법회(1991)에서 설한 달라이 라마의 예비 법문에 기반을 두고 있습니다.

앞에서 설명한 것처럼 달라이 라마는 닝마와 겔룩이라는 티벳불교의 두 주요 학파의 해석적 관점을 반영하고 있는 위의 두 문헌을 자신의 실천적 사상에 융합하는데, 이에 대한 과정을 설명하기 위해 19세기 말 티벳에서 일어난 특별한 논쟁을 하나 소개합니다. 이 논쟁은 유명한 닝마파의 사상가이자 리메운동의 주도자였던 미팜 린포체(Ju Mi pham rnam rgyal rgya mtsho, 1846~1912)의 《입보리행론》 지혜품 주석서인 《께따까:정화의 보석》[8]이라는 문헌에서 촉발된 것입니다. 미팜의 주석서는 그 비주류(自立論證派)적 해석으로 인해 겔룩파의 여러 저술가들에게 주목을 받았고 결과적으로 주류(歸謬派)학파의 집중적인 비판을 받았는데 이에 직접적으로 개입한 겔룩파의 학자는 당시에 명성을 떨치고 있던 닥까르 툴꾸(Brag dkar blo bzang dpal ldan bstan 'dzin snyan grags, 1866~1928)라는 분입니다. 그 또한 리메운동의 참여자였습니다. 티벳불교의 주요 종파에 해당하는 이들 두 전통 사이에서 펼쳐진 지혜품 해석의 구체적인 차이점에 대해서는 이 책에 제시된 달라이 라마의 입장과 따로 구별하기 위해 독자들의 몫으로 남기고자 합니다. 달라이 라마는 지혜품 본문에 제시된 다양한 철학적 통찰이 실증적인 실천 수행으로 이어지도록 대부분의 법문을 사색적 통찰을 독려하는 '지혜의 명상'으로 마무리합니다.

이 책은 1993년 프랑스 티벳불교센터연합회의 초청으로 라보르(Lavaur)의 바즈라요기니연구소(Vajra Yogini Institute)에서 일주일간 진행된 달라이 라마의 법문에 기반하고 있습니다. 이 법회에서는 앞서 프랑스 도르도뉴(Dordongne)에서 일주일간 진행된 샨띠데바의 《입보리행론》 제1장부터 제7장까지의 법문9에 이어진 후속 법문이 설해졌습니다. 당시에 유럽 여러 나라에서 수많은 참석자들이 몰려들었기 때문에 법문의 내용은 이후 영어, 프랑스어, 독일어, 스페인어, 이탈리아어 등 유럽의 주요 언어로 번역되었습니다. 법회는 부처님의 가르침에 대한 일주일간에 걸친 진지한 정진의 시간이었을 뿐만 아니라 수행의 도반들을 서로 연결하고 재결합하여 각자의 경험과 이해를 공유하는 놀라운 축제의 장이었습니다. 저 역시 매번 달라이 라마의 법문을 영어로 통역하는 영광을 누리고는 하였습니다.

이 책이 성공적으로 출판되기까지 수많은 분들의 도움이 있었습니다. 패트릭 램블렛(Patrick Lambelet)이 초벌 번역을 하였고, 사만다 켄트(Samantha Kent)는 제가 편역을 하는 과정에서 전체적인 편집과 교정을 맡아주었습니다. 게리 머튼(Gary Mutton)은 좀더 읽을 만한 영어 문장으로 추가적인 편집 작업을 도와주었고, 데첸 로차드(Dechen Rochard)는 여러 구절들에 대해 의미 있는 조언을 해주었습니다. 이 분들 모두에게 깊은 감사를 드립니다. 특히 저에게 이

책의 편역을 권유한 위즈덤 출판사의 티모시 맥닐(Timothy McNeill)
에게 감사드리며, 더불어 편역의 여러 과정에서 날카로운 조언으
로 도움을 주며 오랫동안 저를 담당해온 위즈덤 출판사의 편집자
데이비드 키텔스트롬(David Kittelstrom)에게도 감사를 드립니다. 더
불어 그는 불교철학과 명상 수행에 대한 달라이 라마의 가르침들
을 출판하는 우리의 프로젝트에 대해서도 여러 해 동안 지속적으
로 관심을 가져주었는데, 이 기회를 빌려 다시 한 번 진심으로 깊
은 감사를 드립니다.

몬트리올에서

툽뗀 진빠(Thupten Jinpa)

차
례

서론

청정발심

청정한 가르침을 전하는 스승으로서 가능한 한 독자들의 순수한 동기(淸淨發心)를 일깨우기 위해 지금부터 최선을 다하고자 합니다. 그러므로 깨달음을 구하는 제자의 입장에서는 가르침을 들을 때 신실한 마음과 선한 동기를 가지고 접근하는 것이 중요합니다.

　부처님의 가르침을 따르는 이들이나 구경의 완전한 깨달음을 이루기 위해 부처님 법을 수행하는 이들이라면, 따뜻한 마음을 가진 좋은 사람이 되겠다는 목표를 잃지 말아야 합니다. 이러한 목표는 자신의 노력이 헛된 것이 아님을 확신하게 하며, 복덕의 자량을 쌓고 주변을 긍정적인 기운으로 채워 나가는 데 도움을 줍니다. 이제부터 가르침을 들으려는 이들은 먼저 불법승 삼보에 귀의하고, 그런 다음 그 동기를 다시 확인해야 합니다. 구경의 완전한 깨달음을 향한 수행은 모든 중생들을 이롭게 하기 위한 이타적인 마음에서 이루어져야 하는 것입니다. 따라서 진심 어린 발보리심發菩提心이 필요합니다. 삼보에 귀의하지 않는 수행은 불교의 수행이 될 수 없습니다. 또한 보리심이 없이는 모든 중생들을 위한 깨달음을 얻을 수 없으며, 보리심이 없는 모든 행위들은 대승불교의 실천수행이 될 수 없습니다.

　불교를 수행하지 않는 일부 독자들도 불교의 가르침에 진지한 관심을 보일 수 있습니다. 그들은 기독교와 같은 다른 종교적 배경을 가진 이들일 수도 있고, 마음을 길들이고 전환하는 불교의 수행 방법에 관심을 가진 이들일 수도 있습니다. 이와 같이 불교를 수행하지 않는 독자들도 선한 마음과 선한 동기를 가져야 하는 것은 마찬가지입니다. 또한 이 책에서 자신에 맞는 특정한 수행법을 찾아 자신의 정신적인 삶을 풍요롭게 할 수 있다면, 그렇게 하는 것이 좋습니다. 반면에 이 책을 통해 아무런 도움도 받지 못한다면, 한편에 그냥 미루어 두어도 무방합니다.

개인적인 입장에서 보면, 저는 부처님의 가르침 중에서도 특히 존재에 대한 깊은 본질(空性)과 자비심(菩提心)에 관심이 아주 많기 때문에, 깊은 신심을 가지고 부처님 법에 헌신한 불교의 한 비구 승려일 뿐입니다. 그래서 부처님의 풍부한 정신적인 가르침을 다 대변할 능력은 없지만, 저에게 주어진 역사적 책임을 다하기 위해 제가 가지고 있는 불교에 대한 이해를 가능한 많은 사람들과 나누기 위해 항상 노력합니다.

이 가르침을 듣는 많은 이들은 그들이 목표하는 대로 자신의 마음을 전환하고 길들이는 방법을 찾게 될 것입니다. 스승이라면 가능한 한 자신이 가르치고 있는 주제에 대해 완전한 지식을 가지고 있는 것이 바람직합니다. 하지만 제 자신도 지금부터 제가 가르치려고 하는 주제에 대해 완전한 지식을 가지고 있다고 말하지 못합니다. 아직도 부족한 면이 너무나 많기 때문입니다. 그래도 이렇게 인연이 맺어진 이상 할 수 있는 한 최선을 다해 부처님 법의 깊이를 드러내고자 합니다. 우리가 공부하고자 하는 내용은 주로 공성의 교리에 관한 것입니다. 개인적으로 저는 공성의 철학에 대해 깊이 찬탄합니다. 그리고 기회가 있을 때마다 할 수 있는 한 최선을 다해 공성을 관하고 그에 대해 통찰하려고 애씁니다. 부족하지만 약간의 이해를 드러낼 수 있는 저의 작은 경험에 의하면, 공성은 살아있는 철학이라는 것과 그에 대한 이해는 자신의 삶에 확실한 영향력을 미친다는 것입니다. 끊임없이 공성을 생각하기 때문에 정서적으로도 항상 연결되어 있다는 것을 느낍니다. 본문의 내용을 가르칠 수 있는 스승으로서 제가 가지고 있는 자격은 이 정도가 전부입니다. 부족하더라도 너그러이 이해하시기 바랍니다.

지성과 신심

불교에 대한 깊은 관심을 가지고 부처님의 풍요로운 가르침을 탐구하기 위해 정신적인 깨달음의 길(菩提道)에 이제 막 들어섰거나 이미 들어선 이들은 그저 그 길에 편승하기 위한 단순한 믿음만으로 모든 것을 받아들여서는 안 됩니다. 그렇게 하면 냉철한 판단력을 잃게 되고 위험이 따르게 됩니다. 진심으로 헌신하거나 믿을 수 있는 대상을 찾고자 한다면, 오히려 냉철한 판단을 통해 얻은 자발적 이해와 확신이 필요합니다. 냉철한 판단과 분석적인 통찰의 결과로 깊은 확신을 얻으면, 그때는 신심이 저절로 일어나게 되므로 결코

물러서지 않게 될 것입니다. 이성적 판단을 기반으로 형성된 신뢰와 신심은 아주 견고하고 믿을 만한 것입니다. 지성을 사용하지 않고 맹목적으로 부처님의 가르침을 믿고 따른다면, 그것은 결국 스스로도 이해하지 못하는 불합리한 신앙이 되고 마는 것입니다.

중요한 것은 부처님의 가르침에 대한 개인적인 이해의 폭을 넓히는 것입니다. 2세기 인도불교의 위대한 스승이셨던 나가르주나(Nāgārjuna, 龍樹)는 지성과 신심 둘 다가 우리의 정신적 발전을 위한 결정적인 요소이며, 그중에도 신심이 근간이라고 말합니다. 하지만 그러한 신심이 정신적인 진보를 이루어 낼 충분한 힘을 가지기 위해서는 깊은 통찰력을 더할 수 있는 지성의 힘이 필요하다고 강조합니다. 그렇다고 자신의 이해 수준을 단순한 지식의 차원에 머물게 해서는 안 됩니다. 오히려 자신의 행동에 직접적인 영향을 미치도록 가슴 속 깊이 마음에 스며들게 해야 합니다. 그렇지 않으면 자신의 불교 공부는 메마른 지식이 되어 자신의 태도나 행동 혹은 삶의 방식에 아무런 영향도 미치지 못하는 무의미한 일이 되고 말 것입니다.

근본 경전

티벳불교에서 현교경전(Sutra)이나 밀교경전(Tantra)과 같은 근본경전(bka' 'gyur, 佛說部)들은 부처님의 말씀 그 자체와 같습니다. 이와 함께 티벳대장경에는 인도의 학자들이 저술한 방대한 양의 논서들 (bstan 'gyur, 論疏部)이 있습니다. 또한 티벳불교 4대종파에 속한 여러 위대한 스승들의 수많은 주석서들이 포함되어 있습니다. 본문에서 부처님의 가르침을 공부하기 위해 우리가 사용하는 근본경론은 8세기 인도불교의 위대한 스승 샨띠데바 보살이 저술한《입보리행론(入菩薩行論)》제9장 지혜품(般若波羅蜜)입니다.

저의《입보리행론》구전법맥은 위대한 명상가이자 정신적 스승이셨던 쿤누 라마 린포체(Khu nu bla ma bstan 'dzin rgyal mtshan, 1895~1977)로부터 전승받은 것입니다. 스승께서는 샨띠데바의《입보리행론》을 기반으로 평생 이타적인 보리심을 수행하신 분입니다. 쿤누 린포체는 이 법을 쟈 뺄툴 린포체(rDza dpal sprul Rin po che)로부터 전승받았습니다.

본문에서는 샨띠데바의 게송을 주석하기 위해 두 가지 중요한 참고문헌을 사용할 것입니다. 하나는 캔뽀 뀐뺄(mKhan po Kun bzang dpal ldan)의 저서인데, 이 문헌은 닝마파의 용어들을 주로 반영하고 있습니다. 다른 하나는 미냑 뀐쇠(Mi nyag Kun bzang bsod nams)의 저서인데, 그는 본래 닝마파에 속한 쟈 뺄툴 린포체의 제자였으나 자기 자신은 겔룩파의 입장에 서있었기 때문에 주로 겔룩파의 용어를 사용합니다. 이에 따라 제9장 지혜품의 근본 게송을 해설하는 동안 이 두 분의 해석상의 차이점을 주의 깊게 살펴볼 것입니다. 잘 염두에 두시기 바랍니다!

지혜의 명상

[지금부터 우리는 반야의 지혜를 일깨우기 위한 명상을 시작하려고 합니다. 명상은 넓게는 모든 수행의 과정과 결과를 아우르고 좁게는 특정한 대상에 집중하거나 그 대상을 분석하여 통찰하는 일입니다.

우리가 입문하고자 하는 명상은 반야의 지혜를 개발하기 위한 명상입니다. 따라서 반야의 지혜를 개발하기 위한 준비가 필요합니다. 스승의 입장에서 보면, 대승 반야바라밀의 수행은 순수한 동기(淸淨發心)를 기반으로 통렬한 지성과 지극한 신심이 필요합니다. 가공된 지식이나 맹목적 신앙이 아닌 냉철한 지성과 바른 신심이 필요한 것입니다. 더불어 해탈 열반의 지혜를 반드시 성취하여 일체중생을 윤회고에서 벗어나게 하겠다는 의지(願菩提心)가 필요합니다.]

불교의 전개

역사적 배경

지금으로부터 약 2,500여 년 전 인도에서 태어나신 석가모니 부처님은 중생들의 성품과 근기에 따라 수많은 방편과 다양한 수행의 기술로 그들을 능숙하게 해탈의 길로 인도하신 자비로운 스승이었습니다.

부처님의 가르침은 이후에 나가르주나와 아상가(Asaṅga, 無着) 등 인도불교의 위대한 스승들로 계승되면서 영적으로 더욱 풍성한 대승적 전통으로 발전했습니다. 이처럼 인도에서 만개한 불교는 이후 아시아의 여러 나라로 전파되었습니다. 티벳의 경우는 7~8세기경부터 불교가 번성하기 시작하였습니다. 당시 역사의 중심에는 인도의 승원장이었던 샨따락시따(Śāntarakṣita, 寂護), 위대한 스승이신 빠드마삼바바(Padmasambhava, 蓮花生), 그리고 왕국의 군주였던 티쏭 데짼(Khri srong lde btsan) 왕 등이 있었습니다. 이 시기부터 티벳의 불교는 급속하게 발전하기 시작하였습니다. 이후 인도불교의 위대한 스승들과 그 법맥을 이어받은 여러 티벳인 스승들의 헌신적인 노력 덕분에 부처님의 가르침은 티벳 전역으로 빠르게 확산되었습니다. 그리고 시간의 흐름에 따라 지리적인 요인으로 인해 티벳불교에는 네 개의 주요 종학파가 설립됩니다. 이와 같은 종학파 불교의 출현은 용어적 선택의 다양성 그리고 다차원적인 견해와 선정 수행의 강조점이 다른 데서 비롯된 것입니다.

4대 종학파 중에 첫 번째 학파는 빠드마삼바바의 시기에 시작된 닝마파(rNying ma pa, 古派) 즉 구역舊譯 시기의 학파입니다. 그 이후 위대한 역경사 린첸 상뽀(Rin chen bzang po, 958~1055)가 등장하면서 나머지 세 학파인 까규파(bKa' brgyud pa), 싸꺄파(Sa skya pa), 겔룩파(dGe lugs pa) 등의 신역新譯 시기의 학파들이 출현합니다. 이 4대 종학파의 공통점은 그들 모두가 불교의 완전한 형태를 갖추고 있는 것입니다. 왜냐하면 율장을 포함한 소승의 가르침뿐만 아니라 각자의 법맥에 따른 대승과 금강승의 핵심 가르침을 모두 담고 있기 때문입니다.

불교의 보리도

본문에 들어가기에 앞서 먼저 불교도가 아니거나 불교의 가르침을 처음 접하는 이들을 위해 불교에서 제시하는 '깨달음의 길(菩提道)'이 무엇인지 개괄적으로 살펴보겠습니다.

우리 모두는 감각과 의식을 가진 인간으로서 행복은 원하고 고통은 피하고 싶어 하는 본능이 있습니다. 그리고 우리 모두는 이와 같은 본능적인 열망을 이루기 위한 기본적인 권리가 있습니다. 성공하든 실패하든 인생에서 추구하는 모든 것은 어떤 식으로든 이 기본적인 욕망을 채우기 위한 것입니다. 또한 해탈의 열반이든 구원의 은총이든 혹은 윤회의 재생再生을 믿든 안 믿든 우리는 모두 영적인 해방을 추구하며 살고 있습니다. 분명한 것은 아픔이나 기쁨, 행복이나 불행을 경험하는 모든 일이 다 우리 자신의 감정이나 사고방식 등과 직접적으로 연결되어 있다는 것입니다. 실제로 이 모든 것들은 마음에서 일어난다고 말할 수 있습니다. 이 때문에 세계의 주요 종교가 모두 마음의 변화에 기반한 영적인 성취의 길을 강조합니다.

특히 불교에서는 정신적인 깨달음의 길 전반에 걸쳐서 우리의 감각에 '나타나는 현실'과 그 현실이 실제로 '존재하는 방식'에는 심오한 차이가 존재한다고 말합니다. 이것은 결국 존재의 본질을 대하는 차이로 인해 번뇌와 망상, 실망과 좌절 등 모든 종류의 심리적 혼란이 생기고, 그에 따라 고통이 야기된다는 말과 같습니다. 특정한 상황에서만이 아니라 일상에서도 우리는 끊임없이 속임수나 환멸에 빠지는 경험을 합니다. 이러한 상황을 극복하는 가장 효과적인 대치법 중에 하나는 우리의 지식이나 관점의 폭을 지속적으로 넓혀 나감으로써 존재의 현실과 더욱 친숙해지는 것입니다. 그렇게 되면, 더 이상 실망과 좌절에 빠지지 않고 어려움을 좀더 잘 극복하는 자신을 발견하게 될 것입니다.

의식적인 차원에서도 관점의 폭을 넓혀 존재의 본질을 통찰(觀)하는 힘을 키우는 것은 중요한 일입니다. 이를 통해 자신(人我)과 현상(法我)을 인식하는 방식에서 비롯되는 근본적인 오해나 무지를 제거할 수 있기 때문입니다. 이에 따라 불교에서는 현실의 기본적인 구조를 형성하는 두 가지의 진리(二諦)를 제시하여 속박의 원리와 해탈의 원리를 깨닫도록 하고 있습니다. 또한 이와 같은 이해를 바탕으로 다양한 차원의 깨달음의 길과 경지를 설명하고 있습니다. 하지만 결과적으로 모든 경지는 자신의 통찰을 기반으로 스스로 깨달아야 합니다. 따라서 불교적인 깨달음의 길에 들어선다는 것은 현실의 본질에 대한 깊은 차원의 통찰을 스스로 수행한다는 의미입니다. 이와 같은 기반이 없다면 그것은 허망한 모래성을 짓는 것과 같기 때문에 고도의 영적인 깨달음은 끝내 이룰 수가 없습니다.

사성제와 인과의 원리

완전한 깨달음을 이루신 부처님께서는 맨 처음 사성제를 통해 가르침의 법(初轉法輪)을 설하셨습니다. 사성제는 고苦에 대한 진리인 고제, 고의 원인에 대한 진리인 집제, 고의 소멸에 대한 진리인 멸제, 그리고 멸제에 이르는 법에 대한 진리인 도제를 말합니다.

사성제의 핵심에는 인과의 원리가 담겨 있습니다. 이를 기반으로 사성제를 원인과 결과의 두 쌍으로 나누어 분류할 수 있습니다. 한 쌍은 우리가 바라지 않는 고의 경험에 관한 것이며, 다른 한

쌍은 행복과 적멸에 관한 것입니다. 다시 말해 고통의 현실인 고제는 그 원인이 되는 집제의 결과라는 것이며, 고를 벗어난 해탈의 경지인 멸제는 해탈의 보리도를 수행한 도제의 결과라는 것입니다. 따라서 고를 벗어난 결과는 영적인 열망의 최종 목표인 행복(至福)이며, 혹은 진정한 자유의 경계인 해탈입니다. 이러한 가르침들은 모두 현실의 본질에 대한 깊은 통찰을 통해 설해진 것입니다.

세 가지의 고(三苦)

고의 진리인 고제는 우리가 직접적으로 느끼고 경험하는 고통 그 이상을 의미합니다. 첫 번째 차원의 고는 동물들도 원치 않는 보통의 물리적 고통입니다. 이는 고고苦苦라고 합니다. 두 번째 차원의 고는 변화의 고인 괴고壞苦입니다. 이러한 고는 흔히 즐거운 감각을 통해 이루어집니다. 이것은 우리의 일상에서 즐거웠던 감각이 다른 감각으로 대치되는 변화를 경험하는 것과 같습니다. 즐거웠던 감각이 사라진 자리를 고통의 감각이 대신하는 것입니다. 변화로 인한 고의 경험입니다. 잠시 얻어진 즐거움 속에도 채워지지 않은 불만족이 잠재해 있기 때문에, 시간의 흐름에 따라 그것이 드러나게 되면 그 순간 고를 경험하게 되는 것입니다. 우리가 이와 같은 고를 경험하는 것은 우리의 일상적인 삶에 본질적인 불만족이 함께하기 때문입니다.

　세 번째 차원의 고는 우리의 삶에 깃들어 있는 조건부 고통입니다. 흔히 애착의 대상이 사라짐에 따라 생겨나는 정신적 괴로움을 말하는데, 이를 행고行苦라고 합니다. 이러한 고통은 즉각적으로 인식하기가 쉽지 않기 때문에 좀더 깊은 차원의 통찰력이 요구됩니다. 일반적으로 우리는 온갖 종류의 선입견이나 편견, 두려움이나 희망 등을 가지고 있습니다. 이러한 사유의 과정과 감정은 특정한 마음의 상태를 만들고 그로 인해 여러 가지 행동이 유발되는데, 그 중 대부분은 파괴적이며 종종 그 이상의 정신적 괴로움(煩惱)과 감정적 혼란(妄想)이 야기되기도 합니다. 이러한 번뇌와 망상은 모두 몸과 말과 생각(身口意)의 특정한 행위와 관련이 있습니다. 하지만 어떤 행위들은 긍정적인 마음(善)이나 부정적인 마음(惡)과 같은 구체적인 동기에서 나오는 것이 아니라 오히려 차별 없는 중립적인 마음(無記) 상태에서 생겨나는 것이기 때문에 보통은 거의 영향을 미치지 않습니다. 반면에 강력한 동기나 감정에 의해 이루어진 행위들은 그것이 긍정적이든 부정적이든 우리의 마음과 행동에 확실한 흔적을 남깁니다. 특히 그 동기가 부정적인 것이라면 우리의 심신에 각인되는 정도는 훨씬 더 큽니다. 이에 따라 우리는 우리의 일상적인 경험을 바탕으로 자신의 생각과 감정을 들여다보고 그것들이 우리의 행위로 이어지는 인과성을 살펴볼 수 있습니다. 부정적인 행위들을 유발하는 생각과 감정의 순환은 더 큰 번뇌와 망상을 일으키는 조건이 되며 스스로 애써 하지 않아도 끝없이 되풀이됩니다. 이처럼 세 번째 차원의 고는 불만족의 순환 속에 내재된 존재의 속성을 나타내고 있습니다. 불교에서 말하는 '고의 소멸(滅諦)'이란 바로 이 세 번째 차원의 고에서 벗어나서 진정한 해탈을 이루는 것을 말합니다.

해탈의 가능성

누군가는 "불순한 몸과 마음의 구성 요소로 형성된 우리의 존재적 본질을 변화시키는 것이 정말로 가능한 일인가? 혹은 조건화된 존재에 얽매이지 않고도 존재하는 것(解脫涅槃)이 과연 가능한 일인가?"라고 물을 수도 있습니다. 부처님은 멸제를 논하면서 우리 마음속의 부정적인 측면을 완전히 제거하게 되면 일체의 고통에서 완전히 벗어나 해탈할 수 있다고 말합니다. 수행자의 입장에서 보면 아주 깊은 통찰을 필요로 하는 문제입니다.

부처님께서는 법의 큰 수레를 처음 굴리셨던 초전법륜에서 이미 고의 멸제를 설하셨지만, 멸제와 해탈의 본질에 대해서는 이전법륜과 삼전법륜의 대승적인 가르침에서만 그 뜻을 완전히 드러내셨습니다. 법의 큰 수레를 두 번째 굴리셨던 이전법륜에서는 주로 반야부(般若波羅蜜) 경전을 통해 마음의 청정한 본성을 설하셨습니다. 이 관점에서 보면 문제가 되는 다양한 번뇌와 망상은 모두 원인과 조건에 의해 이루어지는 우발(緣起)적인 것입니다. 그것들은 본질적이거나 필연적인 것이 아니기 때문에 충분히 제거될 수 있는 것입니다.

불교를 수행하는 수행자로서 우리는 '우리의 번뇌가 과연 나타나는 그대로 실재하는 것인지, 특히 잘못된 인식과 무지로 현상의 본질을 파악하는 우리의 지식이 존재의 실상에 부합하는 것인지, 그리고 번뇌로 왜곡된 우리 마음의 상태가 현실의 유효한 경험에 기반을 두고 있는 것인지' 등에 대해 비판적으로 질문하고 살펴봐야 합니다. 이러한 분석을 통해 '나타나는 현상이 보이는 그대로 독립적인 것인지 혹은 본질적인 실체인지'에 대해 점검할 필요가 있다는 사실을 알게 될 것입니다. 또한 '개별적인 사람, 사물, 사건 등이 그 자체로 각각 따로 존재하는 것인지'에 대해서도 살펴봐야 합니다. 반야부 경전에서는 존재의 본질에 관한 이러한 문제들에 대해 광범위하게 논의하고 있는데, 주로 모든 현상에는 본래의 자성이 없다는 것(無自性)을 설하고 있습니다. 우리는 자신(人我)과 다른 현상(法我)들을 본래부터 존재하는 것처럼 여깁니다. 그리고 실제로 그렇게 인식하고 경험하는 것이 사실입니다. 하지만 좀더 깊이 분석해보면 그러한 현상들을 독립적인 실체인 양 인식하는 우리의 지각이 오히려 왜곡되었다는 것을 알게 될 것입니다. 이와 같이 분석해보면 나타나는 현상에는 본질적인 기반이 없는데 그에 따른 우리의 지각이 왜곡된 것임을 알게 될 것입니다. 이것이 반야부 경전에서 말하는 무자성의 가르침입니다.

그것은 결국 왜곡된 지각에 의해 생겨나는 분노, 증오, 욕망, 시기, 질투 등과 같은 모든 후속 상태의 번뇌들 역시 현실과 유효한 관련성이 없다는 것을 의미합니다. 따라서 모든 사건과 사물을 본래부터 실재하는 것인 양 인식하는 근본적인 무지(無明)가 왜곡된 지각의 본질적인 원인이기 때문에, 이것은 분석과 통찰(觀)을 통해 바로잡을 수 있다는 것을 알 수 있습니다. 나아가 무지로 인해 존재의 본질을 깨닫지 못하고 있는 우리들도 존재의 속박(輪廻)을 벗어나 해탈할 수 있는 가능성이 있다는 것을 알 수 있습니다. 이것은 깨달음을 얻지 못한 채 속박의 굴레에 갇힌 우리들도 무지의 결과로 형성된 이 불순한 몸과 마음의 집합체(蘊)에서 벗어날 수 있다는 것을 의미합니다. 근본적인 오인誤認 상태를 벗어나는 것이 바로 해탈이고 열반이라는 말입니다. 부처님께서는 이와 같은 방식으로 사성제를 설하셨으며, 다음과 같이 12연기법을 통해 그 가르침의 심오한 깊이를 더하셨습니다.

연기법

《연기경緣起經》10에서, 부처님께서 말씀하셨습니다.

무엇을 연기의 처음이라 하는가

이것이 있으므로 해서 저것이 있고

이것이 생기니 저것이 생김을 말한다.

소위 무명(無知)은 행의 조건(緣)이 되고…

다시 말해, 특정한 사건이나 경험이 일어나기 위해서는 반드시 원인이 있어야 하며 원인 자체가 존재해야 한다는 것입니다. 그 원인은 또한 이전에 선행된 원인의 결과여야 합니다. 만약 원인 그 자체가 하나의 결과물이 아니라면, 그와 같은 원인은 어떠한 결과도 산출할 수 없기 때문입니다. 그래서 부처님께서는 원인이 있기 때문에 그에 따른 결과가 있다는 것(因果法)을 설하신 것입니다. 현재의 원인은 반드시 이전의 원인이 있어야 할 뿐만 아니라 그 원인은 또한 반드시 결과로 이어져야 합니다. 그렇다고 해서 모든 것이 다 무언가를 만들어낼 수 있는 것은 아닙니다. 오히려 특정한 유형의 원인이 특정한 유형의 결과를 맺는 것입니다.

이어서 부처님께서는 근본 무명(無知)으로 인해 행업(行業)이 생기한다고 말씀하십니다. 아픔이나 공포, 죽음 등과 같은 원치 않는 고통은 모두 기본적으로 그에 상응하는 원인에 따른 결과입니다. 따라서 이러한 고통을 끝내기 위해서는 그와 관련된 원인과 그것이 결과로 맺어지는 연결고리를 끊어야 합니다. 그래서 부처님께서는 이전의 요소들이 어떻게 이후의 요소들을 발생시키는지(順行)

에 대해 12연기의 연결고리를 통해 설명하신 것입니다. 또한 역으로 그 틀을 어떻게 벗어날 수 있는지(逆行)에 대해서도 설명하셨습니다. 즉 이전의 요소를 벗어남으로써 이후의 요소를 제거하는 것입니다. 이와 같은 방식으로 근본적인 무명 혹은 무지의 본질적인 원인을 뿌리째 제거하고 일체의 고와 고의 발생 원인에서 완전히 벗어남으로써 구경의 해탈을 경험하게 되는 것입니다.

십이연기에서 무명의 무지는 가장 첫 번째 원인입니다. 이 원인은 우리가 본능적으로 행복은 구하고 고통은 피한다는 기본적인 진실을 반영하고 있는 것으로 보입니다. 이러한 본능은 배워서 생기는 것이 아니라 자연스럽게 타고납니다. 하지만 고통을 벗어나고 싶어 하고 행복을 갈구하는 본능을 타고났어도 행복을 누리기는커녕 고통만 가득한 삶을 사는 것이 우리의 현실입니다. 이것은 우리의 삶의 방식에 본질적인 문제가 있다는 것을 의미합니다. 그토록 열망하는 행복을 어떻게 이루어야 하는지 모르는 것입니다. 그러므로 12연기의 가르침을 통해 우리가 얻을 수 있는 통찰은 무지가 고의 근본 원인이라는 사실입니다.

물론 '근본적인 무지의 본질이 무언인가'에 대해서는 아상가나 다르마끼르띠(Dharmakīrti, 法稱)와 같은 불교 사상가들 사이에서도 해석상의 차이가 있습니다. 대체로 이 무지는 단순히 지식적 무지의 상태를 의미하는 것이 아니라 존재의 본질을 이해하지 못한 채 스스로 그것을 이해하고 있다고 생각하는 것을 의미합니다. 이것은 세상의 사건과 사물들이 각각 독립적으로 혹은 본질적으로 존재한다고 여김으로써 현실을 왜곡된 방식으로 이해하는 것입니다.

분석적 통찰(觀)

일반적으로 사용하는 '무지'라는 용어는 부정적인 상태의 마음과 중립적인 상태의 마음을 모두 나타낼 수 있습니다. 하지만 근본 무지 혹은 근본 무명은 윤회하는 존재의 근본적인 원인이자 우리의 왜곡된 마음 상태를 의미합니다. 이렇게 마음이 왜곡되어 현상의 본질을 잘못 이해하고 있기 때문에, 그로부터 벗어나려면 그 원인이 되는 무지를 제거해야 합니다. 이것은 결국 무지로 생겨난 허상을 분석하고 현실의 본질을 통찰(觀)할 때만 가능한 것입니다. 이러한 통찰은 왜곡된 마음으로 형성된 견해에는 그를 뒷받침할 만한 실질적인 기반이 없다는 것을 확인(修證)할 때 이루어집니다. "원컨대 근본적인 무지를 제거하게 하소서!"라는 기도만으로는 원하는 목표를 이룰 수가 없습니다. 결국은 통찰력을 갖춘 관(觀)의 힘을 길러야 가능한 일입니다. 통찰력을 갖추고 존재의 실상을 꿰뚫어 볼 때 비로소 근본적인 왜곡(無知)을 제거할 수 있는 것입니다.

저의 경우는 이와 같은 통찰을 통해 얻은 지혜를 불교 용어인 공성과 무아를 이해하는 데 적용합니다. 공성, 무아, 무자성과 같은 불교 용어들은 이해와 수증修證의 수준에 따라 다양한 해석의 여지가 있습니다. 하지만 여기서는 존재의 본질이 공하다는 것(空性)을 설명하기 위해 이 용어들을 사용할 것입니다. 사건과 사물들이 독립적으로 본질적으로 존재한다고 믿는 것이 근본 무지입니다. 그러므로 그 어떤 것도 '본질적으로 존재하는 것은 없다'는 깨달음(無自性)을 주는 심오한 통찰의 과정이 바로 근본 무지를 제거하는 진실한 길(菩提道)입니다.

부처님께서는 주로 반야부 경전을 설하셨던 이전법륜에서 '부정적인 생각과 감정들로 가득한 번뇌와 망상의 뿌리는 우리의 근본적인 무지'라고 말씀하셨습니다. 또한 근본적인 무지와 그로부터 생겨나는 고통은 마음의 본질적인 특성이 아니라고 말씀하셨습니다. 근본 무지에 기반한 번뇌와 망상은 기본적으로 정광명淨光明과 일체지로 정의되는 마음의 본질적인 특성과는 거리가 먼 것입니다. 마음의 본질적인 특성은 본래 청정한 것입니다. 그리고 사건과 사물들을 인식하는 마음의 능력은 마음이 가지고 있는 본래의 기능입니다. 마음의 이와 같은 특성과 기능은 반야부 경전에서 특히 강조하고 있습니다.

지혜의 개발

성취의 기반

부처님의 가르침을 실천 수행하는 이들의 최종 목표는 번뇌와 망상을 완전히 적멸하는 것이며, 그로 인해 드러나는 마음의 청정경계, 즉 열반의 경지에 도달하는 것입니다. 이것은 점차적인 수행을 통해 가능하며 시간을 필요로 합니다. 이와 같은 영적인 깨달음의 길을 가기 위해서는 그에 따른 근기를 먼저 갖추어야 합니다. 입문 단계에서부터 존재의 이유와 삶의 방식을 분명히 하고, 그런 다음 해탈과 열반의 길(菩提道)에 들어서야 하는 것입니다. 교법(Dharma)의 실천이 모든 삶의 중심이 되어야 한다는 말입니다.

아리야데바(Āryadeva, 聖天)는 그의 《사백론》에서 깨달음의 길로 향하는 보리도의 구체적인 과정(次第)을 설명하고 있습니다.[1] 본론에서 그는 체계적인 질서를 가지고 수행의 차제를 완수해 나갈 것을 요구합니다. 그 차제의 처음은 부정적인 행위를 삼가고 긍정적으로 행동하는 계행(禁制勸制)을 지키는 것입니다. 이것은 좀더 나은 조건의 윤회를 통해 보리도의 수행을 계속하기 위한 것입니다. 아리야데바는 이 첫 번째 단계에서 부정적이며 좋지 않은(不善) 마음의 상태와 그로 인해 나타나는 행위의 결과를 피할 수 있다고 말합니다. 왜냐하면 계행을 통해 다음 생에 불리한 상태로 윤회하는 것을 막을 수 있기 때문입니다. 그 다음 차제는 무아나 공성의 본질에 대한 통찰력을 키우는 데 중점을 두고 있습니다. 그리고 마지막 차제는 일체의 왜곡된 견해들을 모두 제거하는 것이며, 나아가 가장 미세한 지식의 방해물인 소지장所知障마저 걷어내는 것입니다.

사성제에 대한 이해를 기반으로 우리는 불법승 삼보의 본질에 대한 실질적인 이해의 폭을 넓힐 수 있습니다. 사성제에 대한 깊은 이해를 통해 열반이나 진정한 해탈을 이룰 수 있는 분명한 가능성을 엿보게 될 수 있다는 말입니다. 이것을 이해해야 마음의 번뇌와 망상을 제거할 수 있으며, 진정한 해탈을 이룰 수 있는 실질적인 가능성이 열립니다. 이것을 깨닫게 되면 해탈의 경계가 자신의 눈앞에 있다는 것을 스스로 알게 될 것입니다. 그렇게 해서 일단 확신이 생기면 번뇌와 망상으로 형성된 자신만의 습기習氣도 극복할 수 있습니다. 또한 이와 같은 방식으로 완전한 깨달음에 대한 신심을 일으킬 수 있습니다. 그리고 신심이 확고해지면 불법승 삼보에 귀의하는 진정한 이유와 가치도 알게 될 것입니다.

삼보에 귀의하는 첫 번째 서약은 세상의 인과법에 따라 우리의 삶을 선한 방향으로 인도하여 부정적인 업을 피하게 하는 계행을 지키는 것입니다. 여기서 말하는 계행이란 살인(殺生), 절도(偸盜),

잘못된 성행위(邪淫) 등 물리적인 몸으로 짓지 말아야 할 세 가지 업(身業)과 거짓말(妄語), 입발림(綺語), 이간질(兩舌), 비방질(惡口) 등 언어적인 말로 짓지 말아야 할 네 가지 업(口業), 그리고 탐욕(貪欲), 악의적 분노(瞋恚), 잘못된 견해(邪見) 등 생각으로 짓지 말아야 할 세 가지 업(意業)을 경계하는 십선계十善戒를 의미합니다. 두 번째 단계는 자아나 자성에 집착하는 마음을 극복하는 것입니다. 이 단계는 주로 계율·선정·지혜(戒定慧)의 삼학을 수행하는 것으로 이루어져 있습니다. 그리고 세 번째 마지막 단계에서는 부정적인 마음의 괴로움을 벗어나는 것은 물론 그러한 번뇌와 망상으로 형성된 본능적인 습기까지 제거해야 합니다.

이 마지막 단계는 통찰의 관을 통해 존재의 궁극적인 실상인 공성과 대비심을 합일할 때 완수되는 것입니다. 이것은 공성의 지혜를 깨닫기 위해서는 반드시 자애의 사랑과 자비의 연민 그리고 일체중생을 위해 궁극의 깨달음을 이루고자 하는 이타적인 방편(菩提心)을 함께 수행해야 한다는 의미입니다. 이와 같이 방편을 수반한 공성의 지혜를 수행함에 따라 번뇌와 망상으로 형성된 잘못된 성향과 습기를 모두 제거할 수 있는 강력한 힘을 개발할 수 있습니다. 이를 통해 우리는 궁극적인 경지인 부처의 구경보리에 이를 수 있습니다.

예비적인 방편을 수행하여 궁극적인 공성을 깨닫게 되면 원만한 구경보리를 성취하는 데 방해가 되는 번뇌장과 소지장을 모두

다 제거할 수 있습니다. 샨띠데바는 《입보리행론》제9장 지혜품을 시작하는 첫 번째 게송에서 '부처님께서 설하신 법문은 모두가 지혜를 일깨우기 위한 방편'이라고 말합니다. 그러므로 현실의 고에서 벗어나고 싶다면, 그리고 윤회고의 번뇌와 망상을 떨쳐 내고 싶다면, 나아가 진정한 자유의 행복을 맛보고 싶다면, 반드시 공성의 지혜를 개발해야 합니다.

지혜의 명상

인간 해방의 완전한 자유와 행복을 꿈꾸고 있다면, 부처님께서 설하신 그대로 먼저 사성제를 명상해야 합니다. 근본의 무지가 어떻게 우리를 윤회고에 들게 하는지 그리고 존재의 실상을 통찰하는 것이 어떻게 우리를 번뇌와 망상에서 벗어나게 하는지 차분하게 분석하고 통찰(觀)해야 합니다. 자애와 자비의 이타심을 기반으로 한 공성의 통찰을 통해 부정적인 행업은 물론 미세한 습기까지 모두 다 제거하는 것입니다.

03

이제二諦의 논쟁

본송의 해설

샨띠데바의 《입보리행론》 제9장 〈지혜품〉을 본격적으로 설명하기 전에 먼저 큰 틀에서 그 내용을 살펴보면, 캔뽀 뀐뺄(mKhan po Kun dpal)과 미냑 뀐쇠(Mi nyag Kun bsod)의 주석서에 따라 대강 다음과 같이 세 부분으로 나누어 볼 수 있습니다.

1. 서론 - 공성의 지혜를 개발해야 할 필요성 [게송 1]
2. 본론 - 공성의 지혜를 개발하는 법에 대한 구체적인 설명 [게송 2~150]
3. 결론 - 공성을 깨닫는 법에 대한 간략한 설명 [게송 151~167]

지혜(般若)의 필요성

그럼 지금부터 첫 번째 서론 '지혜를 개발해야 할 필요성'에 해당하는 부분인 본송[12]의 제1게송부터 살펴보겠습니다.

1.
이[전에 설한] 모든 [가르침의] 가지들은
부처님께서 지혜를 위해 설하신 것이다.
그러므로 고를 제멸하고자 하는 이들은
[반드시 반야의] 지혜를 개발해야 한다.[13]

요약하면 모든 부처님의 가르침(方便法門)은 일체중생들을 완전한
깨달음의 경지로 인도하기 위한 것이라는 말입니다. 부처님의 가르
침은 모두가 다 그곳으로 향하고 있습니다. 반야의 지혜를 깨닫는
길로 통하는 것입니다. 그래서 샨띠데바는 부처님께서 이전에 가
르치신 모든 가르침의 가지(方便)는 다 반야의 지혜를 설하기 위한
것이라고 말한 것입니다.

대승 중관학파의 전통에 따르면, 윤회하는 존재의 해탈을 위해
서는 공성에 대한 깨달음이 반드시 필요합니다. 이는 샨띠데바의
본송에서 반복적으로 강조하고 있는 부분입니다. 예컨대 고苦의
현실(苦諦)을 논할 때는 단순히 감각적이거나 물리적인 고통만을
떠올려서는 안됩니다. 번뇌나 망상같은 고苦의 원인(集諦)도 같이
살펴야 하는 것입니다.

두 번째 본론에 해당하는 게송[2~150]은 '공성의 지혜를 개발하
는 법에 대한 구체적인 설명'을 담고 있는데, 이 본론 부분은 다시
세 부분으로 나눌 수 있습니다. 그 중에 첫째 부분[2~39]은 이제二

諦의 구체적인 면들을 살피고 있는데, 이 역시 다음과 같은 세 부분으로 나눌 수 있습니다.

1. 이제의 정의 [게송 2]
2. 두 가지 유형의 사람 [게송 3~4-1]
3. 이제의 상정에 따른 반론 반박 [게송 4-2~39]

이제의 정의

샨디데바는 본송 제2게송에서 이제二諦를 다음과 같이 정의합니다.

2.
상대적 속제와 궁극적 진제
이 [둘]을 이제로서 인정한다.
진제는 마음의 영역이 아니며
마음은 속제에 속한다 설하셨다.

앞에서도 설명한 것처럼, 우리가 사물을 인식하는 방식과 사물이 실제로 존재하는 방식에는 본질적인 차이가 있기 때문에, 자기 자신과 자신을 둘러싼 주변 세계에 대한 우리의 인식은 마치 환영幻

影과 같은 특성이 있습니다. 이처럼 존재의 궁극적인 본질에 대한 통찰력을 키우기 위해서는 존재의 이중적 본질을 나타내는 두 가지 진리, 즉 이제를 이해하는 것이 중요합니다. 물론 이와 같은 유형의 두 가지 진리는 영적인 해방을 추구하던 고대 인도철학의 여러 비불교도 문헌에서도 조금씩 사용해왔던 용어입니다. 하지만 여기서 샨띠데바가 사용하고 있는 이제의 가르침은 인도불교의 중도학파 혹은 중관학파 문헌에 사용된 개념입니다. 그 중에서도 특히 귀류-중관학파(Prāsaṅgika)의 문헌에 주로 사용된 용어입니다.

과거의 불교 사상가들은 존재에 대한 진실을 이제로 구분하게 된 이유에 대해 다양한 견해를 제시해 왔습니다. 어떤 이들은 '세상에 대한 우리의 세속적 경험이 다르다'는 것을 구분의 근거로 삼습니다. 반면에 부뙨 린포체(Bu ston rin chen grub, 1290~1364) 같은 분들은 이제를 총체적인 일반 진리에 나타나는 두 가지 양상으로 보기도 합니다. 그리고 또 다른 제3의 유형에 속하는 학자들은 마음(意識)으로 알 수 있는 대상과 마음으로 알 수 없는 대상을 구분의 근거로 삼아 그것을 속제와 진제라는 두 가지 측면으로 보는 것을 이제라고 생각했습니다. 이 제3의 접근 방식은 마음으로 알 수 있는 대상과 마음으로 알 수 없는 대상을 이제 구분의 확실한 근거로 삼는데, 이것은 샨띠데바의《대승집보살학론(Śikṣāsamuccaya)》과 같은 정통적인 인도불교의 고전에 기반합니다.

미냑 뀐쇠는 그의 주석서에서 '이제는 두 가지 다른 관점에서 제시되었다'고 말합니다. 우리가 일상적으로 경험하는 관점에서 보면, 현실의 세상은 세속적이며 상대적인 것입니다. 또한 사물의 궁극적인 '존재방식'이라는 관점에서 보면, 현실의 세상은 결국 공한 것(空性)입니다. 그것이 궁극적 진리(眞諦)입니다. 따라서 미냑 뀐쇠가 파악한 이제는 동일한 세상을 두 가지 다른 관점(一切兩面)으로 이해하는 것입니다.

짠드라끼르띠(Candrakīrti, 月稱)는 그의 《입중론》에서 '모든 사건과 사물은 두 가지 본질 혹은 두 가지 양상을 띠고 있다'고 말합니다. 세속적이고 상대적인 양상은 우리가 경험하는 현상을 통해 아는 것이며, 그러한 사물의 본질은 상대성을 넘어선 궁극적인 관점에서 확인된다는 것입니다. 따라서 짠드라끼르띠의 설명 역시 이제가 두 가지 다른 관점에서 정의된다는 것을 보여줍니다. 하나는 우리의 일상적인 경험의 관점에서 이루어지며, 다른 하나는 현실의 궁극적인 본성에 대한 심오한 통찰의 관점에서 이루어집니다.

이와 같은 관점에서, 꽃이나 화병 같은 사물들의 본질을 분석하여 우리가 그것들을 어느 정도 수준에서 경험하고 있는지 살펴보면, 그것이 지극히 상대적인 것이라는 것을 알게 될 겁니다. 따라서 이것은 속제 차원에 속하는 것입니다. 우리가 만약 이러한 차원에 만족하게 된다면, 우리는 결국 세속적으로 나타나는 현상과 상대적으로 유효한 차원의 경험에만 머물러 있어야 합니다. 하지만 우리가 만약 기존의 세속적인 틀에만 머물지 않고 한계를 넘어서 좀더 깊은 차원의 진실에 다가가려고 애쓴다면 마침내 그 본질에 도달하게 될 것입니다. 물론 그러한 차원의 분석을 통해서 실제의 진실이 드러난다고 해도 기존의 사건과 사물들에 특별한 변화가 일어나는 것은 아닙니다. 이와 같은 방식으로 우리는 우리 자신을 둘러싼 세상과 그 안에서 펼쳐지는 다양한 사건과 사물들에 연계되어 있습니다. 그리고 궁극적인 차원에서 보면 그 모든 것들의 본질은 공성과 연관되어 있습니다. 이는 또한 사건과 사물들 자체의 본성은 본질적인 자체-성품이 없는 무자성이며, 그 본질이 공하다는 것을 의미합니다. 그런 면에서 일체 양면의 두 가지 진리를 의미하는 '이제'는 세상을 구성하고 있는 사건과 사물들에 대한 서로 다른 두 가지의 관점을 극명하게 보여줍니다. 이러한 사실은 존재의 본질을 가장 깊은 차원에서 통찰한 결과로 알게 된 것입니다.

한편 앞에서 말한 두 분의 주석서들 중 캔뽀 뀐뺄의 주석서는 닝마파의 관점을 반영하고 있습니다. 닝마파의 해석 방식은 샨따락시따의 《중관장엄론》에 대한 미팜 린포체('Ju Mi pham, 1846~1912)의 주석서에 명확하게 나타나 있습니다. 미팜은 그의 주석서에서 이제에 대한 이해를 기반으로 귀류-중관학파와 자립논증-중관학파의 차이점을 세밀하게 구분하고 있습니다. 하지만 그는 '두 중관학파가 모두 궁극적 진리인 진제를 상대적인 마음의 영역을 넘어선 것으로 여기고 있기 때문에, 따라서 마음의 대상으로 여기지 않는다'고 말합니다. 미팜에 따르면, 마음의 대상이 되는 것은 무엇이든 반드시 세속적이고 상대적인 것이어야 합니다.

이제의 개념적 이해

티벳의 주석가들은 "진제는 마음의 영역(對象)이 아니며"[게송 2]라는 본송의 구절에 대해 두 가지의 다른 해석을 제시합니다. 하나는 캔뽀 뀐뻴의 해석[14]으로서, 두 가지의 진리(二諦) 중에 진제만을 놓고 보면 진제의 실상은 일반 사람들의 지적인 인식경계(領域)를 넘어서 있다는 것입니다. 또 다른 하나는 쫑카빠의 문헌[15]에 제시된 해석으로서, 진제는 속제 차원에서 알 수 있는 이원론적인 마음의 대상이 아니며, 그와 같은 이원적 개념과 희론을 완전히 벗어난 직접 지각(現量) 혹은 직접 경험(現證)을 통해서만 아는 대상입니다. 따라서 쫑카빠에 따르면 이제는 두 가지 다른 관점에 기반하여 정의되는 것입니다.

쫑카빠가 이해한 바에 따르면, 지혜품 본송의 제2게송은 '이제에 대한 정의'입니다. 다시 말해 '진제는 마음의 영역이 아니라는 것'이 진제의 정의인 셈입니다. 따라서 샨띠데바가 의도하는 바의 진제는 이원적 개념과 희론의 경계를 완전히 벗어난 직접 지각(現量)의 영역(對象)에 속한다는 의미로 해석됩니다. 그리고 속제는 이원론적 인식의 영역에 속하는 상대적이고 세속적인 우리의 현실 세계로 해석

됩니다. 샨띠데바는 이와 같은 방식으로 이제를 정의합니다.

미팜은 그의 《입중론》 주석서에서 "진제는 마음의 영역이 아니며"라는 이 구절을 해설하며, 단순하게 현상의 본질적 자성(實有性)을 부정하는 것은 마음의 대상이 될 수 있지만, 묘유妙有의 차원에서 허상과 실상이 결합된 공성은 마음으로 접근할 수 없는 것이라고 말합니다. 여기에서 유의해야 할 것은, 《입보리행론》의 관점에서 언급한 '공성'은 현교(Sutra)적 경전체계 안에서 해석된 것이라는 점입니다. 하지만 이와 같은 공성을 밀교(Tantra)적 차원에서 해석하게 되면, 여기에서 말하는 '마음이나 의식'은 또 다른 의미를 가질 수도 있습니다. 밀교는 공성을 깨닫는 지혜와 이원론적 희론에서 벗어나는 다차원적 해탈의 길을 광대하고 미묘한 차원에서 논하고 있기 때문입니다.

더불어 알아야 할 것은, 이제의 영역 안에는 현실 세계 전반에 걸친 모든 사건과 사물들이 다 포함되어 있다는 점입니다. 그 외에 제3의 가능성은 없다는 말입니다. 이제에 포함되지 않는 것은 결과적으로 현실성 자체가 없는 것입니다.

이제의 성립 과정

이제가 성립되는 과정을 살펴보기 위해 꽃과 같은 일상의 대상을

예로 들어보겠습니다. 우리가 일상의 삶에서 무언가를 인식할 때
는 먼저 꽃과 같은 대상이 마음에 나타납니다. 그러면 그와 같이
나타난 대상을 기반으로 그것의 실질적인 본성을 점검할 수 있습
니다. 샨띠데바의 《대승집보살학론》에는 부처님께서 설하신 구체적
인 인과의 원리들에 대해 다양한 경전들이 인용되어 있는데, 거기
에는 어떻게 특정한 원인과 조건들이 특정한 결과와 상황들을 유
발하는지에 대한 해설들이 들어있습니다. 그 경전들은 속제 차원
의 대치법을 광범위하게 다루고 있습니다. 그와 같은 방식으로 특
정한 원인과 조건들이 어떻게 특정한 사건을 일으키는지 점검하고
분석함으로써 다양하게 펼쳐지는 현상 세계의 인과적 원리에 대해
좀더 익숙해질 수 있기 때문입니다. 이것은 다시 우리의 현실적 경
험에 직접적인 영향을 미칩니다. 현상 세계의 궁극적인 본질에 대
해 가설적인 그림이라도 그려보려면, 그것은 '세속의 현실 세계에서
사물이 어떻게 작동하는지' 그 원리를 이해할 때만 가능합니다. 이
렇게 해서 세속 세계에 대한 진실(俗諦)을 이해하게 되고 나아가 그
에 대한 확신이 서게 되면, 이후에는 좀더 효율적으로 궁극적인 진
실(眞諦)에 대한 탐구로 옮겨갈 수 있습니다. 그러면 결국에는 우리
가 인식하는 현실 세계와 그 현실이 실제로 존재하는 방식의 차이
점을 분명하고 완전하게 깨달을 수 있게 될 것입니다.

　우리의 인식과 실제 본질 간의 차이점을 충분히 이해하기 위해
서는 일반적으로 우리가 사건이나 사물들에 투영하는 굳건한 현

실 관념을 반드시 깨뜨려야 합니다. 우리는 사건과 사물들이 눈에 보이는 그대로 그 자체의 고유한 성품(自性)을 가지고 존재한다고 믿고 있습니다. 그리고 이러한 믿음은 우리가 그토록 피하고 싶어 하는 고의 현실을 유발합니다. 따라서 고의 현실을 벗어나기 위해서라도 이와 같은 믿음은 부정돼야 합니다. 또한 이와 같은 믿음을 부정하는 과정을 통해 궁극적인 진리인 공성에 대한 이해를 더욱 깊이 할 수 있습니다.

이제의 공통성과 차별성

그러면 '이제'가 동일한 것인지 아니면 서로 다른 것인지에 대해 질문할 수도 있습니다. 이 문제 역시 다양한 견해가 존재합니다. 예를 들면, 부뙨 린포체는 이제가 그들의 속성상 서로 다른 것이라는 입장을 견지하는 반면, 쫑카빠는 나가르주나의 《보리심석론(Bodhicittavivaraṇa)》을 자신의 정통성에 대한 근거(所依)로 인용하면서 이제는 세속적으로는 구분되지만 그 본질은 같은 것이라고 말합니다. 불교철학에서 동일한 사물을 사물 자체와 그것의 무상한 속성으로 구분하고 있는 것처럼, 이제의 구분은 일체의 양면 즉 동일한 실체에 대한 서로 다른 두 가지 관점을 반영합니다. 우리가 이제의 공통성과 그것의 개념적 차별성을 구분할 수 있는 것은 이렇게 두 가지 다른 관점을 반영한 것에 기초하고 있습니다.

이제의 개념적 차별성과 그들이 공유하고 있는 공통성은《반야심경》에도 언급되어 있습니다. 우리에게 너무나 익숙한, "색을 떠난 공도 없고, 공을 떠난 색도 없으며, 색이 곧 공이고, 공이 곧 색(色不異空 空不異色 色即是空 空即是色)"이라는 구절입니다. 그리고 경전에서 모든 사건과 사물들은 다 공성을 내포하고 있다고 말합니다.[16] 그렇다고 형태로 나타나는 현상들의 공성을 논할 때, 공성을 그렇게 나타난 대상들에 투영된 하나의 속성이라고 여겨서는 안 됩니다. 공성은 오히려 개체가 되는 대상들을 현실화시키고 발현시키는 기능을 합니다.[17]

주의 깊게 분석해보면, 예를 들면 물리적인 존재와 형색(色)의 정체성은 그 형색을 유발하는 원인과 조건이 되는 다른 요소들에 의존하여 발생(緣起)한다는 것을 알 수 있습니다. 존재를 구성하는 요소들의 상호연관성, 즉 존재의 연기성緣起性을 배제하고는 나타난 현상의 자율적이고 독립적인 정체성을 논할 수가 없는 것입니다. 그렇다고 해서 형색으로 나타난 모든 현상은 결국 존재하지 않는 것이라고 말하는 것이 아닙니다. 나타난 현상은 우리가 실제로 체험하고 인식하며 상호작용할 수 있는 현실이기 때문입니다. 다양한 차원에서 우리가 매일 경험하는 일상은 형색을 갖추고 있습니다. 그러나 본질을 살펴보면, 그 형색은 나타난 그대로 별개의 독립된 실체로서 존재하는 것이 아닙니다. 일반적인 원인과 조건은 물론 그 외에도 다양한 구성요소들이 함께 어울려 하나의 존재를 이루는 것입니다. 이것은 형색 자체는 독립적인 성품이 없다는 것을 나타냅니다. 독립성이 없다는 것은 결국 다른 요소에 의존하고 있다는 말입니다. 형색으로 나타난 현상은 이처럼 변화에 민감하고 무상한 것이기 때문에 언제든 다른 요소들과 상호작용하며, 그로 인해 또 다른 특성을 드러냅니다. 이와 같이 독립성이 없는 형색의 본성은 그 본래의 자성이 공한 것입니다. 이것이 곧 공이며, 궁극적인 진리인 진제입니다. 그래서 부처님께서는 《반야심경》에서 '색즉시공色即是空 공즉시색空即是色'을 설하신 것입니다.

두 가지 유형의 무아

일반적으로 진제 차원을 논한다는 것은, 자아(我)를 인아人我와 법아法我 두 가지로 나누고, 그에 대한 무아성이나 무자성을 밝히는 것을 말합니다. 짠드라끼르띠는 그의 《입중론》에서 인무아와 법무아를 완전히 서로 다른 무아로 구분하기 위해 인아와 법아를 따로 구별한 것은 아니라고 말합니다. 오히려 그와 같은 구별은 일체의 현상이 주체(能)와 객체(所) 혹은 주관과 객관이라는 두 가지 주요한 범주로 구분되는 것에 근거하고 있습니다. 일체의 현상이란 우리를 둘러싼 세상과 거기에서 발생하는 모든 사건과 사물, 그리고 인간 중생들을 포괄하는 말입니다. 따라서 경론에서 진제에 상응하는 두 가지 유형의 인무아와 법무아를 제시한 것은 일체의 현상이 가지고 있는 속성에 따라 주체적인 것과 객체적인 것을 모두 부정하기 위한 것입니다. 이것은 귀류-중관학파의 입장입니다. 그에 반해 자립논증-중관학파를 포함한 그 외의 다른 불교학파들은 인무아와 법무아 사이에 실질적인 차이가 있다고 주장합니다.

귀류-중관학파의 입장에서 보면, 이와 같은 차이는 인무아를 이해하는 깊이가 조금씩 다르기 때문에 생기는 것입니다. 하지만 그 최종의 분석에 도달하면 인무아와 법무아는 서로 다르지 않습니다. 이와 같이 진제를 인무아와 법무아의 두 가지로 나누는 것 외에도, 4종, 16종, 18종 혹은 20종의 공성으로 분류되는 진제가 있습니다.[18] 이렇게 서로 다른 분류 체계들은 공성을 논하는 다양한 방식을 보여줍니다. 예를 들면, 공성을 외부 현상의 공성을 논하는 외공, 내부 현상의 공성을 논하는 내공, 둘 다의 공성을 논하는 내외공 등으로 나누고, 마지막에는 그 공성마저 공한 공공空空을 제시하는 방식입니다. 여기에서 공성의 공성(空空)을 굳이 하나의 다른 범주로 나누고 있는 것은 궁극의 진리인 진제로서 제시한 공성을 또 다시 실체화하여 거기에 의미를 부여하는 우를 범하지 않게 하려는 것입니다. 부처님께서 공성 자체의 자성 역시 공한 것이라고 설하신 이유도 이와 같습니다.

참과 거짓의 관행

세속적인 진리 혹은 상대적인 진리(俗諦)는 참과 거짓의 관행으로 구분됩니다. 하지만 귀류-중관론자들에 따르면[19] 자아나 자성은 속제 차원에서도 부정되는 것이기 때문에 속제를 참과 거짓으로 구분하는 것은 오직 개념화를 통한 특정한 관점에서만 이루어질 수 있습니다. 본질적인 차원에서 보면, 그 본질적인 실체는 세속 세계 안에서 찾을 수 있는 것이 아닙니다. 하지만 그와 같이 특정한 관점을 사용해야만 실재(有形)나 비실재(無形)로 인식한 것들을 말로 표현할 수 있습니다. 그리고 그렇게 해야 특정한 유형의 현실적인 경험들을 참이나 거짓으로 구분할 수 있는 것입니다.

용어의 어원

다음은 '이제'의 어원을 살펴보겠습니다. 먼저 속제라는 용어에는 사물이 실제로 존재한다고 믿는 이(世俗認識主體)들이 스스로 진리라고 상정한 것들이 포함되어 있습니다. 그래서 귀류-중관론자들은 속제 차원의 진리를 진정한 의미의 진리로 보지 않습니다. 이러한 진리는 실재든 비실재든 단순히 그들에게 현상으로 나타난 사물에만 적용되는 것일 뿐, 그 사물의 본질적인 존재방식과는 거리가 멉니다. 이것은 특별히 제한된 상대적인 영역 안에서만 유용한 진리입니다. 이와 같이 세속적인 영역에 갇힌 진리는 특정한 견해에 따라 형성된 진리로서 자신이 인식하는 모든 현상에 고유한 자성이 있다고 여기는 이들의 왜곡된 세계관에 따른 것입니다. 이렇게 왜곡된 세계관은 사람이나 사물, 사건 등이 실질적으로 그리고 본질적으로 존재하는 것처럼 인식하게 만듭니다. 이와 같은 관점에서 보면, 우리가 경험하는 세속의 사물들이 유효한 진실로 여겨지며, 개별적으로 독립된 객관적인 것이라고 여겨집니다. 그래서 속제는 다른 말로 '은폐된 진리' 혹은 '장막에 가려진 진리'라고 합니다.

이와 같은 어원론적 설명은 오히려 마음의 착각에 따른 왜곡된 관점을 마치 약간의 신빙성이 있는 것처럼 여기게 할 수도 있습니다. 하지만 그것은 단순히 어원론적 설명에 불과합니다. 이렇게 왜곡된 관점으로 인해 마치 진실인 양 나타나는 사물들은 실제로는 상대적 진리로도 성립되지 않습니다. 예를 들어 이렇게 왜곡된 관점에서 보면, 심지어 공성도 마치 상대적으로 유효한 것인 양 파악될 수 있습니다. 하지만 공성은 세속적 진리나 상대적 진리로 파악되는 것이 아닙니다. 현상을 실유實有로 여기는 왜곡된 관점은 본질적으로 유효한 것이 아닙니다. 따라서 속제 차원에서 우리에게 필요한 것은 세속 세계의 유효함을 성립시킬 수 있는 하나의 관점을 찾는 것입니다. 속제를 실제로 성립시키는 관점은 잘못된 인식이나 왜곡된 마음의 상태일 수 없기 때문입니다.[20]

다음은 진제 차원에서 살펴본 진리에 대한 의미입니다. 짠드라끼르띠는 《명구론(Prasanna-pada)》에서 '궁극(眞)'이라는 용어를 그 대상이 되는 공성과 그에 대한 직접적인 경험(現證) 둘 다를 의미한다고 말합니다. 이러한 관점에서 보면, 진제 차원에서 궁극이라는 용어는 주관적인 경험과 그 대상인 객관적인 공성 둘 다를 의미합니다. 나아가 공성은 진제 그 자체이자 우리가 진제를 말할 때 언급되는 그 진리입니다. 예를 들면, 짠드라끼르띠는 공성을 '궁극(dam pa, 眞)의 진리(諦)' 혹은 '진실한 의미(don, 眞實義)'라고 합니다. 따라서 진제는 궁극이라는 의미와 진리라는 용어가 결합된 것임을 알 수 있습니다.

이와 같이 속제와 진제로 구분되는 이제의 본질을 이해하지 못한다면, 나타나는 모습과 그 본래의 모습(眞面目)을 분간하기가 쉽지 않습니다. 다시 말해, 우리가 인식하는 사물과 그 사물이 실제로 존재하는 방식 간의 차이를 제대로 파악하기가 어렵다는 것입니다. 이러한 사실을 깊이 깨닫지 못하면 아무리 애를 써도 우리에게 잠재한 근본적인 무지를 뿌리째 뽑아낼 수 없습니다.

공성과 자비심

일반적으로 번뇌와 망상의 고를 제거하는 데는, 분노에 대치하여 발휘하는 사랑(慈愛)과 연민(慈悲), 욕망에 대치하여 몸의 부정함을 관하는 부정관不淨觀 등과 같이 다양하고 구체적인 대치법들이 있습니다. 이러한 방법(方便)들은 다양한 번뇌와 망상들을 차분하게 가라앉혀줍니다. 하지만 다르마끼르띠가 그의 《양평석(量評釋, Pramāṇavārttika)》에서 논하고 있는 것처럼, 이러한 방법은 단지 명백히 '나타나는 번뇌'와 망상들만 대치할 수 있을 뿐입니다. 이와 같은 방법은 우리의 근본적인 무지를 제거하는 데 간접적인 영향만 미칩니다. 왜곡된 세계관이나 근본적인 무지를 제거할 직접적인 능력이 없는 것입니다. 따라서 현실의 궁극적인 본질을 꿰뚫는 제대로 된 통찰(觀)이 필요합니다. 그래야 고의 근본 원인이 되는 왜곡된 인식의 방식과 혼란함의 뿌리를 뽑을 수 있습니다. 이제를 제대로 이해하지 못한다면 현실의 진실한 본성에 대한 심오한 통찰을 얻을 수 없습니다. 이제에 대한 깊은 이해를 개발함으로써 우리에게 지각되는 세상은 물론 우리 자신의 인식과 감정 상태들을 다차원적으로 살펴볼 수 있습니다. 이러한 통찰을 기반으로 우리는 사랑과 자비, 인내와 관용 등의 긍정적인 정신 상태를 기르고 강화할 수 있으며, 그와 동시에 분노, 증오, 시기, 질투, 집착 등과 같은 부정적인 번뇌와 망상의 상태를 줄여 나갈 수 있습니다. 이 모든 번뇌와 망상들은 인아와 법아로 대변되는 이 현실 세계에 고유한 자성(實有性)이 있다는 믿음에 뿌리를 내리고 있기 때문에, 공성에 대한 바른 통찰을 통해서만 그것을 제거할 수 있습니다. 우리의 마음에 내재한 긍정적인 잠재성을 개발하고 강화함으로써 부정적인 번뇌와 망상을 제거하는 것입니다. 이것은 이제에 대한 이해가 깊어짐에 따라 저절로 함께 따라오는 주된 결과 중 하나입니다.

캔뽀 뀐뺄은 나가르주나의 문헌을 인용한 그의 주석서에서 공성에 대한 깨달음과 대비심이 생기는 것은 한마음에서 동시에 일어난다고 말합니다.[21] 그는 공성에 대한 우리의 이해가 깊어질수록 일체 중생들에 대한 자비심 역시 함께 자라날 것이라고 말합니다. 물론 공성을 깨우친다고 해서 일체중생을 향한 분별없는 자비심이 저절로 생겨나는 것은 아닙니다. 하지만 공성에 대한 깨달음이 깊어질수록 고통(苦)을 벗어날 가능성도 커진다는 것은 사실입니다. 더불어 일체중생이 모두 고통에서 벗어날 잠재력을 가지고 있다는 우리의 확신이 커질수록 이타의 자비심도 함께 커질 것입니다. 공성에 대한 이해를 통해 해탈의 길을 알게 됨으로써 그 길에 무지한 윤회고의 중생들에 대한 자비심도 저절로 함께 자라나는 것입니다. 제 자신의 경우를 살펴보더라도 공성에 대한 이해가 깊어질수록 타인을 향한 연민의 마음도 함께 자랐던 것을 느낍니다.

그러므로 명상 수행자들이 개인적으로 공성에 대한 자신의 깨달음이 점점 깊어지고 있다고 느끼더라도 그에 상응하는 이타적인 자비심이 생겨나지 않는다면, 여전히 공성에 대한 이해가 부족한 것임을 스스로 알아야 합니다. 항상 말하지만, 공성을 수행한다고 그것만으로 대단한 일이 되는 것은 아닙니다. 매일의 일상에서 자신에게 유익한 계행과 남을 위한 자비행을 실천하며 서로에게 유익한 관계를 맺는 것이 중요합니다. 공성에 대한 자신의 이해가 이러한 목표에 맞게 긍정적으로 작용하지 않는다면, 결국 그러한 깨달음은 아무런 의미 없이 공허할 뿐입니다. 이타적인 대비심을 성취하지 못한다면 공성을 깨닫는다 한들 무슨 의미가 있겠습니까?

혹여라도 완전한 무관심이나 이타적인 공감이 전혀 없는 상태(無記)를 구경의 깨달음이라고 생각해서는 안 됩니다. 만약 그것이 진정한 구경보리라면 누가 거기에 귀의하고 공경하겠습니까? 공성을 명상하고 수행하는 것은 번잡한 세상을 벗어나 한가롭게 노닐기 위한 것이 아닙니다. 거칠고 험한 세상을 피해 자신만 안주하기 위한 도피처가 아니라는 말입니다. 공성을 수행하는 진정한 목적은 왜곡되지 않은 방식으로 이 현상계와 의미 있는 관계를 맺는 것입니다. 이상으로 이제의 본질과 역할에 대한 간단한 설명을 마칩니다.

두 가지 유형의 사람

다음에 이어지는 지혜품 본송들은 이제와 같은 불교의 교리와 수행체계에 대해 각자의 이해 수준에 따라 서로 관점을 달리하는 다양한 사람들의 견해차를 논합니다.

3.

여기에 세간의 두 유형을 보면

요가행자와 세속사람이 있는데

그 중에 일반 세속인의 차원은

요가행자의 차원에서 논파된다.

4-1.

요가행자들도 근기들의 차이로 인해

보다 높은 이가 낮은 이를 논파한다.

앞의 게송[2]에서 이제를 바르게 이해해야 하는 중요성에 대해 언급한 산띠데바는 이어지는 본송[3~4-1]에서 이제와 관련된 두 가지 유형의 사람들인 요가행자와 일반의 세속사람에 대해 논합니다. 요가행자는 티벳어로 명상 수행자를 의미하는 낼조르빠(rnal 'byor pa, 瑜伽師)라고 하는데, 이 경우 요가행자는 세속사람보다 깊은 차원의 관점을 가진 사람을 말합니다. 그리고 세속사람은 직뗀빠('jig rten pa, 世間人)라고 하는데 이때 직('jig)은 일시적으로 잠시 머물기 때문에 무너지고 소멸하기 쉬운 것을 의미하며, 뗀(rten)은 기초가 되는 기반이나 근거를 뜻합니다. 따라서 직뗀('jig-rten)이라는 용어는 항구성이나 지속성이 없음을 암시하며, 직뗀빠(世間人)라는 용어는 잠시 머물다 가는 사람 혹은 중생을 의미합니다. '직'

이라는 단어 자체가 영원함이나 항상함을 부정하는 말입니다. 이러한 용어의 의미를 통해 우리는 단일하고 영원하며 절대적인 자아와 같은 것은 결코 있을 수 없다는 것을 이해할 수 있습니다.

이와 같은 세간 사람들에는 실재론적 관점이나 실유론적 학설체계를 따라 현실의 궁극적인 본질을 파악하는 이들도 포함됩니다. 여기에는 고대 인도철학의 비불교도 학파와 일부 불교 학파들의 학설체계가 포함됩니다. 예를 들어, 불교의 유부有部(Vaibhāṣika; 大毘婆沙論)학파를 따르는 이들은 더 이상 나눌 수 없는 극미極微의 원자로 구성된 객관적이고 독립적인 실체가 실재한다고 믿습니다. 따라서 그들은 사물과 사건들이 현실적인 실체를 가지고 있다고 믿습니다. 하지만 이 학파의 견해는 경부經部(Sautrāntika)학파를 따르는 이들에 의해 부정되고 논파됩니다. 이들은 추상적인 개념과 같은 정신적인 작용에 의해 형성되는 특정한 측면의 현실이 있다고 주장합니다. 이들에 따르면 현재 시점에서 객관적으로 나타난 현실은 오직 생각과 개념화를 통해서만 상정될 수 있는 것입니다. 따라서 이들은 유부학파의 주장처럼 객관적이고 절대적인 상태로 존재하는 사물이나 사건은 있을 수 없다고 말합니다. 하지만 이 학파의 학설체계 역시 유식학파와 같은 또 다른 불교학파에 의해 부정되고 논파됩니다. 그래서 샨띠데바는 특정한 하나의 관점은 좀더 깊은 차원의 또 다른 관점에 의해 논파되고 무효화된다고 말한 것입니다. 요가행자들도 근기의 차이로 인해 그들이 경험한 정신적 깊이가 다르기 때문에, 좀더 높은 차원의 관점이 좀더 낮은 차원의 관점을 논파하고 그 자리를 대체하는 것입니다.

샨띠데바가 말한 것처럼 일반 세속사람의 관점이 무효화되고 그 자리에 요가행자의 관점이 대체되는 것에 대해 지금부터 좀더 자세히 살펴보겠습니다. 제 입장에서는 한 관점이 다른 관점으로 대체되고 무효화되는 방식은 논리의 발달 수준과 밀접한 관계가 있다고 봅니다. 물론 불교의 학파들 사이에 논쟁이 이루어질 때는 부처님의 경전이 인용되거나 그 권위에 의지하는 경우가 많습니다. 하지만 기본적으로 논쟁은 논리에 기반한 것이어야 합니다. 각자가 사색한 수준에 따라 일반적인 세속의 관점은 고도화된 사색의 힘에 의해 무효화되고 좀더 나은 관점으로 대체될 것입니다. 예를 들면, 유부학파와 경부학파가 주장했던 특정한 학설체계를 따르는 이들은 그들의 입장을 증명해줄 경전의 근거와 권위를 내세울 수 있습니다. 하지만 그들의 입장을 판단할 근거가 만약 경전의 권위에만 기댄 것이라면 그에 대한 반문 역시 커질 것입니다.

이와 같은 이유로 일반적인 불교, 특히 대승불교에서는 부처님께서 직접 설하신 경전이라도 그 정도와 목적에 따라 두 가지 범주로 구분됩니다. 한편에는 부처님께서 설하신 가르침의 의미를 문자 그대로 수용할 수 있는 '요의了義 경전'이 있고, 다른 한편에는 문자에 담긴 의미를 살피기 위해 추가적인 해석이 필요한 '불요의不了義 경전'이 있습니다. 이와 같은 가설적 구분에 공감할 수 있다면, 그 순간 경전을 문자에만 얽매여 이해해왔던 입장을 다시 돌아보게 될 것입니다. 경전의 권위에만 의지한 입장이 자신의 실증적인 경험과 다르다면 부처님의 말씀이라도 다시 한 번 살펴봐야 하는 것입니다. 그러므로 불교의 이해와 실천은 바른 논리가 기반이되어야 합니다. 맹목과 맹신은 바른 길을 벗어나게 할 뿐입니다. 그래서 부처님께서도 자신이 설하신 가르침을 경건한 마음만 가지고맹목적으로 받아들여서는 안 된다고 하셨습니다. 마치 세공사가황금의 품질을 살피기 위해 자르고 태우고 문지르듯 그와 같이 분석과 통찰의 비판적인 눈을 통해 그리고 명상과 수행의 실증적인경험을 통해 가르침을 증득하라고 말씀하신 것입니다.

사실 좀더 높은 이가 좀더 낮은 이를 논파하고 대체한다는 샨띠데바의 게송은 자기 자신의 개인적 경험에도 그대로 적용되는말입니다. 사건과 사물 등의 무상함이나 무자성과 같은 불교적 주제들에 대해 스스로 이해한 바가 이전에 비해 조금이라도 나아졌다면, 그것은 현재 시점의 자신의 이해가 과거 시점의 자신의 이해보다 좀더 높은 차원에 있다는 의미입니다. 따라서 과거 시점의 자신의 이해는 무효화되고 현재 시점의 자신의 이해로 대체된 것입니다. 이와 같이 좀더 높은 차원의 관점을 가지게 됨으로써 더 넓고 새로운 차원의 이해와 경험의 세계가 펼쳐지는 것입니다.

지혜의 명상

그러므로 고(苦諦)와 고의 원인(集諦)에 대해 명상해야 합니다. 고의 근원은 업(業報)입니다. 그리고 업은 번뇌와 망상에서 비롯된 것입니다. 번뇌를 관해야 합니다. 번뇌로 인해 고통을 느끼는 감각을 살펴야 합니다. '번뇌(kleśa)'는 괴로움의 고통입니다. 심신을 불안하고 아프게 하며, 밝고 맑은 삶을 방해합니다. 그러므로 번뇌의 고통을 잠재우기 위해 번뇌의 본질에 대해 명상해야 합니다. 분노, 증오, 시기, 질투 등이 어떻게 자신의 감정을 지배하는지, 그리고 그러한 감각이 어떻게 자신을 방해하는지, 나아가 그러한 감정이 일어날 때 자신의 감각은 어디에 머무는지를 관해야 합니다. 이와 같은 명상은 번뇌가 우리를 어떻게 하는지 찬찬히 집중하여 자세히 살펴보는 수행입니다.

04

불교실유론 비판

지혜의 개발

무상의 통찰

부처님께서 경전에서 말씀하시기를, '색계 욕계 무색계의 삼계로 이루어진 이 현상계의 모든 존재들은 마치 천둥 번개나 신기루처럼 무상한 것'이라고 하셨습니다. 삼계 안에 존재하는 모든 사건과 사물들, 다시 말해 일체의 모든 현상은 오직 원인과 조건(因緣)에 의존하여 발생(緣起)한다는 것입니다. 따라서 모든 사물들은 일시적인 것이며, 해체(壞滅)되는 것이며, 또한 무상한 것입니다. 특히 생각을 가진 유정 중생들의 삶은 거세게 흘러가는 강물처럼 단 한순간도 멈추지 않습니다. 모든 유정 중생들의 삶은 시간의 흐름 속에 어느 것 하나 확실한 것이 없지만, 시시각각 끊임없이 해체되는 동안 일순간 잠시 고정된 듯 보이는 것일 뿐입니다. 이것은 사성제의 '십육행상十六行相'[22]을 수행하는 방법 중 하나인데, 특히 고제苦諦의 네 가지 행상 중에 고의 실체와 무상의 현실을 통찰하는 방법입니다.

앞에서도 언급한 것처럼, 처음 정신적인 길에 입문하게 되면 보통 두 가지 기본적인 단계를 거치며 수행해야 합니다. 첫 번째는 현혹된 마음의 상태를 나타내는 부정적인 행동을 삼가는 것입니다. 비록 거친 수준이기는 하지만 이 단계에서 무상을 사색하는 것은 그와 같은 부정적인 마음에 대한 초기 대응법입니다. 그리고 현혹된 마음의 상태와 부정적인 행위를 자극하는 잘못된 인식에 대응하는 주된 대치법은 좀더 미세한 차원의 무상을 명상하는 것인데, 이것은 역동적으로 끝임없이 변해가는 현상의 본질을 아주 깊이 통찰함으로써 이루어지는 것입니다. 이와 같은 방식으로 우리는 마음에 지속되는 왜곡된 인식과 번뇌와 망상에 맞서 강하게 대처할 수 있습니다.

탄생의 끝은 죽음입니다. 하지만 누구도 죽음을 바라지 않습니다. 그렇다고 죽음을 부정하거나 애써서 회피하는 것은 결코 좋은 방법이 아닙니다. 좋든 싫든 죽음은 존재의 현실이며, 따라서 그러한 현실을 부정하는 것은 아무런 의미가 없습니다. 누구에게나 예약되어 있는 죽음의 현실은 임의로 취소할 수 있는 것이 아닙니다. 시간의 차이는 있겠지만 우리 모두가 조만간 가야 할 길입니다. 죽음이 두려워 생각조차 하기 싫어하는 사람과 죽음의 현실을 인정하고 받아들이기 위해 끝없이 노력하는 사람을 비교해보면, 실제 그들이 죽음에 직면하게 될 때 서로 대응하는 방식이 다르다는 점을 보게 될 겁니다. 하지만 부처님께서 죽음과 무상을 강조하셨다고 해서 불교가 죽음에 대해 비관적인 길을 제시한다고 착각해서는 안 됩니다. 오히려 죽음의 현실을 있는 그대로 받아들이게 함으로써 죽음의 과정에서 발생할 수 있는 예기치 않은 업력에 휘말리지 않게 하려는 것입니다. 정신적인 건강함만 잃지 않는다면 임종이 다가와도 평정심을 유지하며 편안하게 죽음을 맞이할 수 있습니다. 그러므로 죽음의 현실에 익숙해지는 것은 그에 대한 불안과 걱정을 덜어내고 스스로를 보호하는 길입니다. 또한 죽음과 무상을 명상하는 이 길을 따라 감으로써 죽음에 대한 근심을 뛰어넘어 완전한 자유의 경지를 꿈꿀 수 있습니다.

불만족의 고통

경전에서는 유정 중생들을 압도하는 네 가지 유형의 장애(四魔)[23]를 언급합니다. 그 중 첫 번째는 죽음의 장애(死魔)입니다. 그리고 두 번째 이와 같이 죽음을 맞이하는 기반은 몸과 마음을 형성하고 있는 집합체(蘊魔)입니다. 세 번째는 정신적인 집합체(心蘊)가 한 생에서 다음 생으로 이어지게 하는 윤회(心相屬)의 뿌리(原因) 번뇌와 망상(煩惱魔)입니다. 그리고 네 번째는 이렇게 번뇌의 힘을 키우는 핵심 요소가 애착(天子魔)이라는 것입니다. 불교의 수행자는 이처럼 장애가 되는 네 가지 유형의 마군魔軍을 물리치고 해탈 열반의 진정한 승리자가 되기를 염원하는 간절한 서원을 세워야 합니다. 염원(誓願)이 간절해지면 저절로 승리자가 되는 길로 향하는 것입니다.

수행자가 번뇌를 벗어나기 위해 고군분투할 수밖에 없는 이유는 사건과 사물들이 실제로 존재(實有)한다고 믿는 근본적인 무지가 그 뿌리에 있기 때문입니다. 이것이 문제의 핵심입니다. 그러므로 수행자는 무지를 극복하기 위해 계정혜 삼학을 따라 최상의 보리도를 실천해야 합니다.

삼학의 첫 번째 수행은 무상관無常觀을 중심으로 계행의 삶을 실천하는 것(戒學)입니다. 현재의 안위가 영원히 지속되기를 바라는 상견常見이나 단편적인 안락함만 추구하는 단견斷見을 버리지 못한다면, 계행을 통한 삶의 방식은 성공적으로 유지될 수 없습니다. 그러므로 존재의 무상한 본질을 살펴보는 것이 중요합니다. 단지 죽음이라는 관점에서만 무상을 논하고 있는 것은 아닙니다. 그것은 오히려 고정된 자기-정체성(自立因)이 없이 매 순간 끊임없이 변해가는 이 모든 현상계의 본질적인 측면, 즉 제행무상諸行無常의 진리를 밝히기 위한 것입니다. 일체의 모든 현상은 원인과 조건으로 이루어진 무상한 것입니다. 업과 번뇌로 점철된 우리의 이 몸과 마음(蘊)은 특히 더 그러합니다.

이와 같이 조건을 통해 형성된 존재의 뿌리에는 우리의 왜곡된 인식 혹은 근본적인 무지가 자리잡고 있습니다. 이렇게 왜곡된 상태에 압도되어 있는 한 윤회의 속박에 갇힌 우리는 끝없는 불만족과 고통에 시달리게 될 수밖에 없습니다. 그러므로 근본적인 무지는 우리의 번뇌와 망상을 모두 지배하는 마군의 왕이라고 할 수 있습니다. 이와 같은 사실을 깨닫고 나면, 몸과 마음의 평화를 무너뜨리는 마왕의 폭압을 더 이상 방치해서는 안 된다는 것을 깨닫게 될 겁니다. 그리고 근본적인 무지의 속박에서 벗어나 진정한 자유와 해방을 꿈꾸는 참다운 염원을 갖게 될 것입니다.

고통을 피해 행복을 구하는 것이 우리의 본능(渴愛)입니다. 그리고 그것은 고의 원인입니다. 하지만 그럼에도 불구하고 우리는 덧없는 행복은 물론 심지어 고통의 대상에도 집착합니다. 왜일까요? 문제는 근본적인 무지입니다. 필요한 것은, 잘못된 앎이나 자신의 무지가 윤회고의 근본 원인이라는 것을 인정하는 자세입니다. 그래야 문제를 해결할 수 있습니다. 무지는 어떻게 제거해야 합니까? 저절로 사라지기를 바라며 하염없이 기다리거나 그러기를 간절히 바란다고 되는 일이 아닙니다. 또한 생각없이 멍하니 앉아 중립적인 마음(無記心)을 갖는다고 되는 것도 아닙니다. 오직 왜곡된 마음의 상태에서 형성된 대상의 본성이 그림자(幻影)와 같다는 것을 꿰뚫어 볼 때만 제거됩니다. 그래서 부처님께서는 무상을 먼저 가르치시고 연후에 불만족의 고통을 가르치셨습니다. 그런 다음 비로소 공성과 무아에 대한 가르침(諸法無我)을 설하신 것입니다.

그러므로 고제에 해당하는 네 가지 행상行相 중에 첫 번째는 불만족의 고통을 여실히 드러내는 무상이며, 그래서 두 번째에 해당하는 통고는 우리가 무상으로 인해 경험하는 괴로움입니다. 무상에 대한 통찰을 통해 고에 대한 이해가 더욱 깊어지는 것입니다.

그리고 세 번째는 공성이며, 네 번째는 자아(人我)와 현상(法我)의 무자성을 의미하는 무아입니다.[24] 이를 통해 알 수 있는 사실 중 하나는 고제의 네 가지 행상을 깨닫는 데도 확실한 순서가 있다는 것입니다. 첫 번째 무상에 대한 통찰이 시작되면 나머지 행상에 대한 수행은 자연스럽게 이어집니다.

무상과 통고의 본질적인 원인이 되는 근본 무지를 제거하기 위해서는 공성에 대한 통찰력을 길러야 합니다. 더불어 이타적인 자비심과 보리심의 방편도 함께 수행해야 합니다. 공성의 지혜와 대비심의 방편을 합일해야 하는 것입니다. 그래야 번뇌로 형성된 본능적인 습관(俱生習氣)도 제거할 수 있습니다. 이를 통해 현상의 본질을 꿰뚫는 공성의 지혜가 완성되는 것입니다. 이것이 바로《입보리행론》제9장 지혜품의 핵심 주제인 '공성의 지혜완성(般若波羅蜜)' 입니다.

현상의 부정

앞에서 샨띠데바는 불교 하급학파들의 견해와 학설체계가 중관학파와 같은 상급학파들의 논리에 의해 무효화된다고 말한 바 있습니다. 하지만 그러한 주장을 성공적으로 입증하려면 그것을 일반화할 수 있는 실례實例와 비유가 필요합니다.

4-2.
둘 다가 인정하는 예시를 놓고 보면
결과만으론 분석이 안 되기 때문이다.

그러므로 위의 제4게송에서 샨띠데바가 논쟁의 상대자 둘 다가 인정하는 일반적인 비유를 들어 예로 살펴본 것은 우리가 일상에서 그대로 믿고 따르는 세속의 관습에서조차도 '신기루나 꿈 속의 대상과 같은 특정한 현상은 무형의 비실재나 거짓(虛僞)으로 여겨질 수 있다'는 사실을 암시합니다. 신기루나 꿈속에 나타난 대상 같은 현상들은 현실에서도 그 실체를 찾을 수가 없습니다. 중관론자들이 이와 같이 세속에서도 허위(非實在)가 되는 예를 든 것은 사실 모든 현상의 비실재성을 밝히기 위한 방편입니다. 결과적으로 모든 사건과 사물들은 본래의 자성이 없다는 것을 환기시키는 것입니다.

입문 단계에서는 추론을 사용하는 논리나 논쟁 등의 지적인 과정(比量)을 통해 공성을 이해할 수 있지만, 궁극적으로 그것은 직접 지각(現量) 혹은 직접경험(現證)을 통해 이해해야 합니다. 경전에서는 추론적 지식을 지팡이가 필요한 시각적 장애에 종종 비유하기도 합니다. 추론을 통한 인식은 직접적인 경험이 아닙니다. 그것은 논리와 분석적인 관찰에 기반한 것으로 직접경험의 근사치에 불과합니다. 하지만 입문 단계에서는 추론(正比量)을 통해서만 겨우 현실의 궁극적인 본성인 공성을 이해하기 시작합니다. 입자(量子)물리학과 같은 현대의 과학은 객관적인 현실이 눈에 보이는 그대로 존재한다는 개념을 더 이상 유지할 수 없을 만큼, 주체적 실존성이 불분명한 현상[25]의 본질을 점점 더 구체적으로 밝혀내고 있습니다. 이러한 과학적 통찰은 불교와는 별개로 발전해온 것입니다. 그리고 이 분야의 과학자들은 자신들이 전제한 과학적 결론에 따라 사건과 사물들의 본질이 고정된 실체가 아닌 비실재의 무언가일 수도 있다는 생각에 이른 것 같습니다. 본송에서 샨띠데바는 사건과 사물들의 비실재성을 입증해줄 다양한 근거와 논리가 있다고 말하고 있습니다. 그에 반해 객관적이고 본질적이며 자립적으로 존재하는 사건이나 사물들이 있을 수 있다는 것을 입증할만한 것(前提)은 하나도 없다고 말합니다.

더불어 위의 제4게송에는 '일체의 모든 사건과 사물에는 자립적인 본성(自性)이 없다'는 중관의 논리를 반박하는 실유론자들의 견해가 내포되어 있습니다. 실유론자들이 반대하는 근거는, 중관론자들이 주장하는 것처럼 실제로 모든 현상에 자성이 없다면 '정신적인 수행을 통해 해탈을 이루는 것도 역시 불가능하다'는 것입니다. 이들 경부經部학파가 지적하는 것은, 중관학파의 교리인 공성에 따르면 인과법도 역시 부정되어야 한다는 것입니다.

이에 대해 중관론자들은 '공성의 교리는 인과법을 부정하지 않는다'고 답합니다. 이들이 부정하는 것은 진제 차원의 인과법입니다. 진제 차원에서는 그 어떤 것도 유효하지 않기 때문입니다. 속제 차원에서 인과법의 유효함을 부정하는 것이 아닙니다. 사물의 궁극적인 본성을 탐구하지 않은 채 또한 언어나 개념에 깃든 진실한 의미를 찾지 않은 채 현실에 나타난 그대로만 인정하고 수용하는 것이 속제의 차원이기 때문에, 일상의 세속세계 안에서는 인과법이 유효하게 작동하는 것입니다. 그래서 중관론자들은 상대적인 속제의 차원 안에서는 정신적인 수행을 통해 해탈의 목표나 구경의 깨달음도 성취할 수 있다고 합니다. 인과법에 따라 속박을 벗어나 해탈을 이룰 수 있기 때문입니다.

샨띠데바는 계속해서 다음과 같이 게송을 이어갑니다.

5.
세간 사람들은 사물을 볼 때
정상적인 것으로만 분별하고
환인 양 여기지 않으니 이에
요가행자와 세인이 논쟁한다.

샨띠데바는 위의 중관론자들의 답에 대한 실유론자들의 반박을
이 게송에 담고 있습니다. 실유론자들의 반박은 "만약 그대 중관
론자들이 그와 같이 유효한 인과법으로 구성된 세속세계의 유효
함을 인정한다면, 우리는 그 유효함을 실유라고 하는 것인데, 그래
서 원인과 결과는 본질적으로 존재하는 것이라고 결론한 것인데,
도대체 무엇이 문제라고 하는 것인가? 사실 논란이 된다면, 그것은
순전히 의미상(意味論)의 문제일 뿐이다"라는 것입니다.

   이에 대해 다시 중관론자들은 "하지만 그것은 진실이 아니다.
그대 실유론자들은 일체 현상에 대해 세속적 차원의 인과적 유효
함만 인정하는 것이 아니라 그 속에 펼쳐진 사건과 사물들이 다
객관적이고 본질적인 실체이며, 그 자체가 독립적으로 존재하는
자립적 위상을 가지고 있다고 믿고 있기 때문에, 우리가 그것을 부
정하는 것이다"라고 응대합니다. 그리고 계속해서 말합니다. "현상
이 비록 실재하는 것처럼 보인다고 해도 그것은 우리의 왜곡된 마
음에 의해 그렇게 독립적으로 존재하는 것처럼 인식되는 것이지,

실제로는 환과 같은 것이다. 우리는 그와 같은 현상의 본질을 유효하다고 보지 않는다. 왜냐하면 '현상이 인식되는 방식과 그것이 실제로 존재하는 방식'에는 분명한 차이가 있기 때문이다. 그래서 우리는 그것을 단순히 의미상의 차이라고 생각하지 않는다. 실질적인 것이기 때문이다."

6-1.
색 등이 직접 지각되는 것이라고 해도
모두에게 통하는 인식 방법은 아니다.

실유론자와 중관론자 사이의 공통점은 형색(rūpa, 色), 사물, 사건의 존재를 인정한다는 것입니다. 논란이 되는 것은, 형색 등이 '나타나는 그대로 존재하는가'에 대한 문제입니다. 실유론자들은 형색 등이 실재할 뿐만 아니라 나타나는 그대로 존재한다고 주장합니다. 그들은 사건과 사물들에 대한 우리의 인식이 유효하다고 생각합니다. 그래서 현상으로 나타난 사건과 사물들이 객관적이고 본질적인 실체를 가지고 있다고 주장하는 것입니다.

이에 대해 중관론자들은 비록 형색 등과 같은 사건과 사물들이 우리의 감각에 유효하게 인식되는 것은 사실이라고 해도 그와 같은 방식의 인식이 모든 면에서 유효하다는 것을 의미하지는 않는다고 말합니다. 그러한 감각이 대상을 인식하는 데는 유효하지만,

그 대상을 객관적이고 독립적이며 본질적인 존재로 파악하는 것
은 유효하지 않은 허위라는 것입니다.

그러므로 중관론자들에 따르면, 인식은 두 가지 측면에서 논할
수 있습니다. 하나는 유효한 측면에서, 다른 하나는 왜곡된 측면에
서 논할 수 있는 것입니다. 이러한 이해를 통해 단편적인 사건이나
사물에 대한 인식의 양면성을 살펴볼 수 있습니다. 대상에 대한 직
접적이고 유효한 경험을 가지고 있다고 해서 사건과 사물들이 객
관적이거나 고유한 실유성을 가진 것은 아니라는 의미입니다. 사
실 이러한 논쟁은 중관학파의 위대한 논사들인 바바비베까(清辨)
와 짠드라끼르띠(月稱)도 서로 견해를 달리하는 중요한 문제입니다.
이들의 대립적인 관점은 이후에 중관-자립논증학파와 중관-귀류
파라는 특정한 형태의 중관학파로 발전하게 됩니다. 바바비베까와
짠드라끼르띠가 논쟁하는 핵심은 '실유론자와 중관론자들 모두에
게 공통적으로 성립될 수 있는 대상이 있는지'에 대한 문제입니다.
즉 대상들에 본래의 자성이 있는지의 문제입니다.

> 6-2.
> 그것은 청정하지 않은 성품들 중에서
> 청정 등을 보편이라 여기는 오류이다.

이에 대해 실유론자들은 "만약 사물들이 본질적인 실체나 자성이

없는 것이라면, 그리고 객관적인 실존성을 가지고 있지 않다면, 우리 모두는 어떻게 그것을 인식하고 있는 것인가?"라고 반박합니다. 이들이 반박하고 있는 것은 적어도 우리 모두의 인식에 사물이 실질적으로 나타나 보이는 것은 서로 공감한다는 것입니다. 이에 대해 중관론자들은 서로가 공감한다고 해서 반드시 진실이 되는 것은 아니라고 응답합니다. 예를 들면, 일반의 세속사람은 겉으로 보이는 자신들의 몸이 눈에 보이는 그대로 멀쩡(淸淨)하다는 것에 공감하겠지만, 자세히 분석해보면 실제로는 청정하지 않은 다양한 요소들이 복합적으로 구성된 것이며 오염되어 부정한 것임을 알게 될 것입니다. 이 때문에 중관론자들은 실유론자들이 믿는 본질적인 실체나 자성을 부정하는 것입니다. 그리고 그와 같은 본질적인 실체나 자성은 우리의 일상에서 이루어지는 유효한 경험과도 모순된다고 말합니다. 이것을 논리적으로 증명하는 것이 중관론자가 실유론자를 반박하는 핵심입니다.

중관론자들은 '논쟁의 상대자들이 이어서 부처님의 경전을 인용하고 그것을 기반으로 반론을 제기한 것에 대해' 그것을 자신들의 핵심 사상인 공성을 부정하는 것으로 보고, 다음의 제7게송에서 이것을 논리적으로 방어합니다.

7-1.
세간에 머무는 세속의 사람들을 위해

보호불께서 사물을 설했을 뿐 실제로
그것들은 찰나적인 것(無常)이 아니다.

불교의 실유론자들은 존재하는 '사건과 사물들은 찰나적이고 무
상한 것이며 불만족의 불완전한 특성(無常苦)을 가진 것으로서 정
의된다'고 설하신 부처님의 초전법륜을 인용하여 앞에서 말한 중
관론자들의 주장을 부정합니다. 그리고 "형색 등이 본질적으로 존
재하는 것이 아니라면, 어떻게 사건과 사물들에 그러한 특성들이
있을 수 있겠는가?"라고 반문합니다.

　이에 대해 중관론자들은 부처님께서 사성제, 특히 고제의 특징
을 무상과 통고 등의 네 가지 특성으로 구분하여 설하신 본래의
의도(本旨)는 무상한 것에 집착하고 윤회하는 존재에 집착하는 중
생들을 속박의 굴레에서 벗어나게 하기 위해 순전히 '방편으로 설
하신 것'이라고 반박합니다. 이와 같은 가르침의 궁극적인 목적은
무상한 것에 집착하여 스스로 고통받고 있는 유정 중생들을 공성
의 완전한 깨달음으로 인도하기 위한 것이기 때문에, 따라서 그러
한 가르침은 공성의 교리와 상충되지 않는다는 것입니다.

　이어지는 구절[7-2]에서 샨띠데바는 본질적인 존재 혹은 자성을
가진 존재를 부정하는 중관론자들의 입장을 재차 반박하는 실유
론자들의 입장을 소개합니다. 이들이 반문하는 것은 중관론자들
의 말처럼 만약 사물들이 궁극적인 차원(空性)에서는 존재하지 않

는 것이라면, 그것은 상대적인 세속 차원에서도 존재할 수 없다는 것입니다. 이에 대해 중관론자들은 그 다음 게송[8]을 통해 응답합니다.

7-2.
하지만 '세속에서도 모순'이라 한다면

8.
요가행자는 세속에 대한 착오가 없어
세간이 의지하는 바의 본모습을 본다.
그렇게 여인의 청정하지 않은 이면을
밝히면 세간 사람이 이를 반박하리라.

중관론자들이 이와 같이 응답한[게송 8] 요지는 '사건과 사물들이 실제로 무상하고 일시적인 것이라고 해도 일상에서는 그것들을 항상 지속되는 것으로 인식하는 경향(習氣)이 있다'는 것입니다. 그렇지만 사건과 사물들을 그렇게 항상하는 것으로 인식하는 경향이 있다고 해서 그것들이 일시적인 것이고 쉽게 해체(壞滅)되는 것이라는 사실 자체가 무효화되는 것은 아니라는 것입니다. 속제 차원에서 보면 그것들은 무상한 것이기 때문입니다. 나아가 진제 차원에서 보면 그들의 무상한 특성 자체도 실체가 없습니다. 그러므로 사건과 사물들이 속제 차원에서는 무상한 것이지만, 진제 차원에서는 무상함 자체도 없다고 한 중관론자들의 입장에 모순되는 바가 없습니다.

만약 이와 같은 입장이 일반적인 무상의 견해와 다르기 때문에 무효라고 주장한다면, 정혈과 골육 등으로 이루어진 우리 몸의 부정한 면을 통찰하는 수행 방법인 부정관不淨觀 역시 무효화될 것입니다. 예를 들면 일반 세속사람들의 인식은 종종 여인의 몸을 매력적인 대상으로 봅니다. 그리고 그 몸을 아름답고 깨끗한 것(淸淨)이라고 여기기 때문입니다.

공덕과 재생

이에 대해 실유론자들은 만약 그와 같은 중관의 입장에 따르게 되면, 공덕을 쌓는 일도 불가능하게 될 것이라고 말합니다.[게송 9-1]

> 9-1.
> 환과 같은 승리불로부터 생긴 공덕이
> 어떻게 실재하는 것처럼 되는 것인가.

실유론자들은 '그렇게 만약 중관론자들의 입장에 따르게 된다면, 승리자이신 부처님(勝利佛)도 환과 같은 것이 되며, 따라서 궁극적인 실체가 아닌 것이 된다'고 반박합니다. 그렇다면 '그렇게 환과 같은 부처님을 대상으로 귀의와 헌공의 예를 올린다고 한들 그것이 무슨 공덕이 되겠느냐'고 묻는 것입니다. 이에 대해 중관론자들은 '실유론자들이 실제로 존재하는 부처님께 헌공하여 실제로 존재하는 공덕이 쌓인다고 믿는 것처럼, 그와 마찬가지로 우리의 입장에서는 환과 같은 부처님께 헌공하여 환과 같은 공덕을 쌓는 것'이라고 응수합니다. 서로가 모순이 없습니다. 그러므로 실유론적 실체나 본래의 자성을 부정한다고 해서 공덕을 쌓을 수 없는 것은 아닙니다. 이에 대해 실유론자들은 다시 다음과 같이 반박합니다.

9-2.
만약 유정중생이 환과 같은 것이라면
어떻게 죽고도 다시 태어나는 것인가.

실유론자들은 '중관학파의 공성에 따르면, 일체의 유정 중생들도 결국은 환과 같은 것이기 때문에, 주체적 실존성이 없는 그들은 다시 윤회하여 재생하는 것도 불가능하다'고 반박합니다. 그래서 "환과 같은 유정 중생이 어떻게 죽고도 다시 태어날 수 있다는 것인가?"라고 묻는 것입니다. 이에 대해 중관론자들은 그것은 가능할 뿐만 아니라 실유론자인 그대들의 비유가 오히려 그것을 입증해주고 있다고 응수합니다.[게송 10]

10.
조건들이 모임을 이루는 한은
환도 역시 생겨나는 것이므로
긴 세월 동안 형성된 것이라면
유정들도 진실인 양 존재한다.

환幻이라고 하더라도 결국은 원인과 조건(因果)에 의존(緣起)합니다. 일체의 사건과 사물들이 원인과 조건의 모임에 따라 그 결과가 이루어진 것처럼 환도 마찬가지입니다. 원인과 조건이 형성되지 않으면 아무리 환이라도 결과를 이룰 수 없습니다. 마찬가지로 마음의 흐름(心相續)에 윤회와 관련된 원인과 조건이 존재한다면, 그에 따라 죽음 이후에도 당연히 다시 태어나는 결과를 맺게 되는 것입니다. 따라서 윤회의 재생과 공성의 교리는 서로 상반되지 않으며, 동시에 성립합니다.

복업과 죄업

이에 대해 실유론자들은 "그대 중관론자들이 주장하는 것처럼 본질적으로 존재하는 성품이 없다(無自性)면, 무엇을 기반으로 복업(善)과 죄업(惡)이 지어지는 것인가?"라고 묻습니다.

11.

환영의 사람을 죽이는 것 등에는

마음이 없기에 죄도 없을 것이다.

하지만 환과 같은 마음이 있다면

복업과 죄업 등도 생기는 것이다.

12.

진언 등에는 그럴 힘이 없기 때문에

환과 같은 마음도 생겨날 수가 없다.

갖가지의 조건에서 생겨난 것이라면

환도 갖가지의 유형이 될 수가 있다.

13-1.

단일 조건으로 전부가 가능한

건 어디에도 존재하지 않는다.[26]

실유론자들은 다음과 같이 말합니다. "만약 일체의 유정중생들이

신기루나 환과 같은 것이라면, 살생 등을 통해 축적되는 어떠한 죄

업도 그저 환에 불과한 것이 될 것이다. 환술로 만들어진 환영을

죽인다고 해서 현실의 죄업이 쌓이지 않는 것처럼, 중관론자들의

논리에 따르면 현실의 유정 중생들도 환과 같은 것이기 때문에 환과 같은 그들을 죽여도 실제의 죄업이 쌓이지 않는다는 것이 된다."

이에 대해 샨띠데바는 실유론자와 중관론자가 '환과 같다'고 한 것은 서로 다른 차원의 의미라고 말합니다. 마술이나 주문을 통해 만들어진 환영의 존재들은 의식을 가진 마음이 없습니다. 그래서 그들은 아픔이나 기쁨을 느낄 힘이 없습니다. 그러므로 환술로 만든 그들을 죽인다고 해도 마음에 죄업이 축적되는 것은 아닙니다. 하지만 중관론자들이 말하는 '환과 같다'는 의미는 비록 유정 중생들의 본질은 자성이 없는 환과 같더라도 그들에게는 감각을 느끼는 마음이 있기 때문에 아픔이나 기쁨을 느낄 수 있는 힘이 있다는 것입니다. 그들은 마음(意識)을 가진 존재(有情)입니다. 따라서 환과 같은 유정 중생들을 죽이게 되면 환과 같은 죄업이 마음에 축적되는 것입니다. 이와 같이 '환과 같다'는 의미는 서로 다른 차원에서 논의되어야 할 문제입니다.

윤회와 열반

다음의 게송들은 '공성의 교리에 따르게 되면, 결국 윤회와 열반도 구분할 수 없다'는 실유론자들의 반박에 대해 중관론자들이 응답하고 있는 내용입니다.

13-2.
만약 궁극적 진제는 열반이고
윤회는 상대적 속제라 한다면

14.
부처도 윤회하게 된다는 것인데
보리행은 무엇 때문에 하겠는가.
조건들의 흐름을 끊지 못한다면
환이라도 사라지지 않을 것이며

15-1.
조건들의 흐름을 끊어낼 수만 있다면
세속의 현상도 생겨나지 않을 것이다.

실유론자들은 다음과 같이 말합니다. "중관론자들에 따르면, 모든
현상은 본래의 자성이 없으며 그렇게 자성이 없는 무자성의 상태
를 열반이라고 말한다. 이처럼 자성이 없는 상태를 열반이라고 한
다면, 열반은 윤회와 동일한 것이 될 것이다. 왜냐하면 윤회 또한

본래의 자성이 없기 때문이다. 중관론자들의 입장을 따르면, 이와 같이 윤회도 열반이 되는 것이다. 하지만 윤회와 열반은 본질이 다르기 때문에 서로 함께 양립할 수 없는 것이다. 더욱이 윤회와 열반이 서로 구분되지 않는다면, 부처도 결국 윤회의 속박에 갇힌 것이 된다. 그대들의 주장처럼 궁극적으로 윤회와 열반이 하나라면, 누가 구경보리의 해탈을 꿈꿀 것이며, 무엇 때문에 그 길을 가기 위해 보리도를 수행하겠는가?"

이에 대해 샨띠데바는 실유론자들이 보리도의 수행을 통해 얻어지는 구경의 열반(圓滿)과 본래부터 자성이 멸한 상태인 본래의 열반(空性)을 혼동하고 있다고 응답합니다. 더욱이 멸滅은 본래의 자성이 없는 상태(無自性)를 말할 뿐만 아니라 번뇌와 습기로 이루어진 일체의 모든 장애가 다 사라진 상태를 말합니다. 그러므로 공성의 본래 열반과 수행을 통해 이루어지는 구경의 열반은 구분되어야 합니다. 그것은 다음과 같이 두 가지로 구분할 수 있습니다. 그 하나는, 윤회의 재생으로 인도하는 원인과 조건들의 흐름(因緣相續)이 끊어지지 않는다면, 개별적 주체인 개아個我는 윤회의 속박에 갇힌다는 것입니다. 다른 하나는, 원인과 조건(因緣)의 사슬을 끊어내면 인연의 사슬을 끊어낸 그 개아는 본래의 열반의 상태에 머물게 될 뿐만 아니라, 고통과 속박에서 벗어나는 구경의 열반을 성취한다는 것입니다.

여기서 실유론자들이 말하는 요점은 '본질적이고 객관적인 실체로서 사물을 받아들이지 않는다면, 인과의 원리는 물론 현상이 생멸하고 작용하는 기능도 있을 수 없다'는 것입니다. 이에 대해 중관론자들은 궁극적인 차원에서 보면 일체의 모든 사건과 사물들은 본래의 독립적인 실체가 없는 환과 같지만, 그렇다고 상대적인 세속세계에서 기능하는 인과법의 유효함을 부정하는 것은 아니라고 말합니다. 세속의 현실은 공성의 논리에 의해 파괴되지 않으며 나타나는 그대로 존재한다는 것입니다. 다만 그것이 본질적인 상태(自性)로 존재하는 것은 아니라는 말입니다.

그러므로 본래의 자성을 부정한 다음에는 세속세계(俗諦)의 유효함을 입증할 수 있어야 합니다. 그래야 상견과 단견을 벗어나 진실한 중도에 이를 수 있기 때문입니다. 이와 같은 중도적인 입장은 세속세계의 유효함과 현실을 부정하지 않는 것이기 때문에, 원인과 결과(因果), 주관과 객관(能所) 등의 모든 기능이 그대로 유지됩니다. 이러한 관점이 진실한 중도입니다. 그렇지 않고 중도를 벗어나게 되면, 결국은 상견과 단견의 양변에 이끌릴 수밖에 없습니다. 단견에 이끌려 현실의 세계를 부정하고 점점 더 허무한 마음을 갖거나 아니면 불안한 마음을 감추고 두려움을 피하기 위해 영원하고 절대적인 대상에 의지하는 상견에 끌려갑니다. 샨띠데바와 중관론자들에 따르면, 깨달음을 추구하는 수행자들에게 가장 중요한 것은 이와 같은 중도의 입장을 증득하는 것입니다.

이상은 미세한 차원에서 이루어진 무상에 대한 분석입니다. 이에 대해 틈틈이 시나브로 사유하고 명상해야 합니다. 먼저 혈액의 흐름을 중심으로 자신의 몸을 관찰합니다. 심장이 박동하여 순환하는 혈액의 흐름을 보는 것입니다. 이를 통해 자신의 몸에 흐르는 역동성을 경험하게 될 겁니다. 이러한 역동성은 단 한순간도 정적인 상태로 머물러 있지 않습니다. 우리 몸과 마음의 속성입니다. 끊임없이 작동하고 변화합니다. 그런 다음, 시선을 돌려 외부를 관찰합니다. 자세히 살펴보면 외부의 현상도 똑같이 그와 같은 역동성과 무상함을 품고 있습니다. 안팎의 모든 현상은 이와 같은 방식으로 작용하고 존재합니다. 예를 들면 늙어가는 부모님의 얼굴이나 낡아가는 옛 건물에 묻어나는 세월의 흔적은 순간순간 변해가는 무상함과 왕성했던 역동성의 흔적을 보여줍니다. 이와 같이 수행자는 드러난 이면의 미묘한 진실을 살펴야 합니다. 그것은 현상의 끝없는 변화를 나타내는 역동성과 무상입니다.

물리적인 현상만 그러한 것이 아닙니다. 우리의 감정이나 생각과 같은 모든 정신적 상태들도 그와 같습니다. 끊임없이 생멸하며 변해가는 것입니다. 역동적이고 무상합니다. 단 한순간도 정적으로 남아있지 않습니다. 우리의 마음도 이와 같습니다. 역동성과 무상함을 품고 있는 것입니다. 우리의 몸과 마음과 외부의 모든 현상이 이와 같으므로, 그 이면을 자세히 탐구해야 합니다. 미세한 차원의 무상함을 직접 경험하는 것입니다. 이와 같은 방식으로 우리는 일체의 사건과 사물들이 보이는 그대로 고정된 실체가 아니라 지극히 역동적이고 무상한 것이라는 사실을 통찰할 수 있습니다.

유식학파의 견해

외부 세계

지금부터는 특별히 유식학파와 관련된 논쟁이 시작됩니다. 샨띠데바는 다음 게송을 통해 먼저 유식학파의 입장에 해당하는 논제를 제시합니다. 그런 다음, 그에 대한 중관학파의 반박을 제시합니다.

15-2.
만일 '허위로'라도 존재하지 않는다면
환은 무엇을 통해 볼 수 있는 것인가.

이와 같은 유식학파의 반문은, 중관학파가 주장하는 것과 같이 일체의 모든 현상이 만약 환과 같다면, 그것은 의식 속에 투영된 개념이 되거나 일종의 지각 혹은 또 다른 의식과 같은 것이 되기 때문에 그 역시 환과 같다는 것입니다. 그리고 만약 그렇다면 "그 환은 무엇을 통해 인식할 수 있는 것인가?"라고 묻는 것입니다.

이에 대해 중관론자들은 다양한 방식으로 이들 유식학파의 반론을 반박합니다. 불교의 4대 주요학파는 크게 소승의 유부와 경부학파, 그리고 대승의 유식과 중관학파로 구분됩니다. 그 중 대승의 학파들은 '현상의 무아' 즉 법무아를 기본적으로 인정합니다. 하지만 '무엇이 그 무아의 의미를 구성하는지'에 대해서는 서로가 이해를 달리합니다.

유식학파는 현실을 세 가지 상태(唯識三性)로 이해하는데, 각각 1. 다른 것에 의존하여 생겨나는 상태인 의타기성, 2. 두루 수집하고 헤아려 분별하고 망상하는 상태인 변계소집성, 3. 존재의 본질이 완전히 드러난 궁극적인 상태인 원성실성을 말합니다.[27] 유식학파들이 말하는 법무아는 이와 같은 틀 안에 있습니다. 따라서 법무아를 통해 부정되는 자아(法我) 혹은 정체성은 주로 그것들이 지시하는 바의 대상 혹은 그 대상과 관련된 개념이나 언어(用語)의 방식으로 존재합니다. 예를 들면 화병, 기둥, 탁자 등과 같은 일상의 대상이나 형상(色)들은 그것을 나타내는 용어에 기초한 것일 뿐, 그 자체로 존재하는 것이 아니라는 말입니다. 이와 같은 관점에서 보면, 외적인 모든 현상은 결국 마음의 투영이며, 마음의 확장입니다. 즉, 마음이 지시하는 바의 대상이 된 것이거나 혹은 그 대상으로 개념화되거나 언어화된 것입니다. 그런 의미에서 유식학파는 외부의 현실 세계를 부정합니다. 화병이나 탁자와 같은 일상의 대상들을 주의 깊게 분석해보면 실제로는 마음이 확장된 것에 불과하지만 마치 '외부에' 독립적인 상태로 실재하는 것인 양 우리에게 나타난다는 것입니다. 그러한 대상들은 오직 마음의 투영(唯

識)일 뿐 객관적이고 독립적인 실체가 없다는 말입니다. 이와 같은
방식을 통해 외부 세계의 무아(法無我)를 한번 깨우치고 나면, 외부
의 현상세계를 고정된 실체로서 파악하던 습기가 확실히 줄어듭니
다. 따라서 유식학파가 주장하는 핵심 요지는 외부의 현상세계는
그저 환일 뿐이며, 우리가 가진 외부 대상에 대한 인식은 마음속
깊이 잠재한 습기로 인해 마음에 의해 투영된 투사물이라는 것입
니다.

다음 게송에서 산띠데바는 유식학파의 견해에 따르면 외부 세
계의 현실조차 유지될 수 없을 것이라고 말합니다.

16.
만일 그대 앞에 환 자체가 존재하지 않는다면
그러면 그때는 무엇을 [어떻게] 본다는 것인가.
마음 그 자체와 다른 모습으로 존재한다 해도
그와 같이 나타나는 모습도 마음 그 자체이다.

이 경우 유식학파의 입장은 외부의 대상들은 실질적으로 존재하는
것이 아니고 단지 마음의 투영일 뿐이라는 것인데, 이것은 우리의
인식과 외부 세계의 현실 사이에 어느 정도 차이가 있다는 것을 인
정한다는 의미입니다. 그렇기 때문에 최소한 외부 세계와 관련해서
는, 그것이 '환과 같다'는 것을 그들도 인정하는 셈입니다. 이는 외부

의 대상이 진실한 본래의 자성을 가진 실질적인 존재가 아니라는 것을 인정한 것과 같기 때문에, 결국 그들은 [그들이 주장하는] 환과 같은 현실 자체도 부정하는 셈입니다.

자체-인식의 마음

이에 대해 유식학파는 "비록 외부의 대상이 독립적이고 객관적인 실체로서 존재하는 것은 아니라고 해도, 그것이 곧 마음의 투영이나 마음의 표상으로서도 존재하지 않는다는 것을 의미하는 것은 아니다."라고 반박할 수도 있습니다. 독립적으로 존재하지는 않지만 심리적인 현상으로서는 존재할 수 있다는 것입니다. 유식학파 입장에서 보면 그럴듯한 반론입니다. 하지만 이에 대해 중관론자들은 다음과 같이 반박합니다.

17.
만일 마음 그 자체가 환과 같다면
그 경우 무엇이 무엇을 보는 건가.
세간의 보호자 부처님께서도 역시
마음은 마음을 볼 수 없다 하셨다.

유식학파는 환과 같은 외부의 대상은 단지 마음이 확장된 것일 뿐이기 때문에, 외부의 대상도 실제로는 마음의 일부일 뿐이라고 주장합니다. 하지만 그렇게 되면 외부의 대상을 인식하는 마음도 마음 자체에 의해 인식되는 마음이 되는 것입니다. 그것은 결국 마음이 하나밖에 없다는 말인데, 어떻게 하나인 상태에서 주체(能)와 객체(所)가 동시에 공존할 수 있겠습니까? 그래서 샨띠데바는 '칼끝은 제아무리 날카로워도 자기 자신을 벨 수는 없다'고 하신 부처님의 말씀을 다음 게송에 인용합니다.

18.
칼날이 스스로 자신을 벨 수 없는 것과 같이
그렇게 벨 수 없는 것이 [마음]이라고 하셨다.
그렇지만 등불이 스스로 자기 자신을 실제로
그처럼 빛나게 할 수 있는 것과 같다 한다면

마찬가지로 의식은 결코 자기 자신을 인식할 수 없습니다. 다시 말해 '자체를 인식하는 의식', 즉 자체-인식의 마음(自立因)이라는 개념은 결코 성립될 수 없는 것입니다. 이에 대해 유식학파는 '자체를 인식하는 마음'을 인식하는 것은 가능하다고 주장합니다. 이를 위해 그들은 등불의 비유를 듭니다. 등불의 본성은 스스로 빛나는 것(自立光)이기 때문에 다른 대상들을 비출 수 있는 것이며, 그와 같이 의식 또한 자체를 인식하기 때문에 다른 대상들을 인식한다는 것입니다. 중관론자들은 이러한 설명을 인정하지 않고 다음과 같이 반박합니다.

19-1.
등불이 스스로 빛나는 것이 아니라
어둠이 덮이지 않아서 그런 것이다.

이에 대해 유식학파는 또 다른 비유를 들어 다음과 같이 반론합니다.

19-2.
한데 청금석의 파란색 같은 파랑은
다른 것들에 의존하는 것이 아니다.

20-1.
따라서 무언가는 다른 것들에 의존하기도
하지만 의존하지 않는 경우도 볼 수 있다.

이와 같이 유식학파는 두 가지 다른 유형의 청색을 구별할 수 있다고 주장합니다. 예를 들면, 투명한 유리를 파란색 천 위에 두면 그 유리는 파란색처럼 보입니다. 그런데 이 경우 파란색은 유리 밑에 있는 파란색의 천과 같은 다른 요소들에서 비롯된 것입니다. 반면에 청금석의 파란색과 같은 파랑은 다른 요소에 기인한 것이 아니라는 것입니다. 따라서 청금석의 파랑 자체가 파란색을 나타낸다는 것입니다. 이와 같은 예를 통해 유식학파는 외부의 대상을 취하는 감각적인 인식과 외부의 대상을 취하지 않고 '자체의 인식'을 인식하는 두 가지 유형의 주된 인식이 있다고 주장합니다. 자체를 인식하는 것과 다른 대상을 인식하는 것을 구분하는 겁니다.

이 같은 유식학파의 입장을 샨띠데바는 다음과 같이 반박합니다.

20-2.
파랑의 성품이 없는데도 파란색이 되거나
스스로 자기특성으로 생겨나는 것은 없다.

다른 요소에 의존하지 않는 파랑의 특성은 없다는 것입니다. 모든 사건과 사물들은 그들을 존속시키는 다른 원인과 조건들에 의존하는 것이기 때문에, 사물의 한 특성인 '파랑'이라는 속성 역시 그처럼 원인과 조건들에 의존해야 한다는 말입니다. 마찬가지로 유리의 파랑이 다른 요소에 의존하는 것처럼, 청금석의 파랑도 다른 조건들에 의존한다는 것입니다. 샨띠데바는 계속해서 다음과 같이 말합니다.

21.

등불이 [스스로 자체를] 빛나게 한다는 것이

[자기 자체를] 인식하여 안다는 말과 같다면,

의식이 [스스로] 빛나는 것이라고 하는 것은

무엇으로 인식하여 그[와 같이] 말하는 건가.

22.

만일 어떤 것으로도 볼 수가 없다면

빛을 내거나 빛을 내지 못하는 것은

석녀 딸의 미모를 논하는 것과 같아

그것은 말할 가치도 없는 것이 된다.

만약 유식학파가 등불은 스스로를 빛나게 할 수 없다는 사실을 인정하지 않는다면 그것은 역으로 어둠이 스스로를 감추게 한다는 말과 같은 것이 됩니다. 반면에, 등불이 스스로를 빛나게 한다는 관점을 버려도 등불은 여전히 빛을 내고 빛을 비춥니다. 빛을 내는 원인과 조건이 결합되어 있기 때문입니다. 등불이 스스로 자체를 빛나게 하는 것은 아니지만 빛을 내는 원인과 조건을 통해 여전히 빛을 비추고 있는 것입니다. 마찬가지로 인식이 스스로를 인식하지 못한다고 해도 인식은 여전히 그 속성상 본능적으로 인식을 하는 것입니다. 따라서 중관론자인 샨띠데바는 이와 같이 빛을 내는 것도 다른 요소에 의지하는 것이기 때문에 빛을 내게 하는 원인과 조건이 사라지면 빛 자체도 사라지게 된다고 말합니다. 등불이 스스로 자체를 비추고 의식이 스스로 자체를 인식한다는 것은 마치 자식을 잉태할 수 없는 석녀가 존재하지도 않는 그의 딸을 아름답다고 말하는 것과 같아서 이치에 맞지 않다는 것입니다.[28]

이에 대해 유식학파는 '자체-인식하는 마음', 즉 자체를 인식하는 특성을 입증하기 위해 다음과 같이 반론합니다.

23-1.
만약 자체 인식이 존재하지 않는다고 하면
의식이 기억을 가지는 것은 어찌된 일인가.

일반적으로 말하면, 무언가가 존재하는지 아닌지를 결정하는 기준은 그것이 유효한 인식(量)으로 성립될 수 있는지 아닌지에 따른 것입니다. 어떠한 사건이나 사물이 유효한 인식으로 성립되는 것이라면, 그것은 존재한다고 말할 수 있습니다. 그러므로 현상의 실존은 인식이나 지각의 유효함에 의존합니다. 하지만 인식의 유효함은 현실과의 관계에 따라 달라지기 때문에, 인식(能)과 인식대상(所)은 서로에 의존하는 관계성에 따른 것입니다. 대상(所)이 없이는 그것을 지각하는 주체(能)인 의식이나 자각이 있을 수 없는 것입니다.

하지만 유식학파는 인식과 인식대상 사이의 이와 같은 상호의

존적 관계성을 인정하지 않습니다. 그들의 관점에 따르면, 주관적인 경험이 대상들의 특성을 결정합니다. 따라서 의식이나 인식주체의 결정에 따라 대상의 특성이 부여되는 것(一切唯心造)입니다. 하지만 그들이 말하는 주관이나 의식의 실체에 대해서도 또 다른 확인이 필요합니다. 다시 말해 의식이나 인식주체 역시 다시 다른 무언가에 의해 인식되어야 한다는 것입니다. 이와 같이 모든 인식에 그것을 성립시키는 또 다른 인식이 요구된다면, 그것은 결국 무한반복의 모순이 될 것입니다. 따라서 유식학파는 자신들의 논리적인 모순을 극복하기 위해 '자체-인식의 마음'이나 '자체-인식 능력(自立因)'을 주장할 수밖에 없습니다.

이와 같은 이유로 유식학파는 의식이나 마음의 '자체-인식 능력(rang-rig, 自證: 自體立證)'을 주장하는 것입니다. 이들의 주장은 기억을 전제로 합니다. 유식학파에 따르면, 우리는 무언가를 기억할 때 단순히 그 대상만을 기억하는 것이 아니라 그 대상을 지각한 인식도 함께 기억합니다. 어떠한 대상을 처음 지각할 때 거기에는 그 경험을 기록하는 또 다른 능력이 존재한다는 것입니다. 특정한 사물이나 사건에 대한 예비(事前)적인 인식이 없이는 그 기억을 일반적인 언어로 표현할 수 없는 것처럼, 특정한 경험에 대한 예비적인 인식이 없이는 그 경험에 대한 기억도 말로 할 수 없고 표현할 수 없다는 것입니다. 그래서 이들은 대상을 처음 인식함과 동시에 자체-지각 능력 혹은 자체-인식의 마음이 반드시 함께 수반된다고 주장합니다.

샨띠데바는 유식학파가 예로 든 기억에 대해 다음과 같은 대안적인 설명을 제시합니다.

23-2.
이전에 다른 데서 경험한 것들과 관련하여
그로부터 쥐들의 독을 기억하는 것과 같다.

중관론자들의 관점에서 보면, 주체와 객체는 상호 의존관계에 있기 때문에 서로가 서로에게 동등한 능력을 발휘합니다. 서로가 상대에게 의존해야 각자 유효하게 존속되는 것입니다. 그러므로 중관론자들은 '자체-인식의 마음'과 같은 어떤 특정한 의식 상태가 의식 전체를 주관하는 듯한 그와 같은 경우를 상정하지 않습니다.

쿤누 라마 린포체는 '먼저 감각의 인식을 통해 파란색을 지각하고 이후에 그렇게 지각된 인식을 기억하는 경우, 그때 대상을 기억하는 행위는 그것을 인식했던 기억과 그 기억을 인식하는 행위가 동시에 함께 작용한 것'이라고 말합니다. 특정한 대상에 대한 기억은 그 대상에 대한 경험과 무관하게 독립적으로 떠오를 수 없습니다. 왜냐하면 대상에 대한 기억은 주관적인 경험과 함께 떠오르기 때문입니다. 따라서 기억을 설명하기 위해 굳이 '자체의 인식 능력'을 따로 상정할 필요는 없습니다.

이에 대해 유식학파는 그들의 입장을 대변하는 '자체-인식'을 방어하기 위해 또 다른 주장을 내세웁니다.

24.
특정한 조건으로 다른 이들의 마음을
보기에 그 자체도 볼 수 있다고 한다면
성취의 안약을 눈에 바르면 비밀의 보병이
보인다고 하지만 안약 자체는 볼 수가 없다.

유식학파는 선정 삼매를 아주 깊이 수행한 이들의 경우 다른 사람들의 마음을 보는 신통력(他心通)을 얻을 수 있다고 주장합니다. 이와 같이 멀리 있는 것도 볼 수 있는 신통을 발휘할 수 있는 것이 마음이기 때문에 그보다 훨씬 더 가까이에 있는 마음 그 자체는 당연히 볼 수 있다고 주장하는 것입니다.

이에 대해 중관론자들은 또 다른 비유를 통해 반박합니다. 예를 들면, 어떤 이들은 성취의 안약과 같은 신통한 재료들을 사용해서 땅 속에 매장된 비밀의 보병같은 물건을 볼 수 있다고 말하는데, 하지만 그렇다고 해도 그것을 보는 눈 그 자체나 그것을 보이게 하는 안약 그 자체는 인식할 수 없습니다. 마찬가지로 다른 사람들의 마음을 인식할 수 있는 신통한 마음이 있다고 해도 마음 자체는 인식할 수가 없다는 것입니다.

이에 대해 유식학파는 만약 '자체의 인식능력'을 인정하지 않는
다면, 그것은 인식의 유효성을 성립시키는 기반 자체(自我)를 부정
하는 것과 같다고 반박합니다. 이에 대해 샨띠데바는 단순하게 보
고 듣고 아는 것을 부정하는 것은 아니라고 말합니다.

25.
그와 같이 보고 듣고 아는 것을
여기서 부정하려는 것은 아니다.
그 부정은 고의 원인이 된 것을
진실로 여기는 전도된 생각이다.

다시 말해 우리가 일반적으로 보고 듣고 아는 것을 부정하는 것
이 아니라 그렇게 인식된 것들이 실유라고 믿는 것을 부정하는 것
입니다. 그와 같이 전도된 생각이 바로 고의 근본 원인이기 때문입
니다.

자체-인식의 이해

나타나는 현상이 본질적으로 실재한다고 믿는 근본적인 무지(無
明)가 어떻게 속박의 기반이 되는지를 이해하려면, 먼저 번뇌에 수

반되는 심상이나 표상이 작용하는 과정을 구체적으로 이해하는 것이 중요합니다. 예를 들면, 탐진치(三毒)와 같은 부정적인 감정들을 경험하는 동안 그러한 감정의 대상들이 어떠한 방식으로 자신에게 나타나는지, 즉 자신이 그것들을 어떻게 인식하는지 점검하고 분석해야 합니다. 일반적으로 우리는 현실 세계와 어우러지는 상호작용으로 인해, 사물들이 '외부에' 객관적이고 독립적인 상태로 존재한다고 인식합니다. 이것은 이원론적 인식을 통해 세상과 관계를 맺고 있는 우리의 습관(習氣) 때문입니다. 우리는 자신에게 나타나는 표상들을 객관적이고 본질적인 실체를 가진 것인 양 파악하고 인식하는 경향(習氣)이 있습니다. 이러한 경향은 번뇌와 망상같은 강력한 감정들이 일어날 때 특히 더합니다.

예를 들어 누군가 혹은 무언가에 대한 강력한 열망을 경험하면, 우리를 이끌리게 한 그 대상은 그 순간 온전하고 완벽한 대상처럼 보입니다. 이끌리는 욕망의 대상이 독립적인 존재처럼 우리의 인식에 나타나는 것입니다. 마찬가지로 격렬한 분노나 증오를 경험할 때도 그 분노의 대상이 마치 독립적으로 실재하는 것처럼 우리의 인식에 나타나며, 실제로 그와 같은 증오심을 가지고 있는 것처럼 느낍니다. 이처럼 강력한 감정에 사로잡히면, 그 순간 우리는 대상이 되는 사물을 백 퍼센트 좋은 것으로 여기거나 백 퍼센트 나쁜 것으로 여기는 흑백 논리에 빠지게 됩니다. 이것이 우리의 습기입니다.

이와 같이 분노, 시기, 질투와 같은 격렬한 감정들을 주의 깊게 살펴보면, 그 중심에 '나(我)' 혹은 '자아'에 대한 강력한 감각이 자리하고 있다는 것을 인과의 과정들 속에서 발견하게 될 것입니다. '이것은 내가 싫어하는 거야!' 혹은 '이것은 내가 좋아하는 거야!'라는 느낌들은 감정적인 경험의 기반이 됩니다. 그렇다면 이렇게 강력한 '나'에 대한 감각을 어떻게 맞이해야 하고 또 어떻게 대처해야 할까요? 분석은 이에 대한 한 과정입니다. 번뇌와 망상에 대처하는 또 다른 과정은 '감정에 이끌린 대상에 고착하고 그것을 실제인 양 여기는 전도된 생각을 줄여 나가는 것'입니다.

값비싼 물건들을 대하는 자신의 태도를 살펴보고 그것을 본보기로 삼아야 합니다. 예를 들어 자신이 애착하는 물건을 발견하고 그것을 사기 전의 감정과 사고 난 이후의 감정으로 나누어 살펴보면, 그것을 소유하기 이전과 소유한 이후가 확연히 다르다는 것을 알게 될 것입니다. 일단 그 물건을 사고 나면, 그때부터 거기에는 나(我)라는 자아-의식이 결합되어 '나의 것(我所)'이라는 소유-의식이 생겨납니다. 놀라운 것은 사기 전에 느꼈던 물건에 대한 강렬한 애착이 그것을 사고 난 이후에는 점점 감소한다는 것입니다. 동일한 물건을 두고도 상황에 따라 다르게 느끼고 다르게 대한다는 것을 알 수 있습니다.

일반적으로 말하면, 분노나 집착 같은 감정들은 서로 다른 수준에서 생깁니다. 나라는 자아-의식이 어느 정도 개입되었는가에 따라 표출되는 감정의 정도가 달라지는 것입니다. 또한 거친 차원에서 보면, 우리는 자아를 몸과 마음으로부터 독립된 하나의 실체이자 일종의 자기-만족적인 기능이나 자율적인 능력을 가진 통제자로서 인식하는 경향이 있습니다. 이와 같은 방식으로 자아를 파악하는 것은 지극히 본능적입니다. 예를 들면 우리는 심장을 이식하거나 사지를 절단하는 위험한 수술도 생존을 위해 필요하다면 기꺼이 수용합니다. 건강할 수만 있다면 아마도 몸 전체도 바꾸려고 할 것입니다. 가능하다면 마음마저 바꾸고 싶어할 수도 있습니다. 이와 같은 의지는 우리가 자아를 심신에서 분리된 독립된 실체로 여기고 있다는 증거입니다. 하지만 샨띠데바가 게송에서 말하고자 하는 것은, 그와 같이 존재하는 자아는 없다는 것입니다. 즉 '자아의 부재(無我)'를 말하고자 한 것입니다.

요점은 이와 같은 방식으로 자아의 부재(無我空性)를 통찰하게 되면, 그에 따라 자연스럽게 자아에 대한 집착이 줄어들고, 자아를 중심으로 파악하던 나(人我)와 현상(法我)에 대한 이해가 점차로 달라진다는 것입니다. 앞에서도 언급한 유식학파의 견해처럼 외적인 모든 현상을 번뇌와 망상으로 점철된 자신의 마음에서 투영된 것(一切唯心造)이라고 보게 되면, 외부의 대상에 대한 집착도 확연히 줄어드는 것이 사실입니다. 이와 마찬가지로 독립적이고 자율적인 자아의 부재를 깨닫게 되면, 그러한 자아를 본질적인 것으로 여기고 집착하던 관점(我執)도 점차로 사라지게 되는 것입니다.

환과 마음

이어서 샨띠데바는 또 다른 유식학파의 논점을 제시합니다.

26.
마음과 환은 서로 다른 것이 아니며
다르지 않아 분별할 수 없다고 하면
실재한다면 어떻게 다르지 않겠는가.
다르지 않은 것이면 실재할 수 없다.

이 유식학파(假相唯識學派)의 주장은 환과 마음은 서로 같은 것도
아니고 다른 것도 아니라는 것입니다. 다시 말해 환은 마음 자체
가 아니라는 겁니다. 환은 이와 같이 마음과 동일한 것도 아니고
분리된 것도 아니기 때문에, 그것은 '단지 마음이 투영된 것일 뿐'
이라고 주장합니다.

이에 대해 샨띠데바는 "환이 만약 외부에 실재한다면 그것은 실
상이 되는 것인데 어떻게 그것을 단지 마음의 투영일 뿐이라고 말
할 수 있으며, 반대로 외부에 실재하지 않는다면 환은 단지 마음의
허상에 불과한 것인데 어떻게 탁자나 화병 같은 일상의 대상들이
실제로 존재한다고 말할 수 있다는 것인가?"라고 반박합니다. 따라
서 이와 같은 유식학파의 주장은 어떻게 해도 모순이 됩니다.

이에 대해 유식학파는 비록 외적인 대상들이 실재하지 않는 환과 같은 것이라고 해도 그것들은 여전히 관찰될 수 있는 것이라고 주장합니다.

27.
마찬가지로 환이 진실이 아니라고 해도
볼 수 있는 것처럼 보는 것이 의식이다.
윤회는 실제의 의지처가 있어야 하는데
그렇지가 않다면 허공과 같다는 것이다.

이에 대해 샨띠데바 역시 같은 방식으로 대응하여, 마음이 비록 진제 차원에서는 존재하지 않는 것이라고 해도 그 마음은 여전히 관찰될 수 있다고 응수합니다. 이에 다시 유식학파는 윤회하는 존재는 반드시 객관적이고 실질적인 기반을 가지고 있어야 한다고 반박합니다. 그렇지 않다면 그것들은 개념적으로 추상화된 허공과 같은 것이 된다는 것입니다. 이와 같이 유식학파는 허공을 추상적인 것으로 여기면서도 그렇게 추상화된 허공조차 그 존재성을 유지하기 위해서는 여전히 무언가 실질적인 기반이 되는 실체가 있어야 한다고 믿습니다. 이에 대해 샨띠데바는 다음과 같은 게송으로 응답합니다.

28.
실재하지 않는 것이 실재하는 것에 의존하여
작용한다면 그것은 어떻게 해서 가능한 것인가.
그대가 말하는 마음은 함께하는 조력자가 없으며
홀로 고정된 채 그 자체로 고립돼 있는데도 말이다.

29.
만일 마음이 걸림 없이 자유롭다면
그러면 모두가 여래와 같아야 한다.
그렇다면 오직 마음뿐(唯識)이라고
분별한 것에는 어떤 의미가 있는가.

유식학파는 자신들의 논리에 따라 일체의 대상들과는 독립적으로
존재하는 것이 마음이며, 궁극적으로는 오직 마음뿐(唯識)이라는
것을 인정하라고 강요하고 있습니다. 하지만 만약 그들의 논리대로
오직 마음만이 전부라면, 그것은 외부 세계에 대한 모든 사유의
과정이 해체되어 더 이상 이원론적 현상들이 남아있지 않은 '법신
의 상태와 유사한 것'이 됩니다.

이와 같이 마음과 분리된 것은 아무것도 없다는 자신들의 논리
로 인해 유식학파가 주장하는 마음은 결국 일체의 이원론적 희론
에서 벗어나 있는 것이 됩니다. 그들의 논리대로라면 이원적으로

나타나는 모든 형색은 단지 환에 불과한 것이며, 따라서 존재하지 않는 것이기 때문입니다. 이것은 또한 마음을 가지고 있는 일체의 유정 중생들이 이미 이원의 경계를 넘어서 있다는 것이 되며, 따라서 아무런 노력 없이도 완전한 자유의 경지에 있는 붓다들이 된다는 것을 암시합니다. 샨띠데바는 '유식학파의 입장에 대한 논리적 귀결'을 이와 같이 설명함으로써 마음의 본질에 대한 다차원적인 이해를 제공합니다.

중도적 접근법

이에 따라 샨띠데바는 이어지는 게송들을 통해 중도의 필요성을 논의하기 시작합니다. 먼저 그는 중관의 '무자성(空性)'을 반대하는 다음과 같은 관점을 제시합니다.

> 30.
> 환과 같다는 것을 알고 있다고 해도
> 남은 그 번뇌는 어찌 제거해야 하나.
> 마술로 만들어낸 환영의 여인이라고
> 해도 애착은 일어날 수 있는 것이다.

이에 대해 샨띠데바는 다음과 같이 응답합니다.

31.
그것을 만든 자가 인식대상에 대한
번뇌 습기를 제거하지 못한 것이다.
그처럼 대상을 애착으로 보게 되면
공성 습기는 약해지게 되는 것이다.

샨띠데바는 심지어 자신이 창조한 여인이 환술로 만들어낸 환영의 여인임을 잘 알고 있는 환술사조차도 때로는 거기에 이끌리는 느낌을 가질 수 있다는 사실에 동의합니다. 그는 이것이 환술사의 습관적인 사유방식과 애착에 빠지는 습기 때문이라고 말합니다. 마찬가지로 현상의 본질이 환과 같고 공한 것임을 이해하고 있다고 해도, 사건과 사물들을 본질적인 것으로 파악하는 습관적인 경향에서 쉽게 벗어날 수는 없습니다. 그것은 여러 생에 걸쳐 형성된 습기이기 때문입니다.

여기에 사용한 습기(vāsanā) 혹은 씨앗(bīja)이라는 말은 보통 두 가지 유형으로 분류됩니다.[29] 첫 번째 유형(等流習氣)은 잠재적인 성향이나 흔적으로 남았다가 나중에 더욱 또렷한 형태의 의식으로 나타나는 것을 말합니다. 두 번째 유형(異熟習氣)은 잠재적인 형태로 남아있는 성향은 그렇게 많지 않지만 반복적인 습관에 의해 인식이나 태도가 변하는 것을 말합니다.

이에 대해 샨띠데바는 공성에 대한 통찰을 끊임없이 계속하고 거기에 익숙해짐으로써 본능에 잠재된 습기를 점차로 제멸할 수 있다고 말합니다. 이것은 일체의 전도된 견해(邊見)30를 부정하는 공성에 대한 깊은 통찰을 일단 얻게 되면, 현상을 이원론적으로 파악하던 습기(煩惱障)는 저절로 소멸된다는 말입니다. 나아가 이렇게 심오한 통찰을 지속적으로 개발하고 거기에 익숙해지면, 현상을 본질적인 것으로 파악하던 습기(所知障)도 점차로 벗어날 수 있게 된다는 말입니다.

본질은 일체의 실유론적 관점을 부정하는 공성을 수행을 통해 실증적으로 깨달아야 한다는 것입니다. 우리에게 필요한 것은 결국 공성에 대한 바른 깨달음입니다. 유식학파와 같이 불완전한 이해에 머물게 되면, 결국은 다시 제자리가 되기 때문입니다. 그들의 이해는 외부의 세계를 부정하고 있지만, 여전히 그들이 말하는 마음 혹은 의식은 절대적인 무언가로 남아있습니다. 공성에 대한 이해가 완전하지 못하기 때문에, 여전히 무언가를 강하게 붙들고 있는 것입니다.

유식학파의 입장에 비하면, 자립논증-중관학파는 '본질적인 성품(自性)을 가진 마음도 본질적인 성품을 가진 외부의 대상도 없다'고 주장함으로써 그보다 한걸음 더 들어갑니다. 하지만 자립논증파 역시 마음과 그 대상에 좀더 미세한 무언가(自性)가 자리잡고 있다고 믿고 있기 때문에, 이들이 이해하는 공성도 여전히 불완전합니다. 이에 반해 귀류-중관학파가 이해하는 공성은 일체의 실유론적 관점을 모두 부정하는 것이기 때문에, 완전하고 최종적입니다. 절대적인 것(實有)으로 파악하려는 모든 습기를 무너뜨린 것입니다. 이것이 우리가 개발해야 할 공성에 대한 진정한 이해입니다. 다음 게송에서 샨띠데바는 이것을 다시 한 번 상기시킵니다.

32.
공성의 습기를 익숙하게 함으로써
사물들에 대한 집착을 버려야 하며
실질적인 것은 아무것도 없다는 것에
익숙해지고 나면 그 자체도 버려야 한다.

이 게송에서 강조하고 있는 것은 공성 자체를 또 다른 무언가로 규정하는 위험을 경계하는 것입니다. 잘못하면, 일체의 사건과 사물들이 자성이 없는 공한 것이라고 말하면서 동시에 공성 자체를 절대화할 수 있기 때문입니다. 샨띠데바가 말하고자 하는 것은 공성에 대한 견해가 완전해지면 결국은 공성 그 자체도 공하다는 것을 알게 되며, 따라서 그것을 절대적인 것으로 상정하는 습기마저 제거된다는 것입니다. 이 부분에 대한 캔뽀 뀐뺄과 미냑 뀐상의 해석이 조금 다르기는 하지만, 궁극적으로 공성 자체를 또 다른 절대로 파악하는 오류를 범하지 않으려면 결국은 공성에 대한 완전한 깨달음이 필요하다는 것에는 이견이 없습니다.

샨띠데바는 다음의 두 게송을 통해 공성을 명상하고 수행함으로써 무분별의 경지에 도달할 수 있다는 것을 보여줍니다.

> 33.
>
> 만약에 '아무것도 없다'고 하게 된다면
> 분석대상인 사물은 볼 수 없을 것이다.
> 실체가 없다는 건 의지처가 없는 건데
> 마음 앞에 어떻게 머무를 수 있겠는가.

> 34.
>
> 실재(有)와 그 이면의 비실재(無)가
> 의식 앞에 더는 머무르지 않을 때
> 그때는 다른 모습들도 사라지므로
> 대상이 사라진 절대적멸에 이른다.

샨띠데바는 중관론자로서 속제 차원에서 이루어지는 인과의 법칙이나 해탈의 가능성 등과 같은 세속적인 모든 것의 유효함을 인정합니다. 속제 차원에서 보면, 사건과 사물이 실제로 존재한다고 믿는 실유론자들도 해탈의 가능성과 해탈을 이루기 위한 깨달음의 길을 제시합니다. 마찬가지로 진제 차원에서 보면 일체의 사물은 실질적인 것이 될 수 없지만, 그래도 여전히 완전한 깨달음의 구경 보리를 이룰 수 있는 가능성을 제시할 수 있습니다. 다음의 게송 들을 통해 샨띠데바는 이 부분을 지적합니다.

35.
소원 성취의 여의주나 여의수가
일체의 모든 소원을 충족시키듯
그처럼 제자가 염원하는 기도의
힘으로 승리불의 몸을 나투신다.

36.
예를 들면 [베다의 성직자인 산꾸는] 가루다의
[헌공 제단에] 보호기둥을 완성한 후 죽었는데
그가 죽고 시간이 지나도 [여전히 기도염력이]
[그 기둥에 남아] 독 등을 치료하는 것과 같다.

37.
보리도의 수행을 통해 끝내 그와 같은
승리불의 보호의 기둥이 완성되었지만
보살은 그와 같이 열반에 들고 나서도

목적을 이루기 위해 수행을 계속한다.

이에 대해 논쟁의 상대자에게 다음과 같은 의문을 제기합니다.

38-1.
마음이 없는 부처님께 공양을 올린다고
'어떤 과보를 받을 수 있느냐'고 한다면

샨띠데바는 이에 대해 다음과 같이 답합니다.

38-2.
왜냐하면 유여열반이나 무여열반에서도
똑같이 그런 것이라고 설했기 때문이다.

39.
세속과 진여 둘 모두에 성립한다는 것과
그에 대한 과보는 경전에 근거한 것이다.
예를 들면 진실한 부처님께 공양 올려서
과보를 받는 것과 똑같이 그러한 것이다.

지혜의 명상

이제 이상의 내용을 간략하게 명상해 보겠습니다. 먼저 누군가를 향한 분노나 애착으로 인해 격렬한 감정이 일어나는 것을 실제로 경험하고 있는 것처럼 상상하시기 바랍니다.

그런 다음, 그에 대한 자신의 반응을 살펴봅니다. 여러 가지 가능성을 염두에 두고 경우에 따라 어떻게 반응하는지 살펴야 합니다. 자신의 분노와 애착의 대상이 되는 그것과 어떠한 연관이 있는지를 분석합니다. 그리고 정상적인 마음의 상태에 있는 경우와 어떻게 다른지를 살펴봅니다. 분노와 애착의 감정으로 대하는 세상과 정상적인 마음으로 대하는 세상이 어떻게 다른지를 살펴야 합니다. 이를 통해 우리는 자신의 마음 상태에 따라 세상을 대하는 태도가 달라지고 그로 인해 세상과 인연을 맺어가는 방식이 달라진다는 것을 알 수 있습니다.

번뇌와 망상이 어떻게 일어나고 어디로 향하는지를 자각하는 것입니다. 자기 방식으로 세상을 규정하고 자기 방식으로 세상을 대하는 근저에는 번뇌와 망상이 있다는 것을 알게 될 것입니다. 건강하고 행복한 삶에 장애가 되는 뿌리를 보게 되는 것입니다. 이 뿌리를 뽑아야 번뇌와 망상에서 벗어날 수 있고, 건강하고 행복한 삶을 꿈꿀 수 있습니다. 나아가 세상을 대하는 방식(世界觀)을 바꿀 수 있습니다. 속박을 벗어나 해탈을 꿈꿀 수 있게 되는 것입니다.

06

대승경의 정통성

지혜의 개발

행복을 위한 원인

짠드라끼르띠는 자신의 《입중론》에서 '세상의 모든 유정중생들과 그들을 둘러싼 주변환경은 모두가 원인과 조건의 결과물'이라고 말합니다. 이와 함께 유정중생들의 업을 구성하는 원인과 조건들에 대해서도 구체적으로 언급합니다. 각각의 개인이 생성되고 소멸하는 원인과 조건의 흐름(自相續)을 살펴보면, 그것이 본래 긍정적인 것이든 부정적인 것이든 결국은 업력에 따른 것임을 알 수 있습니다. 업(karma) 자체는 각자의 의도와 동기에 뿌리를 내리고 있습니다. 따라서 업은 결국 개인의 마음에 따른 것입니다. 잘 길들여져 고요한 마음은 희망과 긍정의 결과가 따를 것이며, 잘 길들여지지 않고 부정적인 동기를 가진 마음은 불안과 고통의 결과가 따를 것입니다. 이 때문에 부처님께서는 여러 경전에서 '마음은 일체 중생과 윤회의 창조자이자 해탈 열반의 주체'라고 설하셨습니다. 그런 의미에서 마음은 윤회와 열반을 모두 주관하는 창조주입니다.

우리들 모두가 본능적으로 행복을 원하고 고통을 피하고 싶어한다는 사실을 보면, 우리 모두는 평등한 존재입니다. 바라는 바의 염원을 성취하고자 한다면, 행복을 위한 실질적인 원인과 조건들을 개발하고 동시에 고통을 일으키는 요소들을 제거해야 합니다. 이것이 법을 수행하는 핵심입니다.

기쁨이나 슬픔, 혹은 그 외의 다른 즉각적인 마음의 상태는 신체적 이완이나 피로 같은 생리적 조건들과 그 외의 다양한 물리적 요소에 따른 것입니다. 하지만 우리의 사유과정은 그와 달리 생리적 조건들에만 의존하지 않습니다. 물리적인 건강과 생리적인 안정을 유지하는 것도 중요하지만, 결국에는 내적인 변화가 필요합니다. 마음의 상태가 변화해야 한다는 말입니다.

그러므로 마음이나 의식에 대한 명확한 이해가 필요합니다. 하지만 마음이나 의식을 논할 때 자칫 그것이 유일한 무언가인 것처럼 혹은 특정한 실체가 있는 것처럼 생각해서는 안 됩니다. 물질에도 여러 종류가 있듯이 우리의 내적인 세계를 구성하는 의식에도 다양한 성향이나 기질, 정신 상태나 사유과정 등 여러 가지 종류가 있습니다. 이와 같이 구성된 의식은 외부의 물리적 대상들을 분석하여 이롭거나 해로운 정도를 판별하며 그에 따른 판단을 기초로 이로운 것은 수용하고 해로운 것은 피해갑니다. 마찬가지로, 이와 같이 구성된 의식은 내부의 심리적 대상들을 분석하여 편안한 마음과 불안한 마음을 구분하며 그중에 더 유익한 마음을 활용하여 안정된 마음의 상태를 만들어냅니다. 또한 미래에 더 행복하고 더 긍정적이며 더 차분한 마음의 상태를 만드는 정신적인 능력을 함양하거나 그에 대한 잠재력을 개발하기도 합니다.

자세히 살펴보면, 특정한 유형의 생각이나 감정이 일어나는 순간 우리는 곧바로 망상에 빠져들어 주변을 부정적으로 만듭니다. 처음에는 행복이나 기쁨을 주던 생각이나 감정도 결국은 불안과 슬픔에 빠지게 하는 원인이 될 수도 있습니다. 그러므로 무엇이 이롭고 무엇이 해로운지 제대로 파악하는 것이 중요합니다.

유익한 것들 중에도 단기적인 것과 장기적인 것이 있습니다. 잠시 좋았다가 나빠지는 것도 있고 안 좋았다가 좋아지는 경우도 있습니다. 장기적인 유익함과 단기적인 유익함이 상충할 때는 장기적인 결과를 따라가는 것이 더 중요합니다. 어떤 마음의 상태는 처음에는 기쁘지 않거나 짜증이 나고 불행하게 여겨집니다. 하지만 그 마음을 차분하게 지켜보고 기다리면 마침내 불편한 감정은 사라지고 편안하고 즐거운 감정이 일어납니다. 이처럼 길고 짧은 결과를 비교할 수 있어야 합니다. 이와 같은 분석을 통해 장기적으로 유익한 결과를 가져올 수 있는 긍정적인 마음의 상태를 개발할 수 있습니다.

어떠한 마음의 상태나 행위를 강화하거나 혹은 버려야 될 때가 되면 단순히 직면한 상태만으로 결정하지 말고 지적인 분석을 통해 제대로 선택을 하고 바르게 실천해야 합니다. 이것을 분별하는 지혜를 분별지分別智라고 합니다. 이것은 사실 인간이 가지고 있는 가장 두드러진 특징 중에 하나입니다. 유정 중생들은 모두가 다 똑같이 행복을 원하고 고통을 피하고자 하는 본능적인 열망을 가지고 있습니다. 그중에서도 인간은 단기간의 결과나 장기간의 결과를 비교하여 어느 쪽이 더 유용한지 판단할 수 있는 능력이 있습니다. 이 때문에 인간의 상상력이 훨씬 더 풍부하며, 따라서 행복을 추구하고 고통을 피하는 능력도 훨씬 더 큽니다.

다양한 유형의 '분별지' 중에서도 가장 중요한 것은 현실의 궁극적인 본질을 꿰뚫는 것, 즉 공성을 깨닫는 것입니다. 이에 대한 지혜를 개발할 수 있는 방법은 다양하지만, 그중에서도 가장 중요한 것은 공성의 가르침을 개괄하고 있는 경론을 탐구하는 일입니다. 우리가 지금 이 지혜품을 공부하고 있는 이유도 바로 여기에 있습니다.

두 개의 지적인 문화

일반적으로 보면, 동양의 사상가들이 내부 세계의 본질을 탐구하는 데 더 많은 관심을 기울인다고 말할 수 있습니다. 불교의 전통에서 보면 특히 더 그러합니다. 그에 비해 서양의 과학적인 전통은 외부 세계의 관찰을 더 강조하는 것으로 보입니다. 이 때문에 동양과 서양은 서로 구분되는 두 개의 지적인 문화전통이 있다고 말할 수 있습니다. 차이점은 안팎으로 구분되는 현상 세계 중 어느 한

쪽을 더 강조하고 있는 것입니다. 하지만 우리에게 필요한 것은 어느 한쪽이 아니라 둘 다입니다.

동양에서도 과학기술이 발달하기는 했지만, 서양만큼 충분하게 발달한 것은 아니었습니다. 마찬가지로 서양에서도 다양한 심리학적 탐구들이 이루어져 왔지만, 그들이 추구하는 외부 세계에 대한 관심에 묻혀 충분한 발전을 이루지 못했습니다. 그러므로 동양의 정신문화는 좀더 과학적인 탐구가 필요하고 서양의 과학기술은 마음이나 의식, 혹은 자아에 대한 탐구가 더 필요한 것이 사실입니다.

이 때문에 서양의 과학기술을 좇아가는 동양의 여러 나라들이 이미 그 세계에 편입된 것처럼, 동양의 종교와 정신문화에 다양한 관심을 보이는 서양인들도 점차로 늘고 있습니다. 서양인들의 이러한 관심은 사실 영적인 길을 찾는 것보다는 지적인 탐구심에서 비롯된 것입니다. 그렇다고 해도 서로 다른 관점들을 탐구하고 그 본질을 이해하는 것은 아주 건강하고 유용한 것으로 보입니다. 이와 같은 긍정적인 교류는 자신은 물론 자신을 둘러싼 주변환경에 대한 새로운 관점을 제공하고 존재와 현상에 대한 이해의 폭을 확실히 넓혀주는 것이기 때문에, 여러모로 인류에게 건강하고 유익한 일이 될 것입니다.

대승의 정통성과 공성

이제 다시 본문의 게송으로 돌아가 보겠습니다. 이어지는 본송[40]에서 샨띠데바는 '완전한 깨달음이 아닌 윤회의 해탈 정도만을 이루려고 해도 공성에 대한 깨달음이 반드시 필요하다는 것'을 강조합니다. 앞에서 말한 닝마파의 캔뽀 뀐뺄과 겔룩파의 미냑 뀐쇠가 지은 주석서들은 각자의 전통에 따른 해석을 제시하기 때문에 그에 따라 본송을 분할하는 방식도 조금씩 다릅니다.

캔뽀 뀐뺄은 다음 게송들의 주안점은 '대승경전의 정통성과 유효함을 입증하는 것'이라고 말합니다. 반면에 미냑 뀐쇠는 다음의 게송들은 '단지 윤회의 해탈만을 얻으려고 해도 공성에 대한 깨달음이 꼭 필요하다는 것'에 중점을 둔다고 말합니다. 이와 같이 각자의 주안점이 다르기 때문에 당연히 그에 따른 해석상의 차이도 있습니다.

그 첫 번째는 공성의 깨달음에 중점을 둔 중관학파의 입장입니다. 다음 게송에서 논쟁의 상대자는 '사성제의 본질을 명상하고 이해하는 것만으로도 충분히 윤회를 벗어나 해탈할 수 있는데, 공성은 깨달아서 무엇 하느냐고 묻습니다.

> 40.
> 사성제만 보고도 해탈을 이루기 충분한데
> 공성은 보아서 무엇을 하느냐고 묻는다면
> 왜냐하면 경전에서 이 보리도가 아니라면
> 구경의 깨달음도 없다고 설했기 때문이다.

이에 대해 샨띠데바는 경전에서 '공성의 이 보리도가 아니면 심지어 윤회의 해탈을 이루는 것도 불가능하다'고 부처님께서 직접 설하셨다고 응답합니다. 여기서 말하는 경전은 대승 반야바라밀을 담고 있는 반야부 경전을 의미합니다.

부처님께서는 반야부 경전들에서 '현상을 실유로 파악하는 한 해탈은 이룰 수 없다'고 설하셨습니다. 그리고 고를 멸하는 정도의 열반을 이루는 것도 반드시 공성에 대한 깨달음이 필요하다고 설하셨습니다. 이러한 주장은 대승경전이 부처님의 진실한 가르침이라는 가정에 기반한 것입니다.

하지만 소승 불교의 전통에서는 대승경전의 정통성을 문제로 삼습니다. 대승의 경전은 불설佛說이 아니라는 말입니다. 샨띠데바는 이 내용을 다음의 게송을 통해 문답형식으로 정리합니다.

41.
대승경전이 성립되지 않는다고 한다면
그대의 경전은 어떻게 성립되는 것인가.
둘 다에게 성립되기 때문이라고 한다면
먼저 그대에게 성립되지 않았던 것이다.

샨띠데바는 이 게송에서 소승의 주장대로 만약 대승의 경전이 성
립되지 않는 것이라면, 역으로 그들의 전통은 어떻게 입증할 수
있는지에 대해 반문합니다. 여기서 중관론자들이 제기하는 문제
는 소승의 경전들도 처음부터 그 정통성을 인정받은 것은 아니라
는 점입니다. 이에 대해 상대자들은 소승의 경전은 둘 다 모두 인
정하는 것이지만, 대승의 경전은 소승이 인정하지 않기 때문에 유
효하지 않다고 주장합니다. 이에 다시 중관론자들은 소승의 경전
들도 처음부터 그 정통성을 인정받은 것은 아니기 때문에, 그들
역시 자기-증명이 필요하다고 반박합니다. 더불어 샨띠데바는 소
승들이 자기의 전통을 믿고 옹호하는 것처럼 대승들도 그와 같은
이유로 자기의 전통을 믿고 옹호한다는 것을 다음의 게송을 통해
문답합니다.

42.
무슨 근거로 자기 전통만 믿는 것인가.

그것은 대승에게도 마찬가지인 것이다.
다른 둘 다가 인정하는 것이 진리라면
베다 등도 역시 진리가 된다는 것이다.

그런데도 여전히 대승과 소승 둘 다 소승의 경전을 인정하고 있기 때문에 소승의 경전만 유효하다고 주장한다면, 예를 들어 힌두교의 성전인 《베다(Veda)》 등도 힌두교 학파들 중 두 종파 혹은 그 이상의 종파가 똑같이 그 정통성을 인정하고 있기 때문에 '그 역시 진리가 된다'는 말과 같습니다.

이어지는 게송에서 샨띠데바는 누군가가 만약 대승경전의 정통성과 진위에 문제를 삼고 거기에서 논쟁의 여지를 찾는다면, 그것은 곧 자신들의 정통성에 대한 의문으로 귀결될 것이라고 말합니다.

43.
'대승은 논쟁의 여지가 있기 때문'이라면
경전의 논쟁에 대해서는 비불교도는 물론
소의경전이 다른 경우에도 자타가 서로를
논박하기 때문에 그것은 파기되어야 한다.

분명한 것은 불교도든 비불교도든 누구든 특정한 소승경전의 유효함에 대해 논쟁하려고 드는 이들이 있을 수 있다는 것입니다. 하지만 그렇다고 해서 그 경전들이 모두 다 가치 없고 무의미하지는 않습니다. 요약하면, 샨띠데바가 반박하는 것은 소승경전의 정통성을 입증하기 위해 소승들이 사용한 근거는 대승의 가르침에도 그대로 적용될 수 있다는 것입니다. 샨띠데바는 이러한 방식으로 대승경전의 정통성을 입증합니다.

두 번째는 대승경전의 유효함에 중점을 둔 설명입니다. 나가르주나는 만약 다양한 차원의 정신적인 깨달음의 길을 제시하고 있는 대승의 가르침이 존재하지 않는다면, 완전한 깨달음에 이를 수 없다고 말합니다. 예를 들면, 단순히 소승에서 가르치는 '서른일곱 가지의 깨달음의 길(三十七道品)'만을 수행한다고 해서 완전한 깨달음을 이룰 수 있는 것은 아니라는 것입니다. 37도품의 보리도 차제는 소승의 성문과 독각은 물론 대승의 불보살에 이르기까지 삼승三乘 모두에게 공통적으로 적용되는 것이기 때문입니다. 결과가 다르다면 원인도 다른 것입니다. 다시 말해, 소승적 차원에서 수행하면 소승적 깨달음을 이루게 되고, 대승적 차원에서 수행하면 대승적 깨달음을 이루게 되는 것입니다. 나가르주나가 완전한 붓다의 길을 담고 있는 대승의 경전에 의지해야 완전한 깨달음을 이룰 수 있다고 말하는 것도 이와 같은 이유 때문입니다.

구경보리와 삼신三身

소승경전에 따르면, 석가모니 부처님께서는 스물아홉이 되던 해까지 싯다르타라는 이름의 왕자로 살고 있었습니다. 나중에 스스로 출가하여 6년의 수행을 한 결과 서른다섯이 되던 해에 완전한 깨달음을 이룬 붓다가 되었습니다. 이후 45년 동안 완전한 깨달음을 이룬 붓다로서 중생제도를 위한 대비심의 큰 길을 걸었습니다. 그리고 팔십이 되던 해에 쿠시나가르에서 완전한 열반에 드셨습니다. 소승의 경전에 따르면 부처님은 이 지점에서 완전한 '무無'로 사라지신 것입니다. 따라서 부처님의 심의식(心相續)은 더 이상 존재하지 않고 소멸된 것입니다. 이것이 만약 사실이라면, 삼무량겁三無量劫 동안 지혜와 공덕의 자량을 쌓고도 겨우 45년 동안만 중생들을 위해 일하셨다는 의미입니다. 인정할 수 없는 일이기도 하지만, 만약 이와 같은 완전한 소멸이 그들이 말하는 열반이라면 개인적으로 저는 차라리 이 윤회의 세계에 남아 이타행을 계속할 수 있는 의식의 흐름(心相續)을 계속해서 이어갈 것입니다.

　소승의 경전과는 달리 대승의 경전에서는 이전에 이미 완전한 깨달음을 이루신 싯다르타 왕자는 중생들을 위한 깨달음의 행적을 보이기 위해 현실의 몸으로 나투신 화신(Nirmāṇakāya)이라고 말합니다. 그리고 그 본질은 존재의 본래 상태에 머무는 법신(Dharmakāya)이라고 합니다. 한편 이 법신을 기반으로 붓다의 이타

원력을 나타내는 다양한 형태의 몸은 보신(Saṃbhogakāya)이라고 합니다. 어떻게 보면 이와 같은 붓다의 경지는 상상불가입니다. 하지만 또 다른 관점에서 대승의 문헌에서 묘사하고 있는 붓다의 특성과 자질을 갖추기 위한 조건들이 훨씬 더 다양하고 복잡하다는 것을 고려하면, 이와 같은 설명은 충분히 개연성이 있는 이야기입니다. 제 입장에서는 완전한 무無의 열반을 붓다의 경지로 묘사하는 소승의 경전보다 이와 같은 대승경전의 설명이 훨씬 더 논리적이며 일관성 있게 보입니다.

지혜의 과보

부처님께서는 경전에서 원인에 따른 결과를 나타내는 보편적 원리인 '인과법'을 설하셨습니다. 예를 들면 무지(無明)가 원인이 되어 선악의 다양한 행위(行)들과 결부됩니다. 그리고 그러한 행위들은 육도 윤회의 다양한 결과로 이어집니다. 인간의 경우를 보면, 단 한 번 다시 태어나기만 해도 다양한 형태의 과보를 받습니다. 가문이 다르고 얼굴이 다르고 삶의 환경이 다릅니다. 이와 같은 엄청난 다양성은 이전에 그들이 지은 다양한 원인과 조건들에 기인한 것입니다. 존재의 형태는 달라도 결국은 모두가 고통으로 가득합니다. 그러므로 무지를 원인으로 이처럼 다양한 결과가 맺어지듯, 지혜를 원인으로도 그에 따른 다양한 결과가 맺어질 수 있는 것입니다. 하지만 이와 같은 지혜가 만약 중생들을 돕기 위한 결과를 맺는 것이 아니라 단순히 깨달음의 결과를 맺는 정도라면, 그것은 무지에 의한 다양한 결과보다 훨씬 못한 것이 될 수도 있습니다. 왜냐하면 무지는 최소한 남을 돕는 선행의 결과라도 맺을 수 있기 때문입니다. 대비심이 없는 지혜는 아무런 의미가 없다는 말입니다.

대승경전의 기원

가장 중요한 점은 불교의 모든 학파가 사성제의 원리를 인정한다는 것입니다. 불교의 모든 가르침은 사성제에 기반을 둡니다. 앞에서도 말한 것처럼, 그중 세 번째 진리인 멸제를 완전히 이해하기 위해서는 반드시 대승경전의 가르침에 의지해야 합니다. 대승경전의 구체적인 설명에 의지하지 않으면 멸제를 제대로 이해하기 힘듭니다.

일반적으로 우리는 팔리어로 기록된 소승경전은 모두가 인정하는 보편적인 것이며, 반면에 대승경전은 그만큼 보편적으로 인정되지는 않는다고 느낄 수도 있습니다. 왜냐하면 부처님 입멸 이후에 이루어진 세 차례에 걸친 경전 결집에 포함되어 있지 않기 때문입니다. 충분히 의심할 만한 일입니다. 이와 관련하여 바바비베까는 자신의 《중관심송(Madhyamaka-hṛdaya)》 자주自註인 《사택염

(Tarkajvālā)》에서 금강수金剛手(Vajrapāṇi)와 같은 보살들에 의해 대승의 경전이 결집되었다고 말합니다.

소승경전들 대부분은 부처님의 대중 설법에서 비롯된 것인 반면, 대승의 경전들은 대중에게 공개적으로 설한 것이 아닙니다. 개인적으로 저는 이러한 경전들을 단순히 세속의 역사적인 기준에서만 판단할 것은 아니라고 생각합니다. 비의秘義적인 관점에 대한 좀더 깊은 이해가 필요한 것입니다. 겉으로 드러난 사실로만 본질을 파악할 수는 없기 때문입니다. 예를 들면, 비밀 금강승의 전통에 속하는 수많은 경전들은 부처님께서 밀법행자의 관상대상인 본존(iṣṭadevatā, yi dam)의 형태로 전하신 가르침입니다. 마찬가지로 부처님께 귀속된 수많은 경전들이 모두 반드시 인간의 몸으로만 전하신 것이라고 할 수는 없기 때문에, 열린 마음으로 다양한 가능성을 염두에 두어야 합니다.

부처님께서 입멸하신 이후에도 개별적인 수행자들은 각자의 업력이 무르익음에 따라 만달라의 본존들을 실제로 경험할 수 있었습니다. 그리고 이러한 비의적인 경험을 기반으로 대승의 경전(顯密經典)들이 세상에 출현한 것입니다. 이와 같이 비의적으로 감춰져 있던 복장伏藏(gter ma) 문헌들은 그것을 드러낼 수 있는 자격 있는 스승(gter ston, 伏藏師)들에 의해 오늘날에도 여전히 발견되고 있습니다. 물론 가짜들은 어디에나 있기 때문에, 형식만 빌려서 본질을 왜곡하는 이들을 항상 조심해야 합니다. 중요한 것은 불교수행의 기원이 반드시 세속의 역사 속에 나타나신 부처님에게만 있는 것이 아니라는 점입니다.

그럼에도 불구하고, 현대의 학자들은 반야부 경전 등과 같은 대승경전들의 구성양식이 부처님 시대의 것이 아니라고 주장합니다. 다시 말해, 부처님 시대에는 그와 같은 양식이 없었다는 것입니다. 그래서 진정한 부처님의 가르침으로 받아들이기 힘들다고 주장합니다. 예를 들어 깔라짜끄라 딴뜨라(Kālacakra Tantra)[31]의 경우, 문헌에 사용된 언어나 구성양식을 보면 부처님 시대의 구성양식과는 확실히 다릅니다. 하지만 그것은 내용상의 문제가 아니라 그것을 편찬한 편찬자가 달라서 그렇습니다. 이와 같은 예로 티벳불교에는 빠드마삼바바의 저술로 알려진 여러 '복장' 문헌들이 있습니다. 이 문헌들은 모두 다 빠드마삼바바 한 분에 의해 전해진 것이지만, 구성양식은 그것을 발견하고 편찬한 편찬자(gter ston)들의 학문적 배경과 성품에 따라 서로 다릅니다. 이와 마찬가지로 부처님께서 전하신 대승의 경전들도 전법의 주체는 부처님 한 분이지만, 그 내용을 구성한 편찬자의 언어적 환경과 비의적 경험에 따라 다양한 형태의 구성양식으로 나타난 것입니다.

이와 같은 방식으로 대승경전의 유효함을 설명하는 것이 누군가에게는 허황하게 들릴 수도 있습니다. 물론 유효함을 판단하는 가장 설득력 있는 방법은 과학적인 방법을 사용하는 것일 수 있습니다. 어떠한 방식이든 스스로 찾아가는 것이 중요합니다. 대승의 경전이 부처님께서 직접 설하신 것임이 증명이 되든 안 되든 중요한 것은 그것이 우리에게 '유익한 것이냐' 하는 것입니다. 부처님께서 직접 설하신 것이라고 해도 그것이 우리에게 유익하지 않다면, 다시 말해 자신에게 어떠한 긍정적인 영향도 미치지 못한다면 결국은 아무런 의미가 없기 때문입니다. 반면에 현재의 증거로는 부처님의 직설임을 증명할 수 없다고 해도 그것이 법에 어긋나지 않으며 우리에게 유익한 가르침이라면 여전히 배우고 수행할 만한 가치가 있습니다.

복장 문헌들이 만약 인도불교의 역사를 무시하고 티벳불교의 입장에서 티벳 스승들의 삶만 집중적으로 조명한 것이라면, 이와 같은 전기傳記적 문헌들은 과장된 것처럼 보일 수도 있습니다. 하지만 그렇다고 해서 그들의 수행과 비의적 경험 자체를 통째로 무시해서는 안 됩니다. 제 입장에서는 그 스승들이 고도의 깨달음을 이룬 분들이라는 것은 분명합니다. 중요한 것은, 추론에 몰두하는 것이 아니라 스스로 수행을 통해 그 경지를 맛보는 것입니다. 이와 같은 실증적인 접근 방식을 통해 우리는 부처님의 가르침에 대한 신심을 더욱 공고히 할 수 있습니다. 제 입장에서는 이렇게 신심을 가지고 수행하는 것이 역사적으로 그 경전들이 부처님께서 직접 설한 것인지 아닌지를 추론하는 것보다 훨씬 더 중요하게 느껴집니다. 이와 같이 말할 수 있는 것은, 샨띠데바가 본송에서 입증하고 있는 것처럼 당연히 대승경전의 정통성과 유효함에 대한 확신에서 비롯된 것입니다. 일단 의심을 가지면 그에 대한 신뢰할 만한 대답을 요구하는 것은 당연한 일입니다. 그런 의미에서 대승경전의 정통성을 입증하는 샨띠데바의 게송들은 매우 중요한 가치가 있습니다.

지혜의 명상

지금부터는 마음을 주제로 한 명상을 해보겠습니다. 마음은 스스로 창조하고 스스로 사멸하는 창조주와 같습니다. 윤회는 길들여지지 않은 마음에서 비롯되며, 열반은 길들여진 마음에서 비롯됩니다. 그래서 마음이 중요합니다. 마음의 본질을 정확히 파악해야합니다. 마음을 알아야 윤회와 열반을 이해할 수 있기 때문입니다.

우리에게 외부의 대상은 언제나 익숙하게 다가옵니다. 우리가 습관적으로 익숙한 대상에 이끌리기 때문입니다. 익숙해진 습기로인해 대상을 취하는 것입니다. 예를 들어 꽃병을 지각할 때 우리의감각기관은 그와 유사한 정보를 거기에 접목합니다. 그런 다음 우리의 인식은 그 꽃병을 대상화합니다. 이때 우리는 우리에게 인식된 그 꽃병이 자체의 형상을 가지고 있다고 느낍니다. 의식 속에서그렇게 인식된 대상과 마음이 결합되기 때문에, 마음의 본질은 모호해지고 인식된 대상은 선명해집니다. 마음과 대상이 하나로 여겨지는 것입니다. 이것은 한편으로는 외부세계를 지나치게 객관화한 결과이고, 다른 한편으로는 우리의 생각이 끊임없이 과거의 기억에 사로잡히고 미래의 희망과 두려움에 사로잡히기 때문입니다. 따라서 현재의 의식이 모호해지는 것입니다. 이전의 대상과 결합된 마음이 이후의 대상으로 인식되어 과거와 미래에 사로잡히게 되는 것입니다. 마음의 인식작용은 이와 같이 대상의 본질을 보는 것이 아니라 이끌리는 대상에 사로잡혀, 그렇게 인식된 대상과 동일시하는 속박에 갇혀 있는 것입니다.

그러므로 마음의 본래 모습인 '현재의 마음(現在心)'을 찾아야 합니다. 억지로 과거를 회상하거나 미래에 대한 예측으로 희망이나 두려움에 빠져 들어서는 안 됩니다. 순간순간 현재에 집중하고 외부의 사건이나 사물에 마음을 빼앗기지 말아야 합니다. 외부의 사물을 대상화(二元化)하여 이끌리지 말고 '자연스러운 마음(平常心)' 그대로 편안하게 머물러야 합니다. 이와 같이 반복하여 그 마음이 안정되면 점차로 지극히 맑고 편안한 정신적 상태(輕安)를 경험하게 될 것입니다.

마음이 흐리고 모호한 것은 파도가 치고 거품이 일렁거려 그 깊은 속을 가리는 물과 같습니다. 하지만 파도와 거품이 가라앉은 물은 그 속을 훤히 드러내 보입니다. 마찬가지로 마음을 맑히고 가라앉히면 '현재의 마음' 그대로가 드러납니다. 그 마음에는 분별이 없습니다. 번뇌도 없고 망상도 없습니다. 그러므로 번뇌와 망상이 사라진 그 마음에 머물러야 합니다. 분별이 없는 무분별의 경지에 머물러야 합니다.

이와 같이 마음을 가라앉히는 방법은 고도의 테크닉을 요구하는 특별한 명상이 아닙니다. 마음을 맑히는 명상은 불교에만 있는 것이 아니라 비불교도의 전통에도 있기 때문에, 자신에게 맞는 방법을 찾아 차분히 수행하면 됩니다.

중요한 것은 마음을 맑히고 가라앉히는 것입니다. 그러면 그 속이 드러납니다. 속이 훤히 보이는 그 상태가 바로 '현재의 마음'입니다. 걸림없이 투명한 현재의 마음에 머물러야 합니다. 아무것도 없이 텅 빈 그 마음(空性)에 머물러야 합니다. 이와 같이 현재 순간의 마음을 끊임없이 자각해야 무분별의 경지에 머무를 수 있게 되는 것입니다.

07

중관학파의 공성

아라한의 마음

캔뽀 뀐뺄의 주석서에 따르면, 샨띠데바는 다음의 게송들을 통해
대승보리도의 심오한 깊이를 보여주고 있다고 합니다.

44.
교법의 근간이 되는 건 진실한 비구인데
진실한 비구가 되는 것도 어려운 일이다.
마음이 대상을 향한 생각에 매여있다면
열반을 이루는 일도 쉽지가 않은 것이다.

45.
번뇌를 끊어서 자유롭게 된다면
그 순간 그렇게 돼야 할 것이다.
번뇌가 없어졌다 해도 그들에게
남은 업력은 여전히 볼 수 있다.

위 게송의 의미는 승가 대중들이 만약 공성의 교리를 인정하지 않는다면, 아라한이 되는 것은 불가능하다는 것입니다. 다시 말해, 교법의 근간이 되는 것은 진실한 비구(阿羅漢)인데, 그들이 만약 공성의 교리를 인정하지 않는다면, 진실한 비구(阿羅漢)가 되는 것도 어렵다는 뜻입니다.

이에 대해 소승들은 공성의 교리가 없이도 아라한의 승가가 있을 수 있다고 반박합니다. 공성에 대한 깨달음이 없이도 사성제의 깨달음을 통해 윤회에서 벗어나는 해탈이 가능하다고 보기 때문입니다. 이에 대해 중관론자들은 공성에 대한 깨달음이 없이는 윤회를 벗어나 해탈하는 것도 불가능하다고 반박합니다. 윤회에 속박되는 근본 원인이 현상을 실유로 파악하는 무지(無明)이기 때문에, 그 근본 원인을 제거하지 않고서는 해탈을 이룰 수가 없다는 것입니다. 공성에 대한 깨달음이 없이 공성을 단지 명상의 대상으로만 삼는다면, 결국은 아무 생각 없는 무아지경(無分別境)에 빠지게 될 겁니다. 다시 말해, 단순히 생각을 차단하는 것만으로는 윤회를 벗어나 완전한 해탈의 경지에 이를 수 없다는 것입니다.

한편, 다음의 게송은 캔뽀 꾄뻴과 미냑 꾄쇠의 주석서에 나오는 해석이 조금씩 다릅니다.

46.
잠시 근취近取의 원인인 애착이

사라진 것이 분명하다고 한다면
애착으로 인한 번뇌는 아니라도
미몽의 무지마저 없다 하겠는가.

소승 아라한들이 비록 윤회의 해탈을 이루었다고는 하지만 번뇌
와 망상의 습기를 완전히 벗어난 것은 아니기 때문에 완전한 해
탈을 이룬 것은 아니라고 주장하는 샨띠데바의 앞선 반박[게송
44~45]에 대해, 성문들은 그럼에도 불구하고 아라한들이 윤회의
뿌리를 제거하고 해탈을 이룬 것은 사실이기 때문에 그들이 윤회
하여 다시 태어나는 일(再生)은 없다고 반박합니다.

하지만 이에 대해 샨띠데바는 [잠시 가까이에서 취할 수 있는 원
인(近取因)인 애착 정도가 사라졌다고 해서 그들의 무지가 완전히
제거되었다고 할 수는 없다고 말합니다.] 다시 말해, 인무아와 법무
아를 포함한 대승의 보리도에 들어갈 때만 완전한 붓다의 일체지
(一切種智)에 이를 수 있다는 것입니다. 샨띠데바에 따르면, 이러한
보리도는 오직 대승의 가르침에서만 구할 수 있는 것입니다. 이 때
문에 대승의 경전이 소승의 가르침보다 더 뛰어나다고 하는 것입니
다. 샨띠데바는 윤회의 해탈을 이룬 아라한들도 여전히 업력의 영
향을 받는다고 말합니다. 예를 들면, 윤회의 해탈을 이룬 사리불이
나 목건련 존자같은 대아라한들도 이전의 업으로 인한 마음의 습
기를 버리지 못하고 여전히 업력을 받아야 했기 때문입니다.

47.
감각을 조건으로 애착이 생기는데
감각은 그 아라한에게도 존재한다.
대상과 결합하여 개념화된 마음이
얼마간 거기에 남아있기 때문이다.

계속해서 샨띠데바는, 소승들은 윤회로부터 완전한 해탈을 이룬
아라한에게는 그와 같은 애착이 없다고 생각하지만, 그들 아라한에
게도 자아에 집착하는 근본적인 무지(無明)가 남아있기 때문에 여
전히 감각을 통한 애착은 생겨난다고 말합니다. 이에 대해 소승들
은, 아라한에게는 왜곡된 마음이 없기 때문에 어떠한 애착도 생겨
날 수가 없다고 반박합니다. 이에 대해 다시 중관론자들은 그들은
여전히 감각(受)을 가지고 있으며 그 감각을 실제로서 파악(取)하기
때문에 감각에서 비롯되는 애착(愛)도 따라서 일어나는 것이며, 그
에 따라 애착을 원인으로 가까이에 있는 대상(近取因)들을 취하는
것(取)이라고 말합니다.[32] 그러므로 소승들의 입장에서 살펴보더라
도 그들이 말하는 소위 아라한들은 완전한 윤회의 해탈을 이룬 것
이 아니라 여전히 재생再生의 잠재력을 가지고 있는 것입니다.
　이어지는 구절에서 샨띠데바는 '그렇기 때문에 개인들의 마음
에 무언가를 실유로 파악하는 습기가 남아 있는 한 여전히 무언가
를 애착하고 그것을 대상으로 취하기 때문에, 윤회로부터 해탈하

기가 어렵다'고 말한 것입니다.

48.
공성의 깨달음이 없는 마음은
억눌러도 다시 일어나게 된다.
마치 무념무상의 삼매와 같다.
따라서 공성을 수행해야 한다.

애착이 남아 있는 한은 윤회의 재생을 계속하게 하는 조건들 역시
개인의 심의식(自相續)에 그대로 남아있습니다. 따라서 공성을 깨닫
지 못한 마음(心相續)에는 윤회의 속박에 갇히게 하는 요소들이 언
제든지 다시 생겨납니다.

그 상태는 마치 아무 생각이 없는 '무념무상의 삼매'³³나 분별없
이 무기無記 상태에 빠져 있는 것과 같습니다. 그렇기 때문에 그와
같은 무분별의 상태가 다하게 되면, 또 다시 분별을 통한 개념적
사유의 과정이 시작되는 것입니다. 그러므로 실유에 집착하는 일
체의 모든 습기를 완전히 벗어나기 위해서는 반드시 공성을 깨달
아야만 합니다.

윤회의 해탈에도 꼭 필요한 공성의 깨달음

미냑 뙨쇠의 주석서에 따르면, 위의 게송들은 '단순히 윤회고輪廻苦의 해탈 정도만을 이루고자 하더라도 공성의 깨달음은 반드시 필요하다는 것을 보여준다'고 합니다. 따라서 이 게송들은 필요불가결한 공성의 깨달음, 즉 공성의 깨달음이 반드시 필요하다는 것을 보여주는 핵심 논제들을 담고 있다는 것을 알 수 있습니다. 이것은 앞에서 소승들이 "사성제만 깨달아도 해탈을 이루기에 충분한데, 굳이 공성을 깨달아야 할 이유는 무엇인가?"라고 반문한 것 [게송 40-1]에서 제기된 문제입니다. 이에 대해 샨띠데바는 이어지는 게송[44~48]들을 통해 '만약 교법(佛法)의 근간이 되는 승가가 공성의 깨달음이 없는 소승의 아라한으로 구성된 공동체라면, 그러한 승가는 완전한 붓다의 경지를 이룰 수 없는 것은 물론 윤회고의 해탈조차 이룰 수가 없다'고 반박한 것입니다. 다시 말해, 우리의 마음이 나타나는 현상을 대상화하는 습기에 매달려 있는 한 해탈을 이룰 가능성은 없다는 것입니다.

누군가가 만약 단지 무상이나 인무아 정도의 무아 등 사성제의 십육행상을 명상하는 것만으로 해탈을 이룰 수가 있다고 말한다면, 이에 대해 중관론자들은 '그렇게 거친 수준의 무아를 깨닫는 것만으로는 완전한 해탈을 이룰 수 없다'고 반박할 것입니다. 소승들이 완전히 깨달았다고 주장하는 아라한들은 샨띠데바가 말하는 진실한 아라한이 아니라 자신의 심의식(自相續)에 여전히 현상을 실유로 파악하는 습기가 남아있는 이들입니다. 즉, 법무아를 미처 다 깨닫지 못한 이들입니다. 이들은 결국 애착과 같은 감정을 드러내게 되고, 그에 따른 행업이나 습기 등의 과보를 받게 됩니다.

그런데도 소승들은 그들이 믿는 아라한이 무아를 깨달은 것은 사실이기 때문에 애착에서 벗어난 것도 사실이라고 주장할 것입니다. 이에 대해 중관론자들은 소승들이 [벗어났다고] 말하는 애착은 거칠고 불완전하며 표층적인 의식에 나타나는 애착일 뿐이라고 반박할 것입니다. 따라서 소승들이 주장하는 아라한들의 마음에는 번뇌와 망상으로 표출되지 않는 미세한 형태의 애착(無知)이 여전히 남아있다는 것입니다. 소승들이 무지를 '윤회의 원인이 되는 무지'와 '그보다 더 미세한 무지' 두 가지로 구분하여 설명하는 것처럼, 대승들은 애착을 '의식으로 표출되는 거친 수준의 애착'과 '그보다 더 미세한 수준의 애착'으로 구분하여 설명하는 것입니다. 따라서 소위 아라한의 마음도 미세한 수준의 애착으로 인해서 현상을 실유로 파악하는 습기가 여전히 남아있으며, 그로 인해 그들의 심의식에 애착이나 집착 같은 일련의 의식상태가 잠재해 있다는 것을 알 수 있습니다. 다시 말해, 현상을 대상화하고 실유로 파악하는 습기가 남아 있는 한 애착이나 집착에서 벗어날 수 없다는 것입니다.

거친 수준의 무아를 깨닫는 것만으로는 충분하지 않습니다. 인아의 공성(人無我)은 물론 법아의 공성(法無我)도 반드시 깨달아야 하기 때문입니다. 가장 깊은 차원의 공성을 통찰(觀)하지 못하면 잠시 거친 수준의 감정과 생각이 멈추었다고 해도 우리의 의식 속에는 여전히 그 습기가 남아있을 수밖에 없기 때문입니다. 그러므로 완전한 붓다의 경지를 이루기 위해서는 공성에 대한 깨달음이 필요합니다. 그 뿐만 아니라 단순히 윤회고의 해탈 정도만을 이루려고 해도 공성에 대한 깨달음은 반드시 필요한 것입니다.

귀류파와 자립논증파의 공성 이해

공성에 대한 이해를 넓히고자 한다면, 그에 대한 의미와 범위가 서로 다른 다양한 불교학파들의 관점을 살펴보는 것이 중요합니다. 예를 들어 자립논증-중관학파도 일체의 현상은 실유가 아니라고 주장하는데, 이것은 무엇을 의미하는 것이며 어느 때 이런 말을 하는 걸까요? 그들은 분명 실유를 부정합니다. 하지만 자세히 살펴보면 여전히 그들은 일체의 모든 현상에 어떤 형태로든 자성(svabhāva)이 있다고 생각합니다. 따라서 객관적인 존재를 어느 정도 인정하고 있다는 것을 알 수 있습니다. 그들이 말하는 자성 혹은 존재의 방식은 '허위가 없는 인식(non-deceptive cognition)'과 관련해서만 상정됩니다.[34] 마찬가지 방식으로 그들은 지각하는 마음에 대해서는 자율적이고 독립적으로 존재하는 존재의 방식(自性)이 없다고 주장합니다. [지각하는 마음은 허위가 없는 인식이 아니기 때문입니다.] 하지만 현상은 어떤 형태로든 객관적인 현실을 가지고 있는 것이기 때문에, 유효한 인식들은 반드시 '허위가 없는 것'이라고 말합니다.[35] 반면에 귀류-중관학파는 자성에 의한 존재방식이나 객관적인 존재의 방식은 그 어떤 것도 인정하지 않습니다. 심지어 자립논증-중관학파가 주장하는 자성조차도 귀류-중관학파에게는 부정의 대상이 될 뿐입니다.

귀류파에게 있어서 일상의 모든 인식들은 허위에 이끌린 왜곡된 감각에 해당합니다. 예를 들면, 꽃병에 대한 시각적 인식은 꽃병에 대한 인식이 유효한 것이고 그 대상인 꽃병이 존재할 때만 유효합니다. 하지만 그러한 인식은 꽃병을 마치 본질적인 실체가 있는 독립적인 것처럼 여긴다는 점에서 허위입니다. 반면에 자립논증파에 따르면, 꽃병에 대한 시각적 인식은 꽃병과 관련해서만 유효한 것이 아니라 꽃병의 본질적인 실체와 관련해서도 유효한 것입니다. 따라서 꽃병을 자성을 가진 객관적 존재로 파악한 시각적 인식은 [허위가 없는 것이기 때문에] 유효한 것으로 간주됩니다. 이와 같이 자립논증파가 제시하는 유효한 인식의 기준은 인식 자체만이 아니라 인식된 대상의 자성도 반드시 유효한 것이어야 합니다. 하지만 귀류파에게는 그것이 속제 차원에서 말한 것이라고 해도 꽃병에 본질적인 자성이 있다는 것은 용납되지 않습니다. 왜냐하면 귀류파는 자성 자체를 인정하지 않기 때문입니다. 그러므로 귀류파에게 있어서 인식의 대상을 객관적으로 존재한다고 보거나 어떤 형태로든 자성을 가지고 있다고 보는 시각적 인식은 허위로 왜곡된 잘못된 것입니다.

이와 같이 중관의 두 학파 모두 공성의 가르침을 인정하고 수용하기는 하지만, 그들이 부정하는 대상의 범위는 다릅니다. 마찬가지로 두 학파 모두 근본적인 무지(無明)가 번뇌장과 소지장의 본질적인 원인이라는 것은 잘 알고 있지만, '잘못된 인식'에 대한 이해에 있어서는 미세한 차이가 있는 것입니다. 둘 다 인정하는 사실은 애착(愛)이나 취합(取) 등에 의해 번뇌들이 표출되는 것은 우리의 무지에서 비롯된다는 것입니다.

자립논증파는 어떤 형태로든 자성이 있다고 믿기 때문에, 그와 같은 믿음에 기반하여 대상에 대한 이끌림이 망상이 된다는 것은 인정하지 않습니다. 반면에 귀류파는 그러한 이끌림이 곧 망상이며, 번뇌의 예라고 주장합니다. 이와 같이 부정의 대상과 무지에 대한 미세한 차원의 정의가 서로 다르기 때문에, 무지에서 비롯되는 마음의 본질을 이해하는 방식도 서로 다릅니다.

다차원적 인아의 공성(人無我)

여기서 잠시 우리의 분석대상인 '인아人我'를 중심으로 다시 한 번 그 본질을 살펴보겠습니다. 우리가 지금까지 살펴본 것처럼 인아의 본질은 공성입니다. 이것은 다양한 차원에서 논의될 수 있습니다. 예를 들면, 불교도는 일반적으로 무상과 무아를 공부하기 때문에 독립적으로 단일하게 영원히 존재(常一主宰)하는 자아를 부정합니다. 이것이 일반적으로 알고 있는 인무아 혹은 인아의 공성입니다. 또 다른 차원에서는 그 자체로 충족되고 그 자체로 정의되는 본질의 인아를 부정하는 공성도 있습니다. 더불어 무실유(無實有)의 차원이나 무자성의 차원에서 논하는 인아의 공성도 있습니다. 이와 같이 하나의 인아를 두고도 그에 대한 공성을 이해하는 수준이 미묘하게 달라질 수 있습니다.

독립적으로 단일하게 영원히 존재하는 자아는 고대 인도의 비불교도 철학에서 상정된 자아(Ātman, 眞我)의 개념입니다. 이러한 자아는 물리적인 집합체나 정신적인 집합체와는 독립적으로 존재하는 실체이며, 현상의 본질에 내재하는 주재자에 해당합니다. 이와 같은 상일주재의 자아(人我)를 부정하는 것이 인무아(空性)의 한 차원입니다. 또 다른 차원은 '인아'라는 용어를 실존의 기반으로 삼는 것을 부정하는 공성(人無我)입니다. 인간 존재를 정의하기 위해 인아라는 용어(準據)를 사용하기는 하지만, 그러한 언어나 생각이 본질적으로 존재하는 것은 아닙니다. 인간과 인아라는 용어의 상관관계는 세속의 관습으로 가설된 것일 뿐입니다. 이와 함께 실유적인 인아를 부정하는 공성(無實有)이 있는데, 이것은 자립논증파에 의해 정의된 인아의 공성입니다. 그리고 가장 미세한 차원의 공성은 자성을 부정하는 공성(無自性)입니다. 이것은 귀류파가 정의한 인아의 공성으로서 어떠한 형태로든 자성을 가진 인아는 모두 부정하는 것입니다.

따라서 하나의 인아와 관련해서도 서로 다른 수준의 '인무아' 혹은 '인아의 공성'을 살펴볼 수 있습니다. 이렇게 인아의 공성을 이해하는 차원이 서로 다른 것처럼, 정반대로 인아를 구체화하는 경우도 깊이에 따른 다양한 차원이 있습니다. 더 거친 수준에서 더 미세한 수준으로 혹은 더 미세한 수준에서 더 거친 수준으로 구체화(具象化)됩니다. 예를 들면 탐貪, 진瞋, 치癡, 시기猜忌, 아만我慢 등으로 표출되는 번뇌도 인아를 구체화하는 수준에 따라 서로 다르게 상정될 수 있습니다.[36]

그런 면에서 샨띠데바는 위의 게송들을 통해 소승들의 입장에 따라 이해한 번뇌와 망상은 그 수준이 비교적 거칠고 불완전하다고 말합니다. 따라서 그들이 극복한 번뇌와 망상의 수준도 딱 그 정도이며, 그런 정도의 이해 수준으로는 윤회고를 벗어나는 것(阿羅漢)도 힘들다는 것입니다. 이에 대해 소승들은 자신들이 정의한 번뇌와 망상을 스스로 극복할 수 있다고 주장하지만, 그들의 심의식에는 여전히 번뇌와 망상의 습기가 남아있기 때문에 현상을 실유로 여기는 본질적인 무지에서 벗어날 수가 없습니다. 그러므로 그들은 윤회고를 벗어날 수 없습니다.

부가된 세 게송

다음 세 개의 게송[49~51]들도 대승과 소승의 경전들을 계속해서 비교합니다. 하지만 인도의《입보리행론》주석가인 쁘라갸까라마 띠(Prajñākaramati)에 따르면, 이들 세 개의 게송은 샨띠데바가 직접 지은 것이 아니라고 합니다. 실제로 이 게송들은 본문의 전반적인 논쟁에 거의 영향을 미치지 않는 내용입니다.

49.
경전에 들어있는 말씀은 무엇이든지
모두 부처님의 교설임을 인정한다면
대승경도 대부분이 그대들의 경전과
같다는 것을 왜 인정치 않는 것인가.

50.
만약 이해하지 못하는 하나로 인해
모든 것이 잘못된 것이라고 한다면
일치하는 단 하나의 경전으로 모두
다 승리불의 교설이 왜 아니겠는가.

51.

어떤 말씀은 대 아라한 가섭 등도

깊이를 헤아리지 못했다고 하는데

그대가 그것을 이해하지 못한다고

인정하지 않는다면 누가 하겠는가.

공성의 열쇠

다음의 게송 역시 해석상 약간의 차이가 있는 것 같습니다. 하지
만 결과적으로는 같은 말을 하고 있다고 보입니다. 즉 보살은 윤회
와 열반 그 어디에도 머물지 않고 무주(兩邊無住)의 보살행을 계속
한다는 것입니다.

52.

미몽으로 고통받는 이들을 위해

애착과 공포에서 벗어나게 하고

윤회에 머무는 이들을 제도하는

이것이 공성을 깨달은 결과라네.

보살은 윤회와 열반의 양변을 벗어난 공성의 보리도(中道)를 통해

서만 붓다의 경지에 이릅니다. 그런 면에서 이전의 모든 게송들은 본문의 핵심 주제인 공성의 중요성을 입증하기 위한 것입니다. 그 게송들은 완전한 깨달음의 경지를 이루는 것은 물론 윤회고의 해탈을 이루려고만 해도 공성의 깨달음이 반드시 필요하다는 것을 보여줍니다. 보살들은 자신만을 위해 열반의 적정에 들지 않습니다. 자신은 윤회고를 벗어났음에도 불구하고 윤회 중생들을 위해 스스로 그 속에 남아 그들을 제도합니다. 이와 같은 이타행이 바로 대승 보리도의 본모습이자 공성을 깨달은 결과(修證)입니다. 따라서 산띠데바는 앞에서 증명한 바와 같이 공성에 대한 반박은 그 어떤 것도 유효하지 않은 것이기 때문에 의심을 버리고 공성을 수행해야 한다고 말합니다.

53.
그러므로 공성을 향한
비판은 합당치 않으니
따라서 의심을 버리고
공성을 수행해야 하네.

54.
번뇌장과 소지장의 두 어둠을
치료하는 법이 바로 공성인데

속히 일체의 종지를 얻으려면
어찌 이것을 수행하지 않는가.

55.
일체의 사물이 고통을 일으킴에
그에 따라 두려움이 생겨난다면
공성은 고통을 제멸하는 법인데
어찌 이에 두려움이 생기겠는가.

56.
만약 자아라는 것이 존재하기에
어떤 것을 대하든 두려워진다면
자성은 어디도 존재하지 않는데
두려워서 겁먹은 이는 누구인가.

또한 샨띠데바는 공성에 대한 깨달음은 번뇌장과 소지장을 치료
하는 대치법이라고 말합니다. 그래서 일체종지의 완전한 붓다의 경
지에 속히 이르고자 하는 이들은 끊임없이 공성을 통찰해야 한다
고 말합니다.

일체의 모든 사건과 사물들은 고통의 원인이 되고 그에 따라 두
려움이 생겨나지만, 공성은 그와 같은 기반 자체가 없기 때문에 고

통의 원인이 되지 않으며 따라서 두려움도 생겨나지 않는다는 것입니다. 혹시라도 자아(我)의 실재를 믿는다면, 그 자체로 두려움을 일으키는 기반이 될 수 있지만, 그와 같은 자아는 애초부터 없는 것이기 때문에, 두려움이 생겨날 기반도 없다는 것입니다.

요점은 '나(我)'라는 용어의 이면에 무언가가 실재하고 있다면 실재하는 '나'로 인해 두려움이 생기겠지만, 분석해보면 그러한 자아는 실체가 없는 것이므로 따라서 두려움을 느낄 이유도 없다는 것입니다. 그런데도 두려워서 겁을 먹는다면 "그는 대체 누구인가?"라고 경책하는 것입니다.

자아의 무자성

이어지는 게송들[57~]은 공성을 성립시키는 구체적인 논리를 제시하는 또 다른 중요한 부분입니다. 이 부분은 다시 자아(我)의 무자성(空性), 자아의 자성 부정, 그리고 자아의 무실존성으로 나누어 설명할 수 있습니다. 그중에 첫 번째는 자아의 무자성을 성립시키는 내용입니다. 앞에서도 언급한 것처럼, 공성(無自性)에는 인무아와 법무아의 두 가지 차원이 있습니다. 이 두 가지 차원의 공성은 본질적으로는 아무런 차이가 없지만, 인아(個我)와 법아(現象)라는 대상의 차이로 인해 인무아가 법무아보다 좀더 깨닫기 쉽다고 말합니다. 이것이 경전에 제시된 공성의 수행 차제입니다. 인무아를 먼저 수행한 다음 법무아를 수행하는 것입니다. 따라서 샨띠데바 역시 인무아를 먼저 제시한 다음 이어서 법무아를 제시합니다.

우리가 이해해야 하는 것은 실유적인 관점이나 자성에 대한 믿음은 신체적 질병이나 정신적 장애와는 달리 깨달음의 과정을 통해서만 제거될 수 있다는 것입니다. 실유의 자성은 과거부터 존재했던 무언가가 아니라 [현재의 의식이 만들어낸 전도된 생각이기 때문에] 명상 수행을 통해서만 제거될 수 있습니다. 하지만 신체적 질병이나 정신적 장애는 이전부터 쌓여서 현재에 발병한 것입니다. 따라서 대치하여 치료하거나 제거하는 방법도 다를 수밖에 없습니다. 그러면 누군가는 다음과 같이 반문할 수도 있습니다. "실유의 자성이 애초부터 존재하지 않은 것이라면, 애써서 그것을 부정하는 이유는 무엇인가?" 이에 답하자면, 실유의 자성은 결코 처음부터 존재했던 것이 아닙니다. 다만 무지(無明)로 인해 그것을 실제인 양 경험하는 것일 뿐입니다. 이 때문에 번뇌와 망상이 일어나고 그로 인해 고통을 받습니다. 그래서 부정하는 것입니다.

자아의 자성 부정

두 번째 중요한 부분은 앞서 논한 것처럼 '부정되어야 할 것'을 정확하게 이해하는 것입니다. 공성에 대한 명상은 부정의 대상을 바르게 이해하는 것이 중요합니다. 우리가 말하는 실유나 자성의 공성은 사찰(僧院) 안에 현재 사람들이 없다고 말하는 것과는 다릅니다. 이 경우 공성의 기반이 되는 사찰과 그 안에 없는 사람들은 서로 다른 두 가지 사실들입니다. 하지만 우리가 부정하는 것은 실유의 자성입니다. 그러므로 여기서 부정되는 것은 눈에 보이는 대상이 아니라 그 대상들이 존재하는 방식입니다.

우리가 무아나 무자성을 논할 때, 부정(無)의 대상이 되는 자아(我)나 자성은 무엇을 의미합니까? 짠드라끼르띠는 아리야데바의 《사백론》에 대한 그의 주석서에서 '무아의 관점에서 보면 부정의 대상이 되는 자아는 독립적이고 자율적인 것을 의미한다'고 말합니다. 만약 무엇이든 우리가 예로 삼고 있는 사건이나 사물들의 존재방식을 독립적이고 자율적이며 본질적인 실체를 가지고 있는 것으로서 설정한다면, 그때 그와 같이 인식되는 특성이 바로 자아가 된다는 것입니다. 무아의 관점에서 보면, 이와 같은 특성으로 설정된 존재의 방식 자체가 부정의 대상입니다.

짠드라끼르띠의 이와 같은 자아에 대한 정의는 그의 주석서에 나오는데 《사백론》의 특정한 구절에 대한 내용입니다. 거기서 그는 '자립적인 방식(自立因)으로 존재하는 사건이나 사물은 없다'고 말합니다. 오히려 그것들은 원인과 조건이 되는 다른 요소들에 의존할 때만 존재한다는 것입니다. 그러므로 어떠한 형태로든 그들은 독립적이거나 자율적인 상태로 머무르지 못합니다. 그와 같이 자립적이지 않은 상태로 머무는 것이 '자아'입니다. 일체의 모든 사건과 사물들에 이와 같은 자립성(自足性)이 결여되어 있기 때문에 자성이 없다고 말하는 것입니다.

우리가 생각으로 품고 있는 자아(我)는 다른 이면이 있습니다. 짠드라끼르띠는 그의 《입중론》에서 '우리의 자아는 두 가지 측면을 가지고 있다'고 말합니다. 하나는 단순히 나(我)라는 의식에 초점을 맞춘 것이고, 다른 하나는 그것이 실유의 대상으로 파악된 것입니다. 이때 우리가 부정하는 것은 '나'라는 의식이 아니라 그것을 실유의 대상으로 파악하는 것입니다. 짠드라끼르띠는 세속의 관습에 따라 '나'라고 생각하는 자아는 우리의 모든 행위와 경험의 주체가 되는 것인데, 그 주체라는 측면에 초점을 맞추어 자아를 본질적인 실체(實有)라고 여긴다고 합니다. 이처럼 자아를 실유로 파악하기 때문에, 그에 따른 혼란과 번뇌가 야기된다는 것입니다. 그러므로 요가행자들은 자아의 본질을 제대로 파악하고 수행정진을 통해 이와 같은 문제를 풀어내야 한다고 말합니다.

철학적인 면에서 보면 저절로 '나타나는 대상'과 인위로 '설정(假設)된 대상'은 서로 구분되는 용어입니다. 하지만 그 정도로 구체적이지는 않더라도 자신을 조금만 관찰해보면, 일상에서 느끼는 자아를 대할 때 우리는 그것을 무언가 본질적인 것이라고 믿으며, 따라서 강하게 집착하고 있다는 것을 알 수 있습니다. 자아라고 하는 자율적이고 단일한 자기정체성을 본능적으로 강하게 믿는 것입니다. 짱꺄 뢸빼 도제(lCang skya Rol pa'i rDo rje, 1717~1786)는 '그의 시대에 살았던 몇몇 학자들은 자신이 본능적으로 인식하고 있는 자아는 파악조차 못한 채, 단지 부정의 대상이 되는 자아만 "외부에" 독립적으로 실재하는 것처럼 믿고 있는 것으로 보인다'고 그의 책에 적고 있습니다. 하지만 본능적으로 파악되는 자아와 분리된 채 '외부에' 따로 존재하는 부정의 대상은 아무것도 없습니다. 우리가 일상에서 상식적으로 경험하는 자아의 본모습은 그 안에 모든 부정의 대상들이 포함되어 있습니다. 만약 자성을 부정하는 공성에 대한 우리의 이해가 본능적인 자아에는 미치지 못하고 단지 생각으로 설정한 자아 정도에만 그친다면, 그 본질은 파악하지 못한 채 실유나 자성 등과 같은 언어적 유희에 빠져 자칫 윤회고의 원인이 되는 본능적인 자아는 건드려보지도 못하고 그대로 방치할 위험이 있습니다. 본능적으로 '나타나는 자아'는 그대로 둔 채, 생각으로 지어낸 '설정된 자아'만을 부정하게 되는 것입니다. 이와 같은 함정에 빠지게 되면, 공성에 대한 깨달음을 위해 자아를 부정하는 것은 고사하고 자아의 본질조차 파악하지 못한 채 그대로 방치하게 됩니다. 그렇게 되면 기껏해야 아주 거친 수준에서만 부정의 대상을 부정할 수 있으며, 결국 본능에 남아있는 자아(我執)는 건드려보지도 못합니다.

쫑카빠 존자는 중관 철학의 가장 큰 난점이 모든 현상의 실유

를 부정하면서도 속제의 현실 세계를 그대로 인정하는 것이라고
말합니다. 앞에서 언급한 것처럼, 이에 대해 자연스럽게 생기는 의
문은 "현상의 실유를 부정하는데, 어떻게 자기정체성을 일관되게
생각하고 말할 수 있겠는가?"라는 것입니다. 이 질문은 철학적인
난제의 가장 중요한 핵심입니다. 이 때문에 저절로 '나타나는 대상'
과 '인위로 설정된 대상'을 구분하는 것인데, 이것은 본능에 저절로
'나타나는 자아'가 실제 부정의 대상이 아니라는 점을 분명히 하
는 데 유용합니다. 만약 자아가 아예 없다면 누군들 깨달음을 열
망할 것이며, 누군들 지혜를 완성(般若波羅蜜)하기 위한 보리도를
구하겠습니까? 결국은 깨달음을 이룰 당사자마저 없는 것이기 되
기 때문에 아무런 의미도 없는 것입니다.

쫑카빠에 따르면, 공성을 직접 깨닫는 것을 제외한 우리의 모든
인식과 경험은 대상을 실유로 파악함으로써 왜곡됩니다. 따라서
'부정의 대상'을 철저히 규명해야 합니다. 자신의 개인적인 경험과
분석능력을 최대한 활용하여 자아에 대한 본능적인 감각이 어떻게
일어나는지 살펴봐야 합니다. 그리고 우리의 경험에 대해서도 질문
해야 합니다. 또한 '자아의 존재 자체가 부정된다면, 자아는 그 외의
어떤 방식으로 존재하는 것인지'에 대해서도 주의 깊게 살펴봐야
합니다. 최소한 자아가 어떠한 것인지에 대해서는 감을 잡아야 합
니다. 우리가 실제로 경험하는 자아에 대한 주의 깊은 통찰을 통해
서만 실유로 파악되는 대상들을 부정할 수 있으며, 그에 따라 공성

을 깨달을 수 있는 방법을 이해하게 되기 때문입니다.

아리야데바는 그의 《사백론》에서 '윤회의 씨앗은 의식이며, 오직 대상(意識對象)에 대한 무아를 깨우칠 때만 그 뿌리를 뽑을 수 있다'고 말합니다. 깊은 차원에서 실유의 공성을 깨달을 때만 비로소 대상을 향한 탐진치와 같은 번뇌의 힘이 감소되기 시작한다는 것입니다. 공성에 대한 깨달음이 깊어질수록 번뇌의 속박도 그만큼 느슨해지는 것입니다.

어떠한 모임에서 만나도 사람들은 각자의 걱정과 희망들을 안고 있습니다. 다양한 정신적 상태들이 공존하는 것입니다. 그들이 무엇을 얼마나 느끼든 그러한 감각을 지탱하는 실질적인 기반은 없습니다. 뜬구름과 같습니다. 실체가 없는데도 마치 고정된 현실인 양 느끼고 걱정합니다. 마치 능숙한 마술사들의 현란한 마술과 같습니다. 본질을 찾아보면 아무것도 없는데도 말입니다.

때로는 탐진치와 같은 격한 감정이 우리가 일상의 삶을 열심히 사는 동기가 되기도 합니다. 하지만 그 끝은 어디로 향하고 있는 것일까요? 그렇게 열심히 하면 목적을 이룰 수 있을까요? 우리가 일상의 모든 경험들에 적용해야 할 의문입니다. 그렇다고 회의적이 되라는 말은 아닙니다. 그와 같은 감정의 본질을 보라는 것입니다. 그리고 제대로 된 동기를 가지라는 겁니다. 만약 잘못 이해하여 깨달음을 구하는 일마저 무의미하게 여긴다면, 그때는 단변斷邊의 허망함에 빠진 것임을 알아야 합니다.

어느 한때 돔뙨빠(Brom ston pa, 1004/5~1064)는 공성의 영역에서 보면, 손도 공하고 불도 공한 것이라고 말한 적이 있습니다. 하지만 손에 불을 놓으면 자신을 태우게 됩니다. 현실입니다. 누군가가 만약 "오호라, 일체의 모든 현상은 환과 같고 꿈과 같으니 실재하는 것은 아무것도 없구나!"라고 말할 때, 그 순간 그의 몸을 바늘로 살짝 찌른다면 그는 어떻게 반응할까요? 살펴보시기 바랍니다! 그러므로 우리에게 아픔이나 기쁨을 경험하게 하는 사건과 사물이 아예 존재하지 않는다고 말해서는 안 됩니다. 다만 그와 같은 사건과 사물이 실질적으로 존재하는 방식은 우리가 그것들을 실유의 존재로 인식하는 것과는 다르다는 것을 유의해야 합니다.

자아의 무실존성

현상을 실유로 파악하는 방식에는 두 가지 유형이 있습니다. 첫째는 본능(俱生)적으로 파악하는 방식인데, 이것은 동물들의 의식에도 잠재해 있습니다. 둘째는 논리나 철학적인 사유를 통해 자아를 파악하는 방식입니다. 두 번째의 방식은 '지적으로 습득된 자아를 파악하는 것'으로 알려져 있습니다. 하지만 윤회의 뿌리에 해당하는 것은 첫 번째 유형처럼 본능적으로 현상을 실유로 파악하는 것입니다. 그런데 이처럼 본능적으로 파악하는 방식을 근절하려면,

먼저 지적인 습득에 의해 현상을 실유로 파악하는 것부터 벗어나
야 합니다.

앞서 말한 것처럼, 자아(人我)는 외적인 세상과 상호작용하며 슬
픔과 기쁨을 경험하는 것이 분명합니다. 이와 같이 본능적인 자아
를 경험하는 근저에는 단일하고 자율적이며 무언가 실질적인 것이
있다는 강력한 믿음이 자리 잡고 있습니다. 하지만 만약 그와 같
은 자아가 실제로 존재한다면, 그것을 찾고자 할 때는 언제든지 찾
을 수 있어야 합니다. 하지만 찾고 또 찾아도 그와 같은 자아는 어
디에도 없습니다. 몸과 마음의 집합체에도, 본능적인 감각에도 존
재하지 않습니다. 만약 본능적으로 존재하는 자아가 실제로 존재
한다면, 인간을 구성하는 몸과 마음의 집합체 어딘가에 반드시 존
재해야 할 것입니다. 다시 말해, 우리의 몸과 마음에서 발견할 수
있어야만 합니다. 하지만 그와 같은 자아는 어디에서도 찾아볼 수
없는 것이 현실입니다.

《보행왕정론》에서 나가르주나는 사람(我)은 지地대도 아니고 수
水대도 아니며, 화火대도 풍風대도 공空대도 아니라고 말합니다.[37]
또한 이와 같은 요소(大)들과 따로 독립적으로 존재하는 것도 아
니라고 말합니다. 아무리 찾으려고 해도 몸을 구성하고 있는 곳이
든 그 밖이든 어디에서도 찾을 수 없다는 것입니다. 마찬가지로 심
의식(心相續)에서도 찾을 수 없습니다. 의식은 의식일 뿐 자아가 될
수 없기 때문입니다. 몸이나 의식, 의식의 흐름(相續) 그 어디에도

자아는 없는 것입니다. 다만 인아 혹은 자아라고 설정된 용어만 있을 뿐입니다. 진실한 실체는 그 어디에서도 발견할 수 없습니다. 요약하면, 몸과 마음 그리고 그 밖의 어디에서도 '진실을 기반으로 한 자아'는 찾을 수 없다는 것입니다.

나가르주나는 《중론근본송》에서 우리의 신심과 헌공의 대상이신 여래조차 진실로 나타난 경우는 어디에서도 결코 찾아볼 수 없다고 말합니다.[38] 몸과 마음을 구성하는 집합체(蘊)로 이루어진 부처님도 붓다가 아니며, 그 밖에 다른 곳에 따로 독립적으로 존재하는 것도 붓다가 아닙니다. 붓다는 본질적인 온蘊을 가지고 있지 않으며, 붓다의 기반이 되는 본질적인 온도 없습니다. 이와 같이 분석하면 붓다는 그 어디에서도 찾을 수 없습니다. 그렇다면 실제로 사건과 사물들이 공하다는 말은 정확히 무엇을 의미합니까? 일체의 모든 사건과 사물들은 원인과 조건이 결합된 집합적인 특성으로 존재하기 때문에, 따라서 자족성自足性이나 독립성이 결여되어 있습니다. 그와 같이 독립성이나 실유성이 결여된 것이 바로 공성입니다. 그런데도 공성을 사건이나 사물들과 따로 분리된 또 다른 존재론적 범주로 구분하여 이해하는 것은 처음부터 잘못된 생각입니다.

다음 게송들은 이에 대한 샨띠데바의 입장을 잘 보여줍니다. 인간을 구성하는 요소들을 분석함으로써 그 진실을 밝히고 있는 것입니다. 따라서 이와 같은 내용을 논리적으로만 이해해서는 안 됩니다. 철저한 자기-분석을 통해 실증적으로 깨우쳐야 합니다.

57.
치아와 두발과 손발톱은 '나'가 아니다.
'나(我)'는 골격骨骼이나 혈액도 아니다.
눈물 콧물도 아니고 가래 담도 아니며
염증의 황수黃水나 농즙膿汁도 아니다.

58.
'나'는 지방이나 땀도 아니다.
심폐나 간담도 '나'가 아니며
다른 내장들도 '나'가 아니다.
'나'는 대변과 소변도 아니다.

59.
살덩이나 피부도 '나'가 아니고
온열이나 호흡도 '나'가 아니다.
구멍들도 '나'가 아니고 수시로
아는 육식六識도 '나'는 아니다.

샨띠데바는 이어서 다음 장의 게송들을 통해서도 존재의 다양한 요소들과 의식들에 대해서도 철저하게 분석합니다. 이에 따라 자아(人我)라는 것이 정말로 실재하는 것인지에 대해 묻고 있는 것입니다.

지혜의 명상

지금부터는 공성에 대한 명상을 시도해 보겠습니다. 샨띠데바께서 본송에서 말한 것처럼, 우리가 그토록 확신하는 '나'라는 것, 혹은 '자아'라는 것은 찾으려고 해도 그 실체를 찾을 수 없습니다. 그렇다고 일상에서 아픔이나 기쁨 등을 경험하는 본능적인 '자아'마저 아예 없다고 말하는 것은 아닙니다. 누구든 이러한 경험을 하고 있기 때문입니다. 하지만 그 실체를 찾으려고 하면 찾을 수가 없다는 것입니다. 그러므로 우리가 말하는 자아는 가설적으로 설정된 개념이라고 결론할 수 있습니다. 즉 설정된 자아일 뿐, 진실한 자아는 아니라는 말입니다.

이와 같은 사실을 염두에 두고, 자아를 포함한 모든 대상들이 자신의 마음에 어떻게 나타나는지 분석해야 합니다. 그저 가설적으로만 나타나는 것인지, 아니면 또 다른 상태가 있는지를 철저하게 살펴봐야 합니다. 분명한 것은 눈앞에 나타나는 그것들이 그저 가설된 것으로만 보이지는 않는다는 것입니다. 원래 그렇게 객관적이고 독립적인 상태로 존재하고 있는 것처럼 보입니다. 무언가에 의해 설정된 것이 아니라 본래부터 스스로 존재했던 것처럼 보입니다. 하지만 그것들은 그저 원인과 조건들이 모여 가설적으로 설정된 것일 뿐입니다. 안팎의 모든 현상을 이와 같이 분석해야 합니다. 끊임없는 분석과 통찰의 결과로 일체의 사건과 사물들은 결국 눈앞 혹은 의식 앞에 나타나는 그대로 존재하는 것이 아니라는 점을 깊이 확신하게 될 것입니다.

주의해야 할 것은, 공성의 선정에 안주하는 동안에도 '공하다는 생각이나 공성을 명상하고 있다는 생각'에 빠져 들어서는 안 된다는 것입니다. 대신에 찾아도 결코 그 실체를 찾을 수 없는 현상의 '무실존성' 또는 '무실유성'이나 '무자성'에 온 마음을 집중해야 합니다. 이와 같은 상태가 마음에 지속되면 마침내 공성과 합일되는 때가 올 것입니다. 마치 '외부에' 무언가가 있는 것처럼 분별하는 주객의 이원성에 빠지지 말아야 합니다. 그 순간 마음은 흩어져 달아나고 현상은 실제처럼 우리에게 나타납니다. 그러므로 차분히 마음을 가라앉히고 공성을 명상해야 합니다. 실체가 없는 그 상태에 집중해야 합니다. 이와 같은 방식으로 매일 조금씩 늘려가며 공성에 대한 명상을 끊임없이 수행해야 합니다.

08

자아(ㅅ)의 본질

공성에 기반한 대비심

나가르주나는 깨달음의 근간은 이타적인 보리심인데, 거기에는 공성을 깨달은 지혜가 함께 해야 한다고 말합니다. 따라서 완전한 깨달음을 이루려면, 공성에 기반한 보리심을 개발해야 합니다. 이타적인 보리심은 대비심의 기반이며, 이를 강화하고 보충하는 것이 바로 공성을 깨달은 지혜라는 것입니다.[39] 보리심과 대비심 그리고 공성의 지혜, 이 세 가지 요소는 완전한 깨달음을 이루기 위한 보리도의 핵심입니다. 이 세 가지 깨달음의 길을 수행함으로써 완전한 일체지를 이룰 수 있습니다. 그중 어느 하나라도 결여되면, 붓다의 경지를 이루는 것은 불가능합니다. 그래서 이 세 가지 요소의 보리도를 붓다의 경지를 이루기 위한 필요충분 조건이라고 합니다.

지금까지 우리는 공성에 대한 견해와 공성을 깨달은 지혜가 어떻게 우리의 근본적인 무지를 제거하고 그에 따른 고통에서 벗어나게 할 수 있는지에 대해 논해 왔습니다. 또한 공성을 깨닫게 되면 무지한 마음이 현상을 실유로 파악하여 진실을 왜곡하고 있다는 것을 알 수 있습니다. 무지는 마음의 상태이기 때문에 제거할 수 있습니다. 본래의 상태로 되돌릴 수 있다는 말입니다. 해탈의 가능성은 누구에게나 잠재해 있습니다. 그 길(菩提道)을 가면 되는 것입니다. 그 길을 따라 실유의 공성을 일단 깨달으면, 그에 따라 실유의 무지에 사로잡혀 여전히 윤회고에 빠져 있는 중생들을 향한 강력한 자비심도 함께 발현됩니다.

자비의 힘

불교의 보리도를 수행할 때는 자비심이 핵심입니다. 일반적인 경우에도 이타적인 연민심이 강한 사람이 남들을 훨씬 잘 보살핍니다. 역설적으로 이기적인 사욕을 채우려고 해도 남들의 관심과 격려가 도움이 되는 것이 사실입니다. 또한 세계의 주요한 종교들이 모두가 사랑(慈)과 연민(悲)을 강조합니다. 단순히 그 가치만 선전하는 것이 아니라 어떻게 하면 그것을 개발하고 실천할 수 있는지를 고민합니다. 따라서 실천을 위한 다양한 기도와 명상 방법들을 가지고 있습니다. 철학적 관점과 형이상학적 목표가 다르기 때문에 이해의 범위와 깊이가 다르기는 하지만, 그들 모두 곤경에 처한 이웃을 살피고 그들의 고통을 분담하며 모두가 다 함께 행복해질 수 있는 길을 열심히 찾고 있습니다. 이타적인 공감을 통해 공존과 공영의 길을 모색하고 있는 것입니다.

자비심이 클수록 더 큰 용기와 결단력이 생기는 것 같습니다. 왜일까요? 이타적 자비심을 가슴에 품게 되면 이기적인 마음에서 오는 갈등과 긴장이 사라지기 때문입니다. 사실 알고 보면 우리는 다른 이들의 고통과 행복에 훨씬 더 많은 관심을 기울이고 있습니다. 이것은 본능입니다. 자신의 행복과 이익만을 추구해도 결국은 남들의 도움이 필요하기 때문입니다. 이타적 관심이 깊어지면 우리 자신의 고통이나 슬픔을 대하는 방식도 변합니다. 중요해 보였던 것들이 덜 중요해 보이기도 하고 나만의 것이라고 여겨왔던 일이 우리 모두의 일이라는 것을 깨닫기도 합니다. 그래서 자신의 갈등과 긴장을 내려놓고 남들의 문제에 더 관심을 보입니다. 혹시라도 이타적인 관심에 불편한 고난이 다르더라도 마음의 평화가 무너질 가능성은 적습니다. 이기적인 마음보다 훨씬 더 큰 용기를 가지고 있기 때문입니다.

일체 중생들이 평화롭고 행복하기를 바라는 이타적 자비심은 체계적인 사유 과정과 논리적인 사고를 통해 얻어지는 것입니다. 그러므로 일상에서 좀더 강력한 다른 감정들이 따라올 수도 있지만, 그에 따라 마음이 불안해질 확률은 거의 없습니다. 자비심은 논리적인 사유를 통해 개발되는 합리적인 감정이며, 다른 감정들은 일시적으로 일어나는 불합리한 것이기 때문입니다. 일상에서 매일 경험하는 감정들은 자신을 해치는지도 모른 채 자극하는 상황과 대상들을 향해 불시에 폭발합니다. 순식간에 마음을 흔들어 번뇌를 일으키고 고통을 받게 합니다. 하지만 자기 마음의 흐름에 자비심의 습을 들이고 남들에게 선한 영향력을 발휘하려고 애쓴다면 그와 같은 감정들은 더 이상 우리를 자극하지 않을 것입니다. 자비심이 자라나면 안정된 뿌리가 점점 더 깊이 내리기 때문입니다.

고통의 분담

사람들은 흔히 자비심을 일종의 동정심이라고 생각합니다. 그래서 동정의 대상이 되는 사람들을 열등하게 여기고 좀더 나은 자신이 자비를 베푼다고 생각합니다. 하지만 이와 같은 동정은 바른 자비심이 아닙니다. 진정한 자비심은 내 자신이 행복을 원하고 고통을 피하고 싶어 하듯 남들도 그와 같이 행복을 원하며 고통을 피하고 싶어 한다는 사실을 깨달을 때 생겨납니다. 이를 기반으로 다른 이들의 고통과 마주하게 되면 그들의 아픔과 슬픔을 진심으로 내 일처럼 여기게 됩니다. 그리고 세상과의 관계성을 다시 정립하게 됩니다. 이것이 진정한 자비심입니다. 상대방에 대한 책임감을 느끼고 그들의 안녕에 깊은 관심을 가지게 되는 것입니다. 그러므로 자비심의 근저에는 자타의 완전한 평등에 대한 바른 인식이 있습니다. 따라서 행복을 원하고 고통을 피하고 싶어하는 다른 이들의 자연스러운 마음을 진심으로 존중하며, 그들의 권리가 완전히 충족되기를 바라는 이타적 배려심을 발휘하게 됩니다.

자비심이 생겨나면 남들의 고통을 깊이 살피고 함께 분담하고자 하는 마음이 저절로 생기기 때문에, 평안했던 마음이 약간은 흔들릴 수 있습니다. 그래서 누군가는 억지로 자비심을 개발하면 괜히 자신의 고통만 더해지는 것이 아닌가라고 생각할 수도 있습니다. 하지만 과연 그러한 것인지 진지하게 생각해 볼 문제입니다.

제 입장에서 보면, 삶 속에서 자연스럽게 경험하는 고통과 남들의 고통을 자발적으로 분담한 결과는 분명히 다르다고 생각합니다. 자신이 경험하는 고통은 말로 표현하기가 힘듭니다. 본능적인 경험이기 때문에 자신이 통제하기 힘든 것입니다. 하지만 남들의 고통을 분담하는 경우 평정심이 조금은 흔들릴 수 있겠지만, 특정한 목적을 가지고 자발적으로 함께 한 것이기 때문에 우리에게 미치는 영향도 다릅니다. 사실 이타적인 삶에서 오는 아픔이나 고통은 우리를 완전히 압도하지 못합니다. 특히 이와 같은 고통은 함께 분담한 이타적인 것이기 때문에 힘겨운 짐을 지는 만큼 미묘한 기쁨이 솟아나며 견디는 힘이 커지는 만큼 자신감도 충만해집니다.

자비심처럼 대단한 정신적 가치와 유익함을 지닌 강력한 마음의 상태는 단순하게 남들의 고통을 공감만 한다고 해서 개발되지 않습니다. 자신의 고통을 먼저 살펴보고 굴하지 않는 인내심을 기르는 것이 중요합니다. 인내가 강해질수록 남들의 고통을 더 깊이 공감할 수 있기 때문입니다. 일반적으로 우리는 자기보다 어려운 사람들을 볼 때 동정심을 느낍니다. 반대로 부유한 재산과 넓은 인맥과 힘있는 권력을 가진 이른바 성공한 사람들을 보면, 스스로 왜소함을 느끼고 자괴감에 빠지기도 합니다. 모두가 가지고 있는 고통스러운 존재의 본질을 보지 못하는 것입니다. 그러므로 고통스러운 존재의 본질(苦諦)을 깨닫는 것이 중요합니다.

단계적인 접근

물리적인 고통(苦苦)과 감각의 변화에 따른 고통(壞苦)을 피하는 것도 중요하지만, 더욱 중요한 것은 애착의 대상이 해체되고 사라짐에 따라 생겨나는 조건부 고통(行苦)을 인식하는 것입니다. 요점은 단계적으로 접근해야 한다는 것입니다. 따라서 집중적인 지止의 명상과 분석적인 관觀의 명상을 동시에 수행해야 합니다. 자비심은 마음의 한 속성이며 마음은 그 흐름(心相續)을 결코 멈추지 않는 것이기 때문에, 오랫동안 지와 관을 함께 수행해야만 보리도의 안정된 기반을 마련할 수 있습니다.

이와 같이 안정된 기반은 수행을 통해 습을 들임으로써 자기 마음(自相續)의 일부가 됩니다. 윤회의 재생을 믿는 사람들은 한 집에서 태어난 아이들이라고 해도 서로 다른 전생의 업력을 가지고 있다고 말합니다. 한 아이는 이러한 기질을 타고났고 다른 아이는 저러한 성향을 타고났다는 말입니다. 몸은 이 생에 새로 받은 것이지만, 의식은 전생부터 이어졌다는 것입니다. 육체보다 정신적인 속성이 더 지속적이라고 여기는 것입니다. 반면에 운동능력과 같이 전적으로 신체적인 요인이 좌우하는 특성들도 있습니다. 하지만 이와 같은 자질을 키우는 데는 한계가 있습니다. 물리적으로 제한되어 있기 때문입니다. 예를 들면, 아무리 뛰어난 자질과 운동능력을 가진 사람이라도 자신이 가진 딱 그만큼만 능력을 발휘할 수 있습니다. 또한 그와 같은 물리적 조건이 남아있을 때까지만 유지되는 것입니다. 아무리 노력해도 다음 생까지 가져갈 수는 없습니다. 하지만 마음은 다릅니다. 다음 생까지 이어집니다. 마음에 바탕을 둔 자질이 더 오래가기 때문입니다. 그러므로 자비심도 마음에 습을 들여야 더 오래갑니다.

그러므로 마음을 다스리는 수행이 필요합니다. 이를 통해 자비심의 속성을 기르고 공성을 깨닫는 지혜를 개발할 수 있습니다. 지혜와 자비에 익숙해짐으로써 깨달음을 위한 고도의 잠재력을 개발하는 것입니다. 처음에는 많은 노력이 필요하겠지만, 일단 특정한 경계(臨界)를 넘어서면 그때부터는 자체적으로 저절로 작동하기 시작합니다. 본능적으로 움직이게 되는 것입니다. 애쓰지 않아도 되는 것이지요. 이 경계에 이르면 마음이 지속되는 한은 이와 같은 자질이 끝없이 개발됩니다.

신체적인 운동은 쉬었다가 다시 원래의 기술 수준을 회복하려면 그 전체의 과정을 다시 반복해야 하지만, 마음의 자질은 일단 자체적으로 작동하는 수준까지 개발되면 오랫동안 방치해도 조금만 집중하면 곧바로 이전 수준으로 회복됩니다. 이처럼 몸과 마음이 다른 이유는 그 둘의 기반이 다르기 때문입니다.

이와 같이 마음을 개발하는 일은 생을 이어가면서 계속할 수 있습니다. 이번 생에 충분한 진전을 보지 못한다고 해도 그 자질이 사라지는 것은 아니기 때문에 미래의 어느 한때 다시 활성화될 수 있습니다.

또한 자비심을 무한히 확장하기 위해서는 반드시 공성을 함께 깨달아야 합니다. 개인적인 경험을 통해서도 알 수 있듯이 우리의 마음이 혼돈과 무지와 불확실성으로 가득할 때는 잠시 스쳐가는 고통도 너무나 크고 아프게 느껴집니다. 반면에 우리의 마음이 통찰의 지혜로 충만할 때는 엄청난 시련의 고통도 그렇게 어렵지 않게 느껴집니다. 그러므로 공성의 지혜를 충분히 개발하는 것이 중요합니다. 이에 따라 공성의 교법을 약설한 샨띠데바의 《입보리행론》과 같은 경론을 반드시 공부해야 하는 것입니다.

비불교도의 자아관 반박

샨띠데바는 앞의 본송들에서 다양한 학파들의 자아관을 제시하고 그에 따라 자아(人我)의 무자성(空性)을 논해 왔는데, 이어지는 게송부터는 인도의 다양한 철학파들 중 특히 자아를 독립적이고 자율적인 의식으로 정의하는 상키야(Sāṁkhya, 數論)학파의 철학을 중심으로 논박합니다. 이와 함께 논박되는 또 다른 학파는 바이셰 시카(Vaiśesikā, 勝論)학파입니다. 이 학파는 자아를 독립적이고 자율적인 물질로 정의합니다. 이들 두 학파의 자아관은 다음의 게송들 [60~69]을 통해 논박됩니다.

이들 학파의 철학적 배경은 여기에 자세히 설명하지 않겠습니다. 다만 그들이 주장하는 자아관만 간단하게 살펴보면, 상키야학파는 현상의 구성원리를 25개의 범주로 구분(二十五構成原理)하고 있습니다. 그중에 23개는 쁘라끄리띠(prakṛti, 質料因; 原質)라고 부르는 근본물질에서 발현된 것입니다. 이 근본물질(prakṛti)을 포함하면 총 24개의 범주가 됩니다. 그리고 나머지 한 범주는 인지적인 자각에 의해 인식되는 독자적 실체인 근본자아(puruṣa, 神我; 靈我)입니다.

앞의 23개의 범주는 이 근본자아(puruṣa)가 스스로 누리는 것(享受)들입니다. 이와 같은 사실을 깨닫지 못함으로써 사람들은 그 모든 것이 근본물질에서 생성된 것임을 망각하고 다중적인 이원의 세계에 빠져 고통의 현실 속에 산다는 것이 상키야학파의 주장입니다. 하지만 존재를 구성하는 이와 같은 범주들이 실제로는 근본물질(prakṛti)에서 발현됐다는 것을 깨닫게 되면, 근본자아가 저절로 해방되어 다중적인 이원의 세계로 여기던 현실고에서 벗어날 수 있다고 합니다. 그리고 그들이 말하는 근본물질은 음성陰性(tamas, 暗性; 暗質), 양성陽性(rajas, 動性), 중성中性(sattva, 純性)의 세 가지 근본 속성(guṇa)이 평형을 이루고 있는 상태(Pradhāna)라고 말합니다.

상키야학파에 따르면 자아는 누리는 자(享受者)입니다. 왜냐하면 아픔과 기쁨 등을 직접적으로 경험하기 때문입니다. 따라서 자아의 본질에 해당하는 근본자아(puruṣa)는 단지 누리기만 하는 것이기 때문에 나지도 않고 멸하지도 않는 영원한 것입니다. 이 근본자아는 근본물질과는 달리 음성, 양성, 중성의 세 가지 본질적인 속성을 가지고 있지 않기 때문에 특정한 속성이 없습니다. 이와 같은 자아의 특징은 근본물질과는 대조적입니다. 자아는 구체적인 기능 없이 수동적으로 받아 누리는 자일 뿐입니다. 본질적으로 편만한 의식입니다. 분리되지 않고 무한하며 어디든 편재하는 단일한 실체라는 것입니다. 이것이 상키야학파가 말하는 '자아'의 특징들입니다.

샨띠데바는 다음의 게송들을 통해 이와 같은 상키야학파의 자아관을 논박합니다. 물론 이러한 논쟁은 필요에 의해 설정된 것입니다. 만약 실제로 상키야학파와 관련된 학자들과 만난다면 아마도 훨씬 더 다양한 논점을 가지고 자신들의 입장을 옹호할 것입니다.

60.
만약 소리에 대한 인식이 영원하다면
언제 어디서든 소리는 파악될 것이다.
인식의 대상 없다면 무엇을 파악하고
무엇에 의해 '인식된다'고 말하겠는가.

61.
만약 인식이 없는 인식이 있다 하면
나무도 인식할 수 있게 되는 것이다.
이에 인식 대상이 그 근처에 없다면
'인식 자체도 없다'는 것은 분명하다.

이에 대해 샨띠데바는 "그렇다면, 소리에 대한 인식도 상키야 학파가 말하는 그 자아가 하는 것이기 때문에 그들이 주장하는 대로라면 소리 역시 영원한 것이 되며, 그 소리는 언제 어디서든 파악되어야 하는 것인데, 만약 인식의 대상이 존재하지 않는다면 그때는 무엇을 파악하고 무엇에 의해 인식된다고 말할 수 있겠는가?"

라고 반문합니다. 혹시라도 만약 인식이 없는 인식이 있다고 하는 것이라면, 그것은 인식이 없는 나무도 무언가를 인식을 할 수 있다는 것이라고 반박하는 것입니다. 나아가 분명한 것은, 인식의 대상이 만약 그 근처에 없다면, 그것을 인식할 수 있는 인식도 거기에 있을 수 없다고 말입니다. 그리고 계속해서 다음과 같은 문답을 통해 논박의 내용을 정리합니다.

62.
의식 자체가 색을 인식한다고 한다면
그러면 듣는 의식은 아무것도 아닌가.
소리가 근처에 없어서 그런 것이라면
그렇다면 소리의 인식도 없는 것이다.

63.
소리를 파악하는 본성을 가진 무언가가
어찌 색을 파악하는 것이 될 수 있는가.
한 사람에 부자父子 성품이 공존한다면
그렇더라도 본성이 그러한 것은 아니다.

64.
마찬가지로 사뜨바(純性)와 라자스(動性)

따마스(暗性)는 아버지도 아들도 아니다.
그것은 소리를 파악하던 자성을 통해서
알고 볼 수 있는 것이 아니기 때문이다.

65.
배우들과 같이 다양한 역할을 하기 때문이라고 한다면
본래의 성품을 들여다보면 그것은 영원한 것이 아니다.
만약 역할이 다르더라도 그 본성은 동일하다고 한다면
그러한 동일성은 이전의 그대 논리에 없던 동일성이다.

66.
만일 역할이 다른 것은 [현상일 뿐] 진실이 아니라면
그것들에서 [어떠한 성품이] 자신의 본성인지 말하라.
'[단순히 대상을 인식하여] 아는 것'이라고 말한다면
결국은 [인식하는] 모든 것이 하나가 돼야 할 것이다.

67.
마음이 있는 것이나 마음이 없는 것이나 결국은 모두
하나가 될 수 있다는 것이니 존재성이 같아지게 된다.
만일 구체적으로 구별되는 그것들이 착각한 것이라면
그때 동일한 공통 기반이 되는 건 무엇이라는 것인가.

그리고 이어지는 게송들은 바이세시카(Vaiśeṣika, 勝論)학파의 자아관에 대한 샨띠데바의 반박입니다. 이들의 관점에 따르면, 자아는 활성화되지 않았기 때문에 내적이며, 실질적이기 때문에 물리적인 실체입니다.

68.
마음이 없는 것 또한 자아가 아니다.
마음 없는 성품이라 항아리 등과 같다.
하지만 마음의 결합 때문에 의식이 있다면
의식이 없다는 것은 결국 파기되는 것이다.

69.
만약 자아가 변하지 않는 것이라고 한다면
그런 경우 마음은 어떻게 작용하는 것인가.
그런 경우라면 의식이 없이 분리되어 있는
허공 또한 자아가 될 수 있게 되는 것이다.

세속적인 자아의 지속성

이어지는 다음 게송들[70~77]은 샨띠데바가 자아의 공성에 대한 반론들을 반박하는 부분입니다. 그중 하나는 만약 자아가 존재하지 않는다면 업의 법칙도 작동할 수 없다는 것에 대한 반박입니다.

70.
만약 [영원불변의] 자아가 존재하지 않는다면
행위가 결과를 맺는다는 것도 합당치 않으며
업을 지은 이후에 당사자가 없어지게 된다면
그것은 '누구의 업이 되는 것이냐'고 한다면

자아의 공성을 반론하고 있는 이 문제의 요점은, 과거 현재 미래에 항상 계속되는 영속적인 자아를 인정하지 않는다면, 그것이 비록 단 한 생의 일이라도 업을 짓는 사람과 그 결과를 받는 사람 사이에는 아무런 연관성이 없게 된다는 것입니다. 따라서 "자아가 없는데, 어떻게 업을 짓는 사람과 업을 받는 사람이 동일한 사람이 될 수 있다는 것인가?"라고 묻는 것입니다. 그리고 만약 그 둘이 동일하지 않다면, 그것은 근본적으로 업의 법칙과 모순된다고 주장하는 것입니다. 업의 원리에 따르면, 자신이 저지르지 않은 행업의 결과는 누구도 받을 수 없습니다. 역으로 자신이 지은 행업의 결과는 그것이 잠재적인 무기無記 상태에 있지 않는 한 어떤 식으로든 자기가 받아야 합니다. 그러므로 업을 짓는 사람과 행업의 과보를 경험하는 사람이 서로 다르다면, 그것은 업의 법칙에 위배된다는 것입니다. 이에 대해 샨띠데바는 다음과 같이 반박합니다.

71.

이미 행한 업과 그 결과의 기반이 다르고
거기에 '자아'라고 하는 것이 없다고 해도
우리 둘 다에게 그 업보가 성립되는 이상
이 같이 논쟁하는 건 무의미한 일 아닌가.

72.

'원인을 내포하고 있는 결과가 있다'고 해도
그 원인을 보는 것은 가능하지 않은 일이다.
단일한 자의식의 흐름(自相續)에 의지하기에
행위자가 경험자가 된다고 조심히 설하셨다.

다시 말해, 행업이 원인이고 과보가 결과라는 것입니다. 하지만 시간의 흐름 속에서 보면, 과거에 행업을 지은 사람과 현재에 그 과보를 받는 사람은 동일한 정체성을 가진 사람이 아닙니다. 굳이 전생을 논하지 않아도 현생의 유아기와 노년기가 동일하지 않은 것과 같습니다. 각각이 서로 다른 특정한 시간 속에 존재하는 것입니다.

시간이 흐름에도 불구하고 동일한 정체성을 계속해서 유지한다는 것은 이와 같이 일상의 세속적 경험과도 모순됩니다. 하지만 그것이 하나의 연속체로 보이는 것은 존재의 단일한 흐름을 공유하고 있기 때문에 가능하며, 그로 인해 동일한 연속체로서의 관계성을 유지하고 있는 것일 뿐 하나로 고정된 실체가 따로 있는 것은 아닙니다. 매 순간 변화를 겪고 있지만 그 속에 기본적인 연속성은 남아있다는 것입니다.

우리의 몸을 예로 들면, 생물학적 관점에서 보면 현재의 모든 세포들은 어릴 때의 세포들과 완전히 다릅니다. 이를 통해 우리는 늙음의 과정을 살펴볼 수 있습니다. 너무나 아름답던 젊음이 주름지고 노쇠해져 볼품없는 늙음이 되는 것입니다. 하지만 그 몸은 일련의 연속성이 있습니다. 그래서 우리는 "내가 어릴 때는 이랬는데! 내가 젊을 때는 저랬는데!"라고 말할 수 있는 것입니다.

마음의 흐름(心相續)에 기반한 일관된 정체성을 만약 시간을 통해 살펴볼 수 있다면, 우리는 그 연속성을 훨씬 더 잘 이해할 수 있습니다. 예를 들어 우리가 만약 전생을 기억할 수 있다면, 지속적인 인격체의 흐름을 훨씬 더 광범위한 시간의 흐름 속에서 말할 수 있을 겁니다. 업과 그에 따른 과보의 상관관계를 말할 수 있는 것은 이와 같은 의식의 연속성(心相續)에 기반합니다.

산띠데바와 같은 중관론자의 입장에서 보면, 본질적으로 존재하는 자아는 없습니다. 자아는 그저 명목상의 관습, 즉 하나의 '이름'일 뿐입니다. 세속에서 이름을 내세워 가설한 것입니다. 예를 들면 저 같은 경우만 봐도 전생에서 이생으로 이어진 특정한 자아에 대해 달라이 라마라는 명목적 정체성, 티벳인이라는 민족적 정체성, 비구라는 종교적 정체성 등이 부여되어 있습니다. 이처럼 한 개인만 놓고 보더라도 자아는 다양한 측면에서 정의될 수 있습니다. 서로 다른 상황과 맥락에 따라 정의된 것이기 때문에 이름이나 지위는 달라도 모두가 하나의 개체에 속한 여러 단면들입니다.

따라서 연속체라는 관점에서 보면, 일면 자아는 항상 지속되는 것이라고 주장할 수도 있습니다. 하지만 순간순간 변하고 있다는 관점에서 보면, 자아는 임시적이고 무상한 것입니다. 두 가지의 경우 모두 그 깊이를 달리한 통찰의 결과로 말한 것이기 때문에, 옳고 그름의 문제가 아니라 존재의 방식을 어떻게 볼 것인가에 대한 문제입니다. 그러므로 연속체라는 관점에서 계속해서 이어지는 연속성을 주장하는 것과 매 순간 변한다는 관점에서 무상성을 주장하는 것은 서로 모순되지 않습니다.

마음과 자아

일부의 중관론자들은 몸과 마음에 기반하여 설정된 명목상의 자아를 인정하고 있는데, 그렇다면 마음으로 정의될 수 있는 자아라는 것이 정말로 있는 것일까요? 실제로 불교의 다양한 학파들 중에는 마음(意識)이 결국 자아라고 주장하는 이들도 있습니다. 예를 들면, 인도의 대논사 바바비베까는 그의 《사택염》에서 "결과적으로 보면, 심의식의 연속체(心相續)인 [제육식第六識]이 곧 자아이다."라고 말합니다. 하지만 귀류-중관론자들은 이 견해를 인정하지 않습니다. 귀류파의 입장에 따르면, 몸의 연속체이든 마음의 연속체이든 가설에 기반한 것은 그 어떤 것도 자아나 인아가 될 수 없습니다. 그래서 샨띠데바는 예를 들어 "마음이 자아라고 한다면, 그중에 어느 것이 자아이고 어느 것이 의식인 것인가?"라고 반문하는 것입니다.

> 73.
> 과거의 [마음도] 미래의 마음도 '자아'는 아니다.
> 그것이 [현재 상태로는] 존재하지 않기 때문이다.
> 그런데도 현재 생겨난 마음을 자아라고 한다면
> 그것이 소멸되고 나면 자아도 사라지는 것이다.

마음(意識)이 자아라면 그것은 과거의 의식입니까? 아니면, 미래의 의식입니까? 과거의 의식은 이미 소멸한 것이고 미래의 의식은 아직 생겨나지 않은 것입니다. 그런데도 불구하고 만약 지금 현재의 의식이 자아라고 한다면, 그 또한 무상한 것이기 때문에 그것이 소멸되면 자아도 역시 사라지게 되는 것입니다. 더불어 마음이 자아라면 주체(能)와 객체(所)라는 개념을 설정하는 것도 불가능합니다.

따라서 자아와 마음을 따로 구분하는 것도 무의미한 일이 됩니다.

상대적인 세계의 긍정

이어지는 게송에서 샨띠데바는 몸통이 겹겹이 싸여 있는 파초과
芭蕉科의 나무들을 베면 그 속은 텅 비어 있다고 말합니다.

> 74.
> 예를 들어 파초의 몸통 부분을 베면
> 속이 비어 아무것도 존재하지 않는다.
> 그와 같이 통찰하여 [현상의 실존성을]
> 찾아보면 자아도 실재하는 것은 아니다.

마찬가지로 색과 수상행식의 오온 중 그 어디에서도 자아를 발견
할 수 없습니다. 찾을 수 있는 것은 자아가 주체적 존재로는 실재
하지 않는다는 것뿐입니다. 즉 자아의 무실존성(空性)만 남는 것입
니다. 결국 실제 자아로 성립될 수 있는 것은 아무것도 없다는 말
입니다.

자아에 대한 이와 같은 중관론자들의 반박에 대해 "그와 같이
만약 자아가 실제로 존재하지 않는다면 의식을 가진 유정 중생들

도 실제로 존재하지 않는다는 것인데, 유정 중생들이 존재하지 않는다면 대체 누구에게 자비를 베푼다는 것인가?"라며 의문을 제기할 수도 있습니다.

75.
만약에 유정들이 실제로 존재하지 않는다면
누구에게 자비를 베푼다는 것이냐고 한다면
결국은 [중생 제도라는] 목적에서 행한 것을
무지로 인해 잘못 알고 곡해한 것일 뿐이다.

앞서 제기한 의문에 대해 샨띠데바는 독립적으로 존재하는 자아가 없기 때문에 독립적으로 존재하는 유정 중생들도 없는 것은 사실이지만, 상대적 진리(俗諦) 안에서는 유정 중생들도 존재한다고 응답합니다. 여기서 샨띠데바가 말하는 '무지'는 우리가 현상을 실유로 파악하게 만드는 '근본적인 무지(無明)'가 아닙니다. 이 구절에서 그가 말하고자 하는 것은 짠드라끼르띠가 그의 《입중론》에서 '우주는 무지한 마음의 산물'이라고 말한 내용과 유사합니다. 이것은 우리가 일상적으로 경험하는 '세속세계(俗諦)'의 유효성 안에서는 자아가 존재한다'는 말입니다. 그러므로 자비를 베풀 수 있는 대상들 역시 실제로 상대세계 안에서 고통받고 있는 그 유정 중생들을 말하는 것입니다.

이에 대한 반박으로 [논쟁의 상대자는 중관론자들의 논리를 역으로 활용하여] "만약 유정 중생들이 존재하지 않는다면 그처럼 자비를 베푼 결과는 누가 받는 것이냐?"라고 질문합니다.

76.
중생이 존재하지 않는데 결과는 누가 받느냐고 하면
사실이기는 하지만 무지로 그와 같이 말하는 것이다.
[자비심이란] 고통을 완전히 소멸하기 위한 것이므로
목적을 잊고서 무지몽매하게 왜곡하진 말아야 한다.

이에 대해 샨띠데바는 질문한 내용은 사실이지만, 그 질문 자체는 논점을 잘못 이해하여 생기는 오해라고 말합니다. 그 질문이 만약 세속적인 유효성을 넘어선 '궁극적인 차원'을 논하는 것이라면, 유정 중생들도 그 실체가 없는 것이 맞다'는 것입니다. 하지만 유정 중생들은 세속세계의 틀 안에서 실제로 고통을 받고 있습니다. 따라서 그들이 고통에서 벗어날 수 있도록 고통의 원인이 되는 무지를 제거하는 데 도움이 되는 깨달음의 길 역시 유효한 것입니다. 실제로 중생들을 구제하기 위해 자비를 베풀 수 있다는 말입니다. 여기서 말하는 '무지', 즉 고통의 원인이 되는 무지는 사건과 사물들을 실유로 파악하는 무지입니다. 요점은 고통과 혼란 등의 근원이 되는 근본적인 무지를 뿌리 뽑는 것이지, 세속적인 현실 세계를 부정하는 것이 아닙니다. 상대적인 인과로 생멸하는 현실의 세계를 부정하는 것이 아니라는 말입니다.

이에 대해 [논쟁의 상대자들은] 그와 같이 만약 세속 세계의 현실이 부정되지 않는다면, 실질적인 용어와 개념들을 통해 나타낼수 있는 객관적이고 독립적인 형태(色)의 사건이나 사물들 역시 세속적으로 인정된다는 것이며, 또한 그것들이 해체(壞滅)되지 않고 계속해서 지속된다는 의미라고 반박할 수도 있습니다.

77.
고통과 수고의 원인이 되는 아만은
자아에 대한 무지로 늘어날 것이다.
'그래도 바꾸기가 힘들다'고 한다면
무아의 수행이 가장 수승한 길이다.

이에 대해 샨띠데바는 그와 같은 방식으로 존재의 형태(色)를 파악하는 것은 실제로 고통의 근원이 되며, 그로 인해 탐진치의 삼독에 빠지게 된다는 말로 응답합니다. 무지로 인해 자아-집착(我執)의 원인이 되는 아만은 점점 더 늘어날 수밖에 없기 때문에, 그와 같이 무지한 마음은 반드시 제거되어야 한다는 것입니다.

그리고 이처럼 존재의 본질을 잘못 파악하게 만드는 무지가 반드시 제거되어야 한다는 것에 동의한다면, 그것이 실제로 가능한 것인지 그리고 그것을 어떻게 실천해야 하는지에 대해서도 자세히 살펴봐야 합니다. 샨띠데바는 이와 같은 무지를 제거할 수 있다고 말합니다. 공성의 통찰을 통해 무지한 마음을 벗어날 수 있기 때문입니다. 자아의 공성을 통찰하는 것은 단지 실재(有)로 파악하던 것을 부정하여 그 이면에 있는 비실재(無)로서 파악하는 것과는 다릅니다. 그것은 실재이든 비실재이든 끝까지 분석해보면 결국에는 자아라는 실체가 없다는 것을 확인하는 것입니다. 더불어 일체의 모든 현상에는 주체적인 실존성이 없다는 것을 확연하게 아는 것입니다. 공성에 대한 명상은 이렇게 확고한 논리를 기반으로 합니다. 또한 이와 같은 방식으로 자아를 실유로 파악하는 무지한 마음을 제거할 수 있습니다.

지혜의 명상

지금부터는 자비심을 명상할 차례입니다. 자비심에 대한 명상은 먼저 일체의 고통받는 중생들을 관상하는 것으로 시작합니다. 주변에 고통받고 있는 특정한 대상을 관상해도 좋습니다. 그런 다음 그 대상에 의식을 집중합니다. 알고 보면 그들도 나와 똑같이 행복은 원하고 고통은 피하고 싶어 하는 존재입니다. 나의 아픔과 고통에 민감한 것처럼 그들의 아픔과 고통에도 충분히 공감하는 마음을 길러야 합니다. 마음에 공감이 가득해지면, 그때는 고통의 근본적인 원인을 상기해야 합니다. 즉 현상을 실유로 파악하는 왜곡된 마음을 관찰하는 것입니다. 왜곡된 마음은 본질이 공합니다. 따라서 공성을 통찰(觀)함으로써 그 마음을 제거할 수 있습니다. 그러므로 공성의 지혜를 개발해야 합니다. 공성의 지혜를 기반으로 자비심을 기르는 것입니다. 공성의 자비심을 개발하는 것이 곧 중생들을 보살필 수 있는 힘을 기르는 것입니다.

처음에는 좋아하고 사랑하는 대상을 중심으로 이와 같은 마음을 기를 수 있습니다. 그런 다음, 그 대상을 점점 더 확장해 나가도록 합니다. 그리고 점차로 싫어하고 미워했던 대상에게도 적용될 수 있는지 살펴보면서 범위를 조금씩 더 확대해 나가야 합니다. 나아가 나를 괴롭히고 해롭게 했던 대상에게까지도 가능한 것인지 조심스럽게 살펴봐야 합니다. 그들의 심정을 살펴야 합니다. 그들도 결국은 나와 똑같이 행복을 원하고 고통은 피하고 싶어 한다는 것을 알아야 합니다.

모두가 똑같이 행복은 원하고 고통은 피하고 싶어하는 본능적인 열망으로 가득하기 때문에, 그에 따라 일체의 모든 중생들을 향한 공감대를 형성함으로써 강력한 자비심을 개발할 수 있습니다. 처음에는 친구를 대상으로, 그 다음에는 중립적인 사람을 대상으로 그리고 나아가서 적들을 대상으로 하여 그 마음을 점점 더 넓혀가야 합니다. 가까이에 있는 대상부터 시작해 점점 더 넓게 확장하는 것입니다. 처음부터 너무 먼 곳만 바라보면 오히려 주변을 소홀히 할 수 있습니다. 실질적인 도움의 손길이 필요한 내 주변을 외면할 수도 있다는 말입니다. 그러므로 주변부터 조금씩 실질적인 자비심을 개발하며 그 범위를 확장해 나가야 합니다.

09

현상(法)의 본질

본송의 해설

전체와 부분

이어서 샨띠데바는 현상(法)의 무아와 무자성을 논하기 위해 먼저
신수심법의 사념처四念處[40]를 설명합니다. 첫 번째로 그는 우리 몸
의 본질(身念處)에 대해 살펴봅니다. 이것은 신체의 일반적인 특성
과 구체적인 특성을 두루 탐구하는 것입니다. 예를 들면 노화의
과정을 살펴보는 것(白骨觀)이나 신체를 구성하는 부정한 요소들을
살펴보는 것(不淨觀)들이 있습니다. 이에 대해서는 더 이상 구체적
으로 설명하지 않겠습니다.

　일반적으로 소승경전에서는 신념처身念處의 명상이 자기 몸의
본질을 통찰하는 방식이라고 말합니다. 하지만 이것은 자신만을
관찰하는 소승적 방식입니다. 만약 신념처와 그 나머지 염처들(受
心法)의 대상을 모든 중생들로 확장할 수만 있다면, 그것은 곧 대승
보리도가 됩니다. 또한 신수심법의 사념처를 대상으로 공성을 수
행하게 된다면, 이것은 진제에 초점을 맞추는 유념(念處)[41] 명상이
될 수 있습니다.

　《입보리행론》은 이들 사념처의 공성에 대한 명상법을 체계적으

로 설명합니다. 예를 들어 인간의 몸을 보면, 팔다리와 머리 등과 같은 여러 부분들로 구성되어 있습니다. 또한 그 각각이 조합을 이룬 전체도 있습니다. 일반적으로 '몸'이라고 생각하면, 적어도 표면적으로는 마치 형상을 가진 단일한 실체인 양 우리 마음에 나타납니다. 우리는 보통 이와 같이 습관화된 관점을 바탕으로 몸의 다양한 부분과 특징들에 대해서 말을 합니다. 다시 말해 본질적으로 존재하는 몸이 있다고 느끼기 때문에, 그에 따른 부분들에 대해서도 말을 합니다. 하지만 우리가 몸이라고 생각하는 그 부분들에서 실제로 몸이라는 것을 찾는다면, 결국은 찾을 수 없다는 것을 깨닫게 될 것입니다. 이것이 다음의 게송들이 의미하는 것입니다.

78.
몸은 다리나 종아리가 아니다.
허벅지나 허리도 몸이 아니다.
복부나 등어리도 몸이 아니며
가슴이나 양팔도 몸이 아니다.

79.
늑골과 양손도 몸이 아니며
겨드랑이 어깨도 몸 아니며
내장들도 역시 몸이 아니며

머리와 목도 몸이 아니라면
이들 중에 몸이란 무엇인가.

일반적으로 우리는 몸이 하나의 실체라는 개념을 가지고 있습니다.
따라서 그 몸을 귀하고 소중하게 여기는 경향이 있습니다. 하지만
자세히 살펴보면, 몸은 다리나 종아리도 아니고 허벅지나 허리도
아닙니다. 복부나 등도 아니고 가슴이나 양팔도 아닙니다. 또한 늑
골과 양손도 아니고 겨드랑이와 어깨도 아닙니다. 내장들도 아니고
머리와 목과 같은 부분들도 아닙니다. 그렇다면 '몸'은 도대체 어디
에 있는 것입니까? 몸이 만약 개별적인 부분들로 정의되지 않는 것
이라면, 단일한 실체로서의 몸이라는 개념도 성립될 수 없습니다.

80.
만약 이 몸이 그 모든 것들 중에
어느 한 부분에 머무는 것이라면
부분은 부분에 머물 수가 없는데
그 자체는 어디에 머무는 것인가.

81.
만약 자신의 전체 몸이
손 등에 머무는 것이면

손 등의 수가 얼마이건
그만큼의 몸이 되리라.

만약 몸이라는 단일한 실체가 개별적인 부분과 동일한 것이거나
혹은 분리되어 존재하는 것이라면, 그만큼의 몸이 따로 존재한다
는 의미가 됩니다. 그래서 샨띠데바는 몸은 개별적인 부분들과 동
일한 것도 아니며, 그들과 따로 떨어져 독립적으로 존재하는 것도
아니라고 말합니다.

82.
내부나 외부 경계에도 몸이 없다면
어찌 손 같은 곳에 몸이 존재하리요.
양손들 이외에 다른 곳에도 없다면
그건 어떤 식으로 존재하는 것인가.

83.
그러므로 몸이 존재하지 않는 손 등에 대한
미몽으로 각각을 몸이라고 인식하는 것이다.
형태의 배열을 구체화하여 [차곡히 쌓아 둔]
돌무더기를 사람이라고 착각하는 것과 같다.

주의 깊게 살펴보면, 우리가 몸이라고 여기는 것의 본질은 다양한 부분들의 집합체(蘊)를 실체인 양 가설한 하나의 관념에 불과한 것입니다. "그러면 몸이란 도대체 무엇입니까?" 그것은 형태의 배열을 구체화하여 차곡차곡 쌓아 놓은 돌무더기를 사람이라고 착각하는 것과 같습니다.

산띠데바는 이와 같이 적절한 조건들과 필요한 요소들이 모여서 결합되어 있는 동안은 그것을 사람이라고 여기는 감각을 갖는다고 말합니다. 이와 같은 감각을 기반으로 세속적으로 몸이라는 관념이 생겨난 것입니다.

84.
조건들이 모여서 결합되는 한
몸은 사람처럼 나타날 것이다.
그와 같이 손 등이 [결합되어]
존재하는 한은 몸도 나타난다.

하지만 만약 몸이라는 용어의 실질적인 근거를 찾는다면, 결국은 아무것도 찾을 수 없습니다. 결론적으로 몸은 속제의 틀 안에서만 구성되는 것입니다. 따라서 몸은 그 실체가 따로 있는 것이 아니라 다양한 원인과 조건들에 의존해야만 나타나는 것입니다.

이와 같은 분석은 몸의 개별적인 부분들에도 그대로 적용됩니다. 몸의 각 부분들 역시 또 다른 부분들이 결합된 것을 하나의 실체인 양 가설한 것이기 때문입니다.

85.
그와 같이 손가락들의 집합이기 때문에
손도 역시 무언가가 될 수 있는 것이다.
손은 또 손마디들의 집합이기 때문이며
마디 역시 자체를 분할하면 나누어진다.

86.
그 부분들도 역시 입자로 나누어지고
그 입자들도 또한 방면으로 나눠지며
나눠진 방면도 다시 분할되어 마침내
허공과 같아 입자도 존재하지 않는다.

분석해보면 손 역시 손가락 등과 같은 다양한 부분으로 구성되어 있습니다. 다른 요소들에 의존하고 있는 것입니다. 따라서 본질적이지도 않고 독립적이지도 않습니다. 만약 손 자체를 찾기 위해 손을 해체한다면, 그 순간 손이라는 형태는 사라지고 개념도 사라집니다. 손을 찾기 위해 손을 분리했는데 손 자체가 사라지는 것입니다. 마찬가지로 손을 구성하던 손가락도 분석하면 그 형태와 개념이 사라집니다. 이와 같이 몸 자체이든 몸을 구성하는 부분들이든 그 어떤 것도 분석하면 형태와 개념이 사라지게 됩니다. 실체가 없는 것입니다.

나아가 그 부분들을 입자나 원자 등과 같은 최소 단위의 요소(極微)들로 분할하고 그 요소를 다시 시공간적인 개념을 담은 방方과 면面으로 분할한다고 해도, 결국에는 허공과 같아서 아무것도 발견할 수 없습니다. 결국 정신적으로 가설한 시공간의 개념만 남게 되고 그 마저도 끝내는 아무것도 남지 않게 됩니다. 물질적인 특징을 가지려면 부분이 있어야 합니다. 하지만 그 부분들이 사라진 것입니다. 그리고 그 부분들을 가설한 시공간의 개념도 방과 면으로 분할되면 그 실체가 사라집니다. 공성 이외에는 아무것도 남아있지 않습니다.

일반적인 관념에서 보면 사건과 사물들은 독립적이고 객관적인 형태로 나타납니다. 하지만 그와 같은 현상의 본질을 살펴보면 결국 실질적으로 남아있는 것은 아무것도 없다는 것(無自性)을 알 수 있습니다.

87.
그와 같이 허공에 투사된 꿈과 같은
형색을 분석하면 누군들 집착하리요.
이에 그 몸이 실체가 없는 것이라면
남자는 무엇이고 여자는 무엇이던가.

따라서 분노와 애착의 대상에도 절대적인 것은 아무것도 없습니다. 궁극적인 의미에서 보면, 바람직한 것도 없고 완벽한 것도 없으며, 바람직하지 않은 것도 없고 부족한 것도 없습니다. 그러므로 사건과 사물들에 극단적인 감정으로 대처해야 할 아무런 기반이나 이유가 없습니다. 분석해보면 몸이라는 것에 그 실체가 없는 것처럼, 또한 분석해보면 성별이나 인종 등에도 아무런 실체가 없습니다. 그런데도 우리는 분별하고 차별합니다. 성과 인종을 차별하며 극단적이고 폭력적인 감정을 일으키는 것은 왜입니까? 무엇을 기반으로 그와 같은 차별심을 나타내는 것입니까?

사물의 존재방식

우리 마음에 오고 가는 감정적 현상들과 그에 따른 경험들을 분석해보면, 보통은 모든 사건과 사물들이 마치 독립적이고 객관적인 실체인 양 나타납니다. 증오와 같은 부정적인 감정은 특히나 더 그렇습니다. 감정을 대상화하고 그렇게 대상화된 감정 자체를 아주 굳건한 실체인 양 더욱 선명하게 나타나도록 구체화하는 것입니다. 하지만 그러한 형태의 굳건한 대상이 실제로 존재하는 것은 아닙니다. 그것은 감정이기 때문입니다. 하지만 "그것이 실재하지 않는 것이라면, 결국 그것은 존재하지 않는다는 의미 아닌가?"

라고 반문할 수도 있습니다. 그렇지 않습니다. 그와 같은 대상들은 존재합니다. 문제는 그 대상들의 '존재여부'가 아니라 '존재방식'입니다. 존재는 하지만 우리가 인식하는 방식 그대로 존재하는 것은 아니라는 말입니다. 그들은 조건 없이 홀로 존재하는 본질적인 것이 아닙니다. 그들의 궁극적인 본질은 무자성이며 공성입니다. 실체가 없습니다. 조건들의 결합을 통해 잠시 실체화된 것일 뿐, 그 자체가 본질적인 것은 아니라는 말입니다.

우리가 사용하는 용어와 개념들의 진실한 근거를 찾기 위한 분석의 과정은 그렇게 복잡하지 않습니다. 그리고 그와 같은 과정을 통해 사건과 사물들은 본질적인 실체가 없는 것이라는 결론에 도달하는 일도 그렇게 어렵지 않습니다. 하지만 이와 같이 분석을 통해 도달한 현상의 무실존성은 궁극적인 공성이 아닙니다. 분석을 통해 일단 사건과 사물들의 무실존성이 확인되면, 그 다음은 실증적인 수행을 통해 그들의 본질적인 존재방식을 탐구해야 합니다. 그러면 존재는 상대성(相互依存性) 안에서 이해되는 것임을 깨닫게 될 것입니다. 이처럼 존재는 원인과 조건에 의존하는 것이며 또한 가설된 것이라는 사실을 알면, 그와 같은 사건과 사물들에 실질적인 독립성이나 자기결정권이 없다는 것을 깨닫게 될 것입니다. 다른 요소들에 의존하는 그들의 본질을 분명히 알게 되는 것입니다. 무언가가 존재한다면, 그것은 다른 요소들에 의존하는 것입니다. 결코 독립적일 수 없습니다. 독립성과 의존성은 서로 배타적입니다. 그 외에 제 삼의 가능성은 없습니다.

　중요한 것은, 단순히 분석해 보면 그 실체를 찾을 수 없다는 이유만으로 중관론자들이 사건과 사물들에 실유성이 없다고 말하는 것은 아니라는 점입니다. 이것은 완전한 설명이 아닙니다. 중관론자가 사건과 사물들에 실유성이나 자성이 없다고 말하는 것은 그들의 의존성 때문입니다. 사건과 사물들이 그 존재성을 드러내려면 반드시 다른 요소들에 의존해야 합니다. 이것이 바른 전제입니다. 이와 같은 논리는 현상의 상호의존성(相對性)을 인정하는 것이기 때문에 허무에 빠진 단견을 제거하는 것입니다. 또한 현상의 실유성을 부정함으로써 절대에 빠진 상견을 제거할 수 있습니다. 양변을 동시에 제거할 수 있는 것입니다.

　부처님께서는 경전에서 '조건들에 의존하여 존재하는 것은 무엇이든 불생不生의 본질을 가지고 있다'고 말씀하셨습니다. 여기서 말하는 불생의 의미는 무엇입니까? 확실한 것은 토끼의 뿔(兎角)과 같이 비실재(無)적인 것들에 대한 불생을 말하는 것이 아니라는 것입니다. 또한 세속적인 차원에 나타나는 사건과 사물들의 발생을 부정하는 것도 아닙니다. 이에 중관론자들이 말하고자 하는 것은 조건들에 의존하는 일체의 모든 현상은 공성의 본질을 가지고 있다는 것입니다. 다시 말해, 다른 요소에 의존하는 것들은 그 자체의 독자적인 본성이 결여(無自性)되어 있으며, 그러한 무자성의 본성이 곧 공성이라는 것입니다.

나가르주나는 《중론근본송》에서 '연기緣起하여 발생하는 사건과 사물들은 공한 것이며, 의존적으로 가설된 것'이라고 말합니다. 그리고 연기법이 바로 상견과 단견의 양변을 넘어선 중도의 길이라고 말합니다. 이 내용은 다음 게송으로 연결됩니다.[42]

> 왜냐면 의존하여 발생하지 않는
> 현상은 아무것도 없기 때문이다.
> 그러므로 공하지 않은 현상들은
> 실로 아무것도 존재하지 않는다.

나가르주나의 결론은, 공하지 않는 것들은 아무것도 없으며, 의존하여 발생(緣起)하지 않는 것은 아무것도 없다는 것입니다. 여기서 우리는 공성과 연기법의 등식等式을 볼 수 있습니다. 공성과 연기법이 서로 다르지 않다는 말입니다.

그러므로 사건과 사물들의 무실존성을 다루고 있는 《입보리행론》의 게송들을 읽을 때는 허무(斷見)에 빠지지 않는 것이 중요합니다. 현상의 본질이 그렇다는 것인데, 마치 보이는 현상들을 부정하는 것처럼 곡해하여 아예 아무것도 존재하지 않는다고 말하는 것은 분명 잘못된 결론입니다. 그것은 극단적인 견해(斷見)입니다. 이와 같은 극단적인 견해는 배제되어야 합니다.

지혜의 개발

지적인 이해를 넘어

공성에 대한 완전한 깨달음과 공성을 지적으로 이해하는 것은 다릅니다. 공성을 지적으로 이해한 경우는 사물의 연기법에 대한 인식이 여전히 남아있습니다. 나가르주나의 《집경론》[43]에 인용되어 있는 경전에서, 부처님께서는 '공성을 명상하는 데 있어서 "이것이 공성이다!" "이것이 실유이다!" 같은 긍정적인 요소가 조금이라도 개입된다면, 그것은 여전히 분별의 그물에 사로잡혀 있다는 것을 나타낸다'고 말씀하셨습니다. 공성에 대한 명상이 직접적인 경험으로 전환되면, 그 속에서는 인식의 내용물들이 완전히 부정될 수밖에 없습니다. 실유성이 완전히 부정된 궁극적인 삼매 상태에 머물게 되는 것입니다. 완전한 명상의 상태(空性三昧)에서는 모든 것이 부정되기 때문에 긍정할 만한 요소들이 전혀 남아있지 않는 것입니다. [여기서 긍정(有爲)과 부정(無爲)은 옳고 그름의 문제가 아니라 실유성이 있는지 없는지에 대한 문제입니다.][44]

하지만 공성을 지식으로 이해하더라도 그것이 가장 깊은 차원에서 이루어진 것이라면, 그때는 실재(有)와 비실재(無) 혹은 존재

(有)와 비존재(無)에 대한 개념 자체가 뒤바뀌는 경험을 하게 될 것입니다. 이 단계에서는 이전에 아주 익숙했던 대상들조차도 그것들을 대하는 태도나 바라보는 방식이 달라진다는 것을 알게 될 것입니다. 그 대상들의 환과 같은 본성을 보게 되는 것입니다. 즉 독자적으로 견고하게 존재하는 것처럼 보였던 현상들이 그와 같은 방식으로 존재하지 않는다는 것을 깨닫게 되는 것입니다. 이것은 공성에 대한 이해가 실질적인 경험으로 다가오고 있다는 것을 나타냅니다. 인식하는 대상들이 환과 같다고 하는 것은 이런 경우를 말합니다. 사실 공성에 대한 깊은 깨달음을 얻게 되면, 이와 같은 관점을 얻기 위해 따로 애쓸 필요도 없습니다. 공성을 실증적으로 경험하고 그에 대한 심오한 깨달음을 얻게 되면 그와 동시에 사물들이 저절로 환과 같아 보이기 때문입니다.

공성에 대한 이해가 깊어짐에 따라 공성에 대한 경험이 완전해지면, 연기법을 통해 현상의 공성을 확인하게 되는 것은 물론 역으로 세속적 차원의 인과법에 대한 확신도 더욱 공고해집니다. 이와 같은 방식으로 공성과 연기법에 대한 이해는 서로 보완되고 강화되어 실증적인 깨달음을 얻을 수 있도록 강력한 힘을 발휘하는 것입니다.

하지만 주의해야 할 것은, 공성에 대한 이해가 깊어짐에 따라 문득 완전한 깨달음의 문턱을 넘어선 듯한 착각에 빠질 수도 있다는 것입니다. 공덕을 쌓는 자량도의 단계에서 얻을 수 있는 공성에 대한 이해는 여전히 추론(比量)에 의한 것입니다. 공성에 대한 이해를 더욱 깊이하기 위해서는 마음을 한곳에 집중(心一境)하는 수행(禪定)이 필요합니다. 이 경우 의단을 통한 분석적인 방법을 통해서도 마음을 집중할 수 있지만, 더욱 효과적이고 빠른 방법은 먼저 마음을 차분히 가라앉힌 다음 그 안정성(止, śamatha)을 활용하여 현상의 본질인 공성을 관조(觀, vipaśyanā)하는 것입니다. 어떤 경우든 마음의 평정(止)이 먼저 이루어져야 합니다. 일단 마음의 평정을 이루게 되면 그 안정성을 기반으로 공성에 대한 명상을 이어갈 수 있습니다. 이와 같은 방식으로 결국에는 지止와 관觀이 합일되는 경지에 이르게 됩니다.

이와 같은 자량도의 수행을 통해 깨달음을 예비하는 '가행도'에 도달할 수 있습니다. 이때부터 공성을 수행하는 동안 이원론적인 현상이 점차 줄어들게 됩니다. 이원론적인 현상이 해체되는 과정은 분별이 사라지는 상태를 직접(現量)적으로 경험하는 공성의 깨달음이 이루어지는 순간 그 정점에 도달하게 됩니다. 현상을 실유로 파악하는 이원론에서 벗어난 상태가 바로 진실한 깨달음의 상태인 견도見道입니다. 이 경지에 이른 수승한 존재를 성자(ārya)라고 합니다.

견도는 번뇌와 망상이 소멸되는 멸제의 경지에 도달한 결과입니다. 이때가 바로 불법승 삼보 중에 법보에 대한 귀의가 진정으로 이루어지는 때입니다. 오직 이 단계에서만 제대로 법보에 귀의할 수 있는 기회가 생기는 것입니다. 하지만 완전한 깨달음(究竟菩提)을 위해서는 여전히 더 수행해야 합니다. 이 단계를 수도修道라고 합니다. 대승의 보살도에서는 처음의 두 단계인 자량도와 가행도에서 첫 번째 무량겁의 공덕을 쌓아야 합니다. 그런 다음, 제7지 보살의 경지에 이르게 되면, 그때야 비로소 견도가 시작되는데 거기서 다시 두 번째 무량겁의 공덕을 쌓아야 합니다. 그리고 제8지 보살의 경지(不動地)에 이르게 되면, 마침내 모든 번뇌와 망상을 넘어서게 됩니다. 이후의 과정(修道)에 속하는 제9지(善慧地)와 제10지(法雲地)의 경지까지는 번뇌와 망상에서 자유롭기 때문에 모두 다 청정한 경지들입니다. 이 세 단계의 청정한 경지에서 또 다시 세 번째 무량겁의 공덕을 쌓아야 합니다. 무려 삼무량겁의 공덕을 쌓아야 공성에 대한 완전한 깨달음을 이룰 수 있다는 것입니다. 하지만 자비심을 기반으로 진정한 깨달음을 구하는 이들은 이 무량겁의 세월이 결코 길어 보이지 않을 것입니다.

그리고 제10지 마지막에 이르면 공성에 대한 궁극의 지혜가 발현되고 번뇌와 망상으로 가득했던 이전의 모든 습기마저 완전히 제거되는 경지에 이릅니다. 그리고 그 정점에서 완전한 일체지의 상태인 '붓다의 경지(無學道)'가 성취되는 것입니다.

의지와 용기의 중요성

이와 같은 다섯 가지 수행 차제(五道)를 통해 알 수 있는 것은 깨달음을 이루는 데도 체계적인 계획이 필요하다는 것입니다. 아무런 계획없이 무턱대고 길을 가서는 안 됩니다. 방향을 잃고 어둠 속을 헤매게 될 것입니다. 전제적인 수행의 과정을 살펴보는 것과 무량한 겁들 동안 공덕의 자량을 쌓아야 하는 것에는 분명한 관계성과 방향성이 있습니다. 수행자들은 이 점을 분명히 알고 그 목표에 집중해야 합니다. 그리고 그 길을 완주하겠다는 의지(誓願)를 가지고 용기를 내어 실천해야 합니다. 더불어 금강승의 밀교(tantra)을 통해 그 수행의 내용을 보완할 수만 있다면 더 없이 좋은 성취법이 될 것입니다.

하지만 단지 삼무량겁의 수행이 필요하다는 이유로 스스로 낙담하고 용기를 잃어 좀더 쉽고 빠른 밀법의 길만 찾는다면 그 또한 바른 태도는 아닙니다. 중요한 것은 그것이 삼무량겁의 세월이 걸리는 일이라도 자타의 완전한 깨달음을 이루기 위해 의지와 용기를 잃지 않는 것입니다. 이와 같은 의지와 용기를 가지고 금강승의 길에 들어선다면 밀교는 공성의 깨달음을 이루기 위한 강력한 기반(方便)이 되어줄 것입니다. 그렇지 않으면 아무리 애써도 결국은 허망하게 무너질 모래성을 쌓는 일이 되고 말 것입니다. 물론 밀교를 활용하는 것은 철저히 개인적인 근기에 달려있습니다. 그러므로 자신의 근기에 맞는 방법을 찾아 의지와 용기를 가지고 열심히 정진하는 것이 중요합니다.

이것은 당연히 제 개인적인 경험에 근거한 것입니다. 저도 한때는 삼무량겁이라는 세월이 너무나 길게 느껴진 적이 있습니다. 상상할 수도 없는 삼무량겁의 틀 속에서 무한한 정진의 세월을 보내는 것이 거의 불가능에 가까워 보였기 때문입니다. 그보다는 밀교의 길이 훨씬 쉬워보였던 것도 사실입니다. 확실히 밀교의 길은 빠르고 강력합니다. 그래서 특별히 더 끌리는 면이 있습니다. 하지만 시간이 흐르면서 저의 마음도 조금씩 바뀌기 시작했습니다. 현교적인 방식에 점점 더 관심을 두게 되었고, 그 길에서 자비심을 개발하고 공성의 지혜를 나눔으로써 대승에 대한 이해를 좀더 깊이 하게 되었습니다. 이와 같은 회향이 점점 더 유익한 결과를 맺기 시작하면서 이타중생의 의지와 용기는 더욱 깊어졌으며, 따라서 삼무량겁의 세월도 결코 길어 보이지 않게 되었습니다. 용기 내어 힘차게 정진하는 일만 남은 것입니다.

본송의 해설

다음은 감각의 공성을 살펴보는 수념처受念處에 대한 명상입니다. 샨띠데바는 다음의 게송들을 통해 감각에 대한 공성을 살펴봅니다.

88.
만약 고통 자체가 실제로 존재하는 것이라면
어떻게 그것은 안락을 방해하지 않는 것인가.
안락이 존재한다면 슬픔과 고통 등의 경험에
재미 등은 어찌하여 즐거움을 주지 못하는가.

89.
더 강한 힘(受)에 압도되어 있기 때문에
그것이 경험되지 않는 것이라고 한다면
그렇다면 경험 자체가 안 된다는 것인데
그때 감각은 어떤 방식으로 존재하는가.

90.
고통의 감각이 미세한 상태로 남아있게 된다면

그에 대한 거친 감각(痛感)은 제거된 것 아닌가.
그것은 오히려 다른 형태의 기쁨이라고 한다면
하지만 미세한 상태는 여전히 그대로 남아있다.

91.
만약 그와 상반되는 조건이 생겨난다면
고통은 생겨나지 않을 것이라고 한다면,
그것은 감각을 실재하는 것처럼 분별한
것이므로 성립이 될 수 없는 것 아닌가.

만약 아픔과 고통의 느낌이 따로 독립적으로 존재한다면, 그것들
은 다른 요소에 의존하지 않는 것입니다. 따라서 그와 같은 느낌이
즐거운 경험을 하는 것도 불가능해집니다. 마찬가지로 행복이 따
로 독립적으로 존재한다면, 슬픔이나 아픔 혹은 질병 등의 경험은
걱정하지 않아도 될 것입니다. 또한 기쁨이나 즐거움이 본질적으
로 존재하는 것이라면 비극적인 상황이 눈앞에 펼쳐져도 여전히
평소에 하던 대로 잘 먹고 잘 누리며 편안하게 느낄 것입니다.

　느낌은 감각(受)을 본질로 하기 때문에 상대적인 상황에 따라
존재하는 것입니다. 경험적으로 보면, 특정한 느낌은 또 다른 느낌
으로 압도될 수 있습니다. 예를 들어 우리가 만약 강력한 슬픔에
사로잡히면, 그러한 느낌은 우리의 경험 전체에 스며들어 어떠한

즐거움도 못 느끼게 할 수 있습니다. 마찬가지로 강렬한 기쁨을 느끼게 되면, 그러한 느낌이 우리의 경험 전체에 스며들어 아무리 불안한 일이라도 걱정하지 않게 됩니다.

하지만 만약 그 모든 느낌의 근간을 이루는 것이 감각(受)이라는 독립적인 하나의 사건이라고 주장한다면, 이에 대해 중관론자들은 그 사건(受)은 원인이나 조건들과 같은 또 다른 요인들에 의존하고 있는 것일 뿐이라고 반박합니다. 감각이 독립적으로 존재한다는 생각은 허구이거나 환상일 뿐이라는 것입니다. 좋은 느낌이나 나쁜 느낌 혹은 중립적인 느낌 외에 따로 독립적으로 존재하는 감각은 없습니다. 모든 감각은 이 세 가지 느낌 중 어느 하나에 속합니다.

이와 같은 방식을 통해 실유의 현상(受)을 부정하는 샨띠데바는 이어지는 게송을 통해 현상을 실유로 파악하는 것에 대한 대치법이 필요하다고 말하는데, 특히 감각을 실유로 파악하는 것에 대한 대치법으로써 분석의 지혜를 수행해야 한다고 강조합니다.

92.
그렇기 때문에 그것의 대치법인
분석의 지혜를 수행해야만 한다.
철저히 분석한 연후에 들어가는
선정은 요가 행자들의 양식이다.

감각(受)의 공성에 마음을 집중(心─境)하는 명상은 공성을 통찰하
게 만드는 수행자의 양식과 같습니다. 앞에서 샨띠데바는 먼저 마
음을 한곳에 집중하는 지止를 개발하여 선정삼매를 이루고 그리
고 지에 기반한 통찰의 관觀을 행하라고 말합니다. 그런 다음 지와
관의 합일을 통해 공성에 초점을 맞춘 심오한 요가를 수행할 수
있다고 말합니다. 그래서 감각의 공성을 명상할 때도, 분석적인 수
행을 통해 들어가는 선정은 '요가 행자들의 양식'이라고 말하는 것
입니다.

한편 다음 게송을 통해 밝힌 것처럼, 감각(受)은 그 원인인 접촉
(觸)을 통해 발생합니다.

93.
만일 감각의 대상들에 틈(間)이 있다면
그들은 어디에서 만날 수 있는 것인가.
틈이 없다면 [결국은] 하나라는 것인데
무엇이 무엇을 만날 수 있다는 것인가.

하지만 좀더 철저하게 분석해보면 접촉(觸)이라는 것도 사실 절대
적인 의미에서 존재하는 것은 아닙니다. 상대적이라는 말입니다.
위의 게송은 접촉의 본질에 대한 분석입니다. 정신적인 요소인 접
촉(觸)은 감각기관과 감각대상의 만남으로 정의됩니다. 감각의식,

감각대상, 감각기관이 모두 함께 할 때 생겨나는 것입니다. 그래서 샨띠데바는 "만일 감각의 대상들에 틈(間)이 있다면, 그들은 어디에서 만날 수 있는 것인가? 또한 틈이 없다면 결국은 하나라는 것인데 무엇이 무엇을 만날 수 있다는 것인가?"라고 묻는 것입니다. 예를 들면 만약 두 개의 최소 입자(極微)가 완전히 뭉쳐진다면 그 둘은 동일한 것이 되기 때문에 둘을 따로 구분할 수 없는 것과 같습니다. 그래서 다음과 같은 게송들을 말하는 것입니다.

94.
극미는 극미에 들어갈 수가 없다.
그것은 틈이 없이 똑같은 것이다.
들어가지 못해 섞일 수도 없으며
섞이지 못하므로 만날 수도 없다.

95.
부분이 없는데도 만날 수 있다고 한다면
어떻게 논리적으로 합당하다고 하겠는가.
부분 없이 만난 경우나 부분이 없는 것을
만약에 본 적이 있다면 보여주기 바란다.

그뿐만 아니라 샨띠데바는 의식은 물질적인 것이 아닌데 물질과 접촉한다고 하면 말이 되지 않는다고 말합니다. "도대체 무엇이 의식과 접촉할 수 있다는 것인가?"라고 묻는 것입니다.

96.
의식은 몸이 없는 것인데도
접촉한다면 합당하지가 않다.
결합 또한 실재할 수 없음은
앞서 이미 분석한 바와 같다.

97.
이와 같이 접촉이 존재하지 않는다면
감각은 또 어디에서 생겨나는 것인가.
무엇 때문에 이렇게 고생하는 것이며
무엇이 무엇을 해롭게 한다는 것인가.

본질적이고 절대적인 통감痛感은 있을 수가 없습니다. 그런데 어떻게 그것이 우리를 해롭게 할 수 있겠습니까? 따라서 감각 자체의 본질이나 접촉의 원인과 조건들을 분석해보면 본질적으로 실재하는 감각이나 느낌은 없다는 것을 알 수 있습니다. 결론은 그들은 다른 요인에 의존할 때만 존재하며, 그 어떤 것도 독립적이거나 본질적으로 존재할 수 없다는 것입니다.

이러한 분석을 통해 우리는 감각의 대상도, 감각의 경험자도 결국은 진실로 존재하는 것이 아니라는 아주 중요한 결론에 도달하게 되었습니다. 일단 이와 같은 진실을 깨닫게 되면 다음은 애착 (愛)을 벗어나기 위한 단계입니다. 이것은 다음의 게송에서 살펴볼 수 있습니다.

> 98.
> 아무런 감각의 주체가 없다면
> 감각도 역시 존재하지 않는다.
> 지금 이 순간 이것을 보면서도
> 왜 애착을 버리지 않는 것인가.

샨띠데바는 감각 주체가 없다면 감각 자체도 존재할 수 없다고 말합니다. 감각이 독립적으로 존재한다고 주장할 수 있는 근거가 없기 때문입니다. 감각과 동시에 일어나는 의식이나 마음은 사실 감각을 자율적으로 인식할 수 없는 것입니다.

> 99.
> 마찬가지로 시각과 촉각도 역시
> 환몽과 같은 자기본성을 지닌다.
> 마음은 동시에 발생하기 때문에

그 감각은 볼 수가 없는 것이다.

100.
이전에 생겼고 이후에 생길 것이라도
기억되는 경험은 현재의 것이 아니다.
자체적으로도 경험될 수 없는 것이며
다른 것으로도 경험되지 않는 것이다.

101.
어떠한 감각 주체도 존재하지 않으며
따라서 감각 자체도 존재하지 않는다.
그런데도 자아가 부재한 이 집합체에
감각이 어떻게 해롭게 한다는 것인가.

이전에 발생한 감각이든 이후에 발생할 감각이든 그 감각을 인식
하는 의식은 각각 과거와 미래의 것이지 현재의 감각이나 현재의
감각을 인식하는 의식은 아닙니다. 이전의 순간들은 더 이상 현존
하지 않으며 오직 그때의 감각이 기억으로만 남아있습니다. 이후
의 순간들 역시 회상을 통해 만들어지는 기억일 뿐입니다. 이 또한
현존하는 것이 아니라 회상하던 그때의 기억으로만 남아있는 것입
니다. 더불어 그와 같은 감각을 느끼는 경험 주체도 없습니다. 결

론은 감각이나 느낌은 독립적인 실체가 없다는 것입니다. 이와 같이 감각의 무실유성 혹은 무자성을 통찰함으로써 수념처의 명상을 완수할 수 있습니다.

마음의 공성에 대한 유념

다음은 심념처心念處에 대한 명상입니다. 이에 대한 명상은 정신적인 의식(心)의 실유성이나 독립성을 부정하는 것에서 시작합니다.

102.
의식은 감각기관에 존재하는 것도 아니고
색 등에도 아니고 그 중간에도 있지 않다.
내부에도 심의식은 없고 외부에도 없으며
다른 것에서도 찾을 수 있는 것이 아니다.

103.
그것은 몸에도 없고 다른 곳에도 없으며
섞이지도 않고 분리가 되는 것도 아니다.
그것은 어디에도 존재하지 않는다. 고로

유정 중생은 본래의 자성이 곧 열반이다.

마음은 몸 안이나 몸 자체 또는 그 사이 어딘가에서 온전하게 존재할 수 있는 것이 아닙니다. 또한 몸과 따로 떨어져 완전히 독립적으로 존재할 수도 없습니다. 완전한 실체를 가진 마음은 존재할 수 없기 때문입니다. 실유성이 없는 것입니다. 따라서 이와 같은 마음의 본성을 깨달을 때 해탈 열반의 가능성이 열립니다.

우리 모두가 의식이 존재한다는 것을 경험적으로 알고 있지만, 그 의식을 찾기 위해 앞서 몸을 찾기 위해 분석했던 것과 마찬가지 방식으로 이전 순간이나 이후 순간의 마음의 흐름(心相續)에서 그것을 분석하여 살펴본다면, 단일한 실체로서의 의식이 있다고 믿었던 생각은 점점 사라지기 시작할 겁니다. 분석하면 할수록 의식의 실유성이 사라지게 되기 때문입니다. 실제로 존재한다고 믿었는데, 알고 보니 그 실체가 없는 것입니다. 이것은 시각적 인식과 같은 감각적 경험에도 그대로 적용됩니다. 그러한 감각들 역시 똑같은 본질(無實有)을 가지고 있기 때문입니다.

104.
인식대상 이전에 의식이 생겨났다면
그 의식은 무엇을 보고 생긴 것인가.
의식과 인식대상이 동시에 생겼다면

그 의식은 무엇을 보고 생긴 것인가.

105-1.
반대로 인식대상 이후에 의식이 생긴다고 하면
그때의 의식은 대상도 없이 무엇에서 생기는가.

만약 감각적 인식과 같은 의식이 그 감각의 대상과 함께 동시에 발생한다면, 그것은 그 둘의 순차(時間差)가 따로 없다는 말이 됩니다. 그런데 의식은 대상이 존재해야 그것을 인식할 수 있습니다. 하지만 그 둘이 동시에 존재한다면, 그 둘 사이에는 순차가 성립되지 않는데 어떻게 그 대상을 인식할 수 있겠습니까?

다른 한편으로, 대상이 먼저 존재하고 그런 다음 그에 따른 의식이 나중에 온다면, 즉 순차적으로 점멸한다면 그 의식은 오직 대상이 소멸한 다음에만 생길 수 있는 인식입니다. 그렇다면 대상은 이미 소멸하고 없는 것인데 의식은 대체 무엇을 인식하는 것입니까? 그 어느 것도 실체가 없는 것입니다. 이와 같은 분석은 감각의 인식이나 감각의 대상에도 그대로 적용할 수 있습니다. 결론은 감각이든 인식이든, 대상이든 의식이든 그 어떤 것도 고정된 실체가 없다는 것(無實存性)입니다.

일체 현상의 공성에 대한 유념

105-2.
그러므로 생주이멸生住異滅하는 일체의 현상은
그 발생의 근원을 이해할 수 있는 것이 아니다.

일반적으로 현상(法)의 실유를 주장하기 위해 논리를 펴는 이들은 현상으로 나타나는 사건과 사물들이 기능을 가지고 있으며, 그에 따라 특정한 조건들이 특정한 사물을 생성하고 특정한 환경들이 특정한 사건을 일으킨다고 합니다. 따라서 사건과 사물들은 실재이며, 본질적인 실체를 가지고 있다고 주장합니다. 이와 같은 기능성의 원리는 실유론자들이 사건과 사물들의 독립성을 주장할 때 사용하는 주된 전제입니다. 중관론자들이 만약 이와 같은 기능성을 성공적으로 부정할 수 있게 된다면, 나가르주나가 《중론근본송》에서 언급한 것처럼 그보다 더 추상적인 시간이나 공간 등에 대한 실유성을 부정하는 것도 훨씬 더 쉬울 것입니다.

이와 같은 논박은 대부분 무자성이나 무분별성의 중관 논리를 사용한 것입니다. 예를 들면, 물질적인 현상(法)의 경우는 그들이 방향(方)과 측면(面)으로 구성된 부분들을 가지고 있다는 점에서 그 분리성이나 복합성이 설명됩니다. 또한 정신적인 의식(心)의 경우는 주로 연속적인 흐름(相續)을 가지고 있다는 점에서 그 복합성이 설명됩니다. 더불어 시간이나 공간과 같은 추상적인 것들은 그들의 방方과 면面을 통해 그 복합성을 이해할 수 있습니다. 이와 같이 만약 어떤 사물(法)이 더 작은 것으로 분리될 수 있다고 한다면, 그 사물은 계속해서 부분들에 의존하고 있는 것입니다. 반면에 어떤 사물이 실체를 가진 본질적인 존재라고 한다면, 그때 그 사물은 더 이상 부분들에 의존하지 않아야 합니다. 이것이 현상(法)의 본질입니다. 따라서 이와 같은 분석을 통해 우리는 현상의 공성에 대한 명상을 완수할 수 있습니다. 이것이 사념처의 마지막인 법념처法念處의 수행입니다.

지혜의 명상

이제부터는 자신의 선택에 따라 명상을 할 수 있습니다. 신수심법의 사념처를 명상해도 좋고 그에 따른 고와 무상과 공성 등을 명상해도 좋습니다. 중요한 것은 먼저 차분히 마음을 가라앉힌 다음 하나씩 분석적으로 살펴보는 것입니다. 눈을 굴려 망상을 피우는 것이 아니라 편안하게 눈을 두고 지그시 바라보며 분석하는 것입니다.

10

반론의 반박

지혜의 개발

이원론적 희론

《중론근본송》을 처음 시작하면서, 나가르주나는 석가모니 부처님께 귀의의 공경례(歸敬偈)를 올립니다. 그가 부처님의 공덕을 찬탄하고 귀경歸敬하는 방식은 대강 두 가지 주제로 나누어 볼 수 있는데, 그것은 연기법의 원리와 공성에 대한 가르침입니다. 나가르주나는 이 두 게송45에서 '듣는 이들의 근기를 알고 적절한 때를 아는 일체종지는 물론, 불설佛說의 정통성과 함께 연기법과 공성의 철학을 가르치기 위한 능력을 두루 갖추신 정각자, 석가모니 부처님께 예경'을 올리고 있습니다.

나가르주나는 그 두 게송에서 발생과 소멸 그리고 변동성의 특성을 가진 사건과 사물들의 연기법적 현상에 대해서 말하고 있습니다. 이에 현상을 특성적인 면에서 살펴보면, 발생(生)이나 소멸(滅)과 같은 특징이 있습니다. 또한 시간적인 면에서는 실재성(常有)이나 비실재성(斷無)이 있으며, 더불어 오고(來) 가는(去) 바의 변동성이 있습니다. 정체성의 면에서는 단일성(一)이나 다중성(異)이 있습니다. 하지만 이 모든 특성은 세속적인 차원에서만 존재하는 것들입니다. 현상에 본질적으로 내재하는 궁극적인 특성들이 아니라는 말입니다. 공성을 직접적으로 깨달은 궁극의 경지에서는 이와 같은 특성들이 존재하지 않습니다(八不中道).

나가르주나가 말하는 공성은 일체의 모든 이원론적 희론이 완전히 멸진滅盡된 상태입니다. 물론 이원론적 희론이라는 말이 조금씩 다른 의미로 사용될 때도 있습니다. 예를 들어 실유론적 실체를 주장하는 희론을 부정의 대상으로 삼는 경우, 그것을 이원론적 희론이라고 말하는 것은 그와 같은 실유론적 실체는 세속적으로도 존재하지 않는다는 의미입니다. 또한 이원론적 희론이라는 말은 가끔 '현상을 실유로 파악하는 무지한 마음이나 그에 따른 번뇌와 망상의 상태'를 의미하기도 합니다. 이원론적 희론을 이와 같은 방식으로 이해했다는 것은 그와 같은 현상이 비록 궁극적으로는 부정의 대상이라도 세속적으로는 존재한다는 것입니다.

이원론적 희론은 또한 앞에서 열거한 생멸 등과 같이 세속적인 '현상에 대한 여덟 가지 연기緣起적 특성들'을 의미하기도 합니다. 공성을 직접적으로 깨달은 관점에서 보면, 이와 같은 희론들은 존재할 수 없습니다. 왜냐하면 그와 같은 특성들은 궁극적인 본질이 아니기 때문입니다. 여기서 말하는 공성에 대한 직접적인 깨달음은 현상을 이원론적으로 보지 않고 이원론적으로 인식하지 않는 선정 삼매에 도달한 성자의 경지를 의미합니다. 하지만 그렇다고 해서 그와 같은 세속적 특성들 자체를 부정한다거나 그러한 특성들이 세속적으로 존재하지 않는다는 것을 의미하는 것은 아닙니다. 다만 완전한 선정 삼매에서 직접적으로 공성을 깨달은 수행자에게는 그 모든 현상들이 이원론적으로 인식되지 않는다는 것입니다. 하지만 그들 자신도 세속적으로는 여전히 연기법의 현상 안에 존재합니다.

그러므로 궁극적인 본질인 공성과 공성의 특성으로 존재하는 것은 구분해야 합니다. 예를 들면, 사건이나 사물들과 같은 세속적인 현상은 공성 그 자체가 아니라 공성의 특성으로 존재합니다. 하지만 그 본질은 공합니다. 선정 삼매의 상태에서는 공성을 직접적으로 인식하는 '깨달음과 완전히 합일'되어 있기 때문에 이원론적인 세속의 현상은 존재하지 않습니다. 다시 말해, 세속적인 현상이 더 이상 이원론적으로 보이지 않는다는 것입니다.

《중론근본송》에서 나가르주나는 업과 번뇌로 인해 생겨나는 이원론적 희론은 공성에 대한 깨달음을 통해 멸진될 수 있다고 말합니다. 그리고 업과 번뇌가 멸하면 해탈 열반을 이룰 수 있다고 말합니다. 따라서 열반은 업과 번뇌가 멸한 상태로 정의됩니다. 그 상태에서는 번뇌가 완전히 소멸되며 업이 더 이상 윤회의 재생을 자극하지 못합니다. 개별적인 업의 습기가 여전히 남아있을 수는 있지만 더 이상 새로운 업을 짓지는 않습니다. 왜냐하면 업을 짓게 하는 번뇌가 소멸되었기 때문입니다. 이에 대한 이해를 돕기 위해 다르마끼르띠는 《양평석》에서 "윤회의 바다를 건너 피안이 이른 이들에게도 여전히 번뇌의 습기가 남아있을 수는 있지만, 그 습기가 더 이상 윤회를 자극하지 못하는 것은 그들에게 번뇌를 일으키는 조건들이 완전히 제거되었기 때문이다"라고 했습니다. 그러면 해탈이나 열반은 어떻게 해야 이룰 수 있습니까? 그것은 '업, 번뇌, 개념화하는 사유과정, 이원론적 희론'이라는 네 가지 요소를 제멸하는 것과 관련이 있습니다. 업은 번뇌를 통해 생겨나고 번뇌는 개념화하는 사유과정을 통해 생겨나며, 개념화하는 사유과정은 또한 여기서 현상을 실유로 파악하는 무지한 마음을 의미하는 이원론적 희론을 통해 활성화됩니다. 그러므로 윤회의 재생 원인은 업과 번뇌이며, 그 모든 것은 이원론적 희론에서 비롯된 것입니다. 현상을 실유로 파악하는 이원론적 희론이 문제인 것입니다. 이와 같은 이원론적 희론은 오직 공성에 대한 통찰을 통해서만 제거될 수 있습니다. 이것이 바로 공성을 수행해야 하는 이유입니다.

궁극의 창조주

쿤누 라마 린포체는 《중론근본송》에서 [이원론적] 희론을 멸진한 적정(spros pa nyer zhi zhi)[46]이라는 구절을 읽을 때는 [각자의 해석적 전통에 따라] 서로 다른 해석이 있을 수 있다고 말합니다. 이 구절은 이원론적 희론을 제거하는 공성에 대한 통찰이라고 해석될 수도 있으며, 이원론적 희론(煩惱)이 공성의 경지에서 완전히 멸진된 것이라고 해석될 수도 있다는 뜻입니다. 나가르주나가 만약 이 구절을 이원론적 희론의 번뇌가 공성의 경지에서 멸진된 것이라는 의미로 말했다면, 이때 '공성'은 무엇을 의미하는 것입니까? 분명한 것은, '공성을 "외부에" 존재하는 특정한 사건이나 사물인 양 존재론적으로 구분해서는 안 된다'는 의미가 담겨 있다는 것입니다. 나가르주나가 이 게송에서 의미하는 '공성'은 주로 마음의 공성을 의미합니다. 특히 실유의 독립성이 없는 마음의 공성을 말합니다. 이와 같은 맥락에서 마음은 윤회와 열반의 모든 현상을 창조하는 궁극의 창조주라고 할 수 있습니다. 마음에 의해 창조된 일체의 모든 번뇌와 망상들은 결국 마음 자체의 본성에 따라 정화해야 합니다. 다시 말해 마음에 의해 창조된 정신적인 문제들은 마음을 기반으로 한 방법들을 활용해야 해결할 수 있다는 것입니다. 완전한 붓다의 경지를 이룬 결과도 역시 마음의 상태입니다. 따라서 여기서 알 수 있는 것은, 깨달음을 위한 정화와 완성의 과정(大乘菩提道)에서 가장 주도적인 역할을 하는 것이 바로 마음이라는 것입니다. 《보성론》47에서는 마음의 모든 오염원들은 외적인 조건들에 의한 것이라고 말합니다. 즉 마음 자체는 그러한 오염원들과는 달리 본래부터 청정한 것(離垢清淨)이라는 말입니다. 그리고 이와 같이 본래 청정한 마음이 바로 일체종지의 불성(佛性)이며, 이러한 성품은 일체의 중생들에게 그대로 잠재해있다고 말합니다.

한편 싸꺄파의 문헌에서는, 윤회와 열반의 모든 현상은 생멸하는 모든 의식의 원인적 기반이 되는 아뢰야식(Kun gzhi) 안에서는 완전한 것이라고 말합니다. 따라서 아뢰야식은 어떤 의미에서 본래 완전한 정광명의 마음과 같은 것입니다. 윤회의 모든 현상은 이 마음을 기반으로 존재합니다. 이것은 일반 사람(凡夫)들에게도 있습니다. 또한 아뢰야식은 원인적 흐름(因相續)이라고 부릅니다. 이 원인적인 흐름 안에서, 윤회의 일체 현상은 나타나는 그들의 특성 그대로 완성된 것이며, 일체 현상의 기반과 과정은 나타나는 그들의 속성 그대로 완성된 것입니다. 그리고 일체종지의 마음을 가진 붓다의 모든 깨달은 속성들은 그 안에 잠재하는 형태로 완성된 것입니다. 이상은 수행차제의 기반(基)과 과정(道)과 결과(果)에 대한 싸꺄파의 접근 방식을 요점만 간추린 것입니다.

그래서 심오함과 명료함을 합일한 무상요가인 닝마파의 족첸(rDzogs pa chen po, 大圓滿)48, 까규파의 마하무드라(Phyag rgya chen po, 大印)49, 싸꺄파의 람대(Lam 'bras, 道果)50 그리고 단계적인 마음의 고립을 통해 본래의 마음에 도달하는 겔룩파의 구히야삼마자(gSang ba 'dus pa, 秘密集會)51 등의 모든 성취법이 강조하는 것은 마음의 궁극적인 본성을 깨닫는 것입니다. 물론 공성 자체만 놓고 보면, 마음의 공성과 외적인 대상의 공성에 따로 차별이 있는 것은 아닙니다. 티벳불교의 4대 종학파가 모두 마음의 공성을 깨닫기 위해 이와 같은 명상 수행을 특히 강조하는 것은 이러한 행법들이 수행자의 마음에 극적인 영향을 미치기 때문입니다.

같은 맥락에서 여기에서 '마음'이라는 용어는, 본래의 마음을 의미하는 '본심(sems)'이나 무지(無明)의 반대를 의미하는 '본각本覺의 명지明知(rig pa)'라는 의미로 사용한 것이 아니라 일반적으로 사용하는 마음의 의미 그대로입니다. 마음이라는 용어를 모든 종류의 인식적인 사건들을 다 포괄할 수 있도록 일반화하여 사용한 것입니다. 요점은 '이원론적 희론의 멸진'이라는 구절을 논할 때, 맥락이 달라지면 의미도 달라진다는 것입니다. 이것을 염두에 두어야 합니다. 예를 들면 이원론적 희론들 중에서 어떤 것은 부정될 수도 있고 어떤 것은 부정되지 않을 수도 있습니다. 또 어떤 것은 존재하고 어떤 것은 존재하지 않습니다. [즉 실유는 부정되고 존재하지 않지만, 현상 자체는 부정되지 않고 존재한다는 것입니다.] 그러므로 문맥이 용어의 의미에 미치는 영향을 항상 주의 깊게 살펴봐야 합니다.

본송의 해설

이제의 반론 반박

앞서 우리는 실유론자들이 현상의 실유를 주장하며 반론을 제기한 것에 대해 샨띠데바가 공성의 중관(中道) 논리를 통해 반박한 내용들을 살펴보았습니다. 이에 대해 그의 논쟁 상대자들은 중관의 논리에 따르면, 이제二諦 역시 성립할 수 없다고 주장합니다. 이 부분에 대한 본송을 구분하는 방식은 미냑 뀐쇠와 캔뽀 뀐뺄이 의견을 같이합니다. 하지만 관련 게송을 해석하는 방식에는 약간의 차이가 있습니다. 다음의 게송들을 통해 먼저 미냑 뀐쇠의 해석을 살펴보겠습니다.

논쟁의 상대자들은 다음의 게송에서 중관론자들은 모든 현상에 본래의 고유한 자성이 없다고 주장하고 있기 때문에, 현상의 고유한 정체성을 논할 수 없는 것은 물론 심지어 존재 자체를 논할 수도 없다고 반박합니다.

106.
만약 그와 같이 [생멸하는] 속제가 존재하지 않으면

그런 경우 두 가지 진리(二諦)는 어떻게 존재하는가.

또한 세속의 진리가 [열반의 진리와] 다른 것이라면

유정들은 [윤회고의] 수고愁苦를 어떻게 넘어서는가.

107.

이것은 [이제의] 본뜻과는 다르게 분석한 것이며

그것은 [이제] 본래 [의미에 맞는] 속제가 아니다.

[열반] 이후에 그것이 확실하면 그것은 실재하며

아니라면 속제는 진실로 존재할 수 없는 것이다.

샨띠데바의 논쟁 상대자들은 '만약 중관론자들의 주장처럼 모든 현상에 고유한 자성이 없다면, 세속적인 현실인 일체의 사건과 사물들은 그 정체성을 잃게 될 것'이라고 반박합니다. 즉 세속적인 현실 자체가 존재할 수 없다는 것입니다. 더불어 세속적인 현실이 존재하지 않으면, 진제의 존재도 역시 상정할 수 없는데, 어떻게 '이제'가 존재한다고 주장할 수 있느냐는 것입니다.

하지만 이와 같은 의문은 속제의 의미를 제대로 이해하지 못해서 생긴 오해입니다. 앞서 언급한 것처럼, 비록 왜곡된 관점에서 인식된 것이라도 속제의 현실은 객관적인 진실의 형태를 띠고 있습니다. 따라서 사건과 사물들 자체가 없어지는 것은 아닙니다. 우리가 인식하는 객관적 현실이라는 것은 마치 어둠 속에서 밧줄을 보고 뱀으로 착각한 상태와 같습니다. 유효한 것으로 인식할 만한 실질적인 기반이 없다는 것입니다. 사건이나 사물들도 그와 같습니다. 그 자체는 본질적인 것도 아니고 독립적인 것도 아닙니다. 실체(實存性)가 없기 때문입니다. 이에 대해 논쟁의 상대자들은 "사건과 사물들이 그 자체로 존재하지 않는다면 결국은 아무것도 없다는 것인데, 그런데 어떻게 중관론자들은 유정 중생들이 열반(解脫)을 이룰 수 있다고 주장하는가?"라고 반문을 제기합니다.

이에 대해 중관론자들은 유정 중생들의 관점에서 속제는 상대적인 것으로 상정된 것이라고 답합니다. 사건과 사물들을 실유로 파악하는 무지한 마음에는 세속의 일상 세계가 마치 진실한 것처럼 나타난다는 말입니다. 그러나 그것은 유효하지 않은 관점입니다. 하지만 그럼에도 불구하고 상대적인 속제 차원에서는 사건과 사물들이 여전히 유효하게 보이는 것입니다.

세속적인 현실들이 우리의 삶에 영향을 미치고 있는 것입니다. 예를 들면, 세속적인 현실들이 우리가 경험하는 아픔이나 기쁨의 직접적인 원인이 됩니다. 이에 대해 "그렇다면, 귀류-중관학파도 결국 사건과 사물들의 현실성을 인정한다는 것인데, 그 기준은 정확히 무엇인가?"라고 물을 수도 있습니다. 이에 답하자면, 세 가지 기준이 있습니다. 하지만 이 기준들은 먼저 사건과 사물들의 실유성을 부정해야만 이해할 수 있습니다.[52] 따라서 귀류-중관학파가 인정하는 사건과 사물들의 현실적 기준은 그들의 실유성이 부정돼야 이해되는 것입니다. 이와 같은 의미를 이해했다면, 그 기준들 중 첫 번째는 유효한 경험과 유효한 관습에 따른 사건과 사물들은 유효하게 성립된다는 것입니다. 두 번째는 존재의 진실은 유효한 경험과 상충되지 않는다는 것입니다. [즉 유효하게 경험되는 것은 유효하게 존재한다는 것입니다.] 세 번째 기준은 세속적인 현실은 [세속의 방식으로 인식되는 것이기 때문에] 그들의 궁극적인 본성(無自性)을 분석하더라도 여전히 부정되지 않는다는 것입니다.[53]

현실은 환영(幻影)과는 확연히 다릅니다. 환영은 현실과는 다른 기반으로 인식되는 대상입니다. 예를 들면 환술사가 환술을 펼치면 환영으로 나타난 말이나 코끼리 등이 보입니다. 이와 같이 환영으로 나타난 말이나 코끼리에 대한 인식은 세속적인 관점에서 보더라도 무효한 것입니다. 환을 현실처럼 지각한 것이기 때문입니다. 따라서 환영으로 나타난 말과 코끼리는 그것들이 단지 환영에 불과한 것임을 자각하는 또 다른 경험에 의해 무효화될 수 있습니다. 이 경우 그것들이 환영에 불과하다는 것을 반증하기 위해 굳이 궁극적인 분석까지 동원할 필요는 없는 것입니다. 이에 따라 세속적인 인식은 '유효한 것과 무효한 것' 두 가지 유형으로 구분할 수 있습니다. 이러한 인식들은 현실의 사람과 꿈속의 사람을 구분할 수 있게 합니다. 예를 들면 현실의 사람을 죽이는 것과 꿈속의 사람을 죽이는 것이 구분되는 이유는 한편으로는 실질적인 도덕과 법률에 위배되는 일을 저지른 것이지만 다른 한편으로는 그렇지가 않다는 것입니다. 하지만 현실의 사람이든 꿈속의 사람이든 둘 다 똑같이 본래의 성품이 결여되어 있습니다. 중요한 것은 꿈이든 현실이든 본질적인 실유성이 부정된 이후에만 그들의 세속적인 정체성에 대한 일관된 접근 방식을 유지할 수 있다는 것입니다.

한편 캔뽀 뀐뻴의 경우는 그 게송(歸敬偈)들을 '완전한 깨달음을 이룬 마음'과 연관지어 해석합니다. 그는 모든 개념적 희론들이 완전히 멸진된 구경의 원만한 깨달음을 성취하게 되면, 고정된 실체로 여겼던 세속적인 현실이 더 이상 그와 같이 여겨지지 않으며, 그에 따라 사건과 사물과 관습들도 더 이상 실유성을 가진 것으로 여겨지지 않는다고 합니다.

이와 같은 방식으로 일체의 모든 '이원론적 희론들이 멸진된 경지(涅槃寂靜)'를 명상함으로써 지혜의 자량을 쌓게 되는 것입니다. 더불어 그와 같은 눈을 통해 속제의 현실인 인과법의 유효함을 확신하게 되고, 그 마음(信心)이 더욱 심화되어 선공덕의 자량을 쌓기 위해 애쓰게 되는 것입니다. 이와 같은 방식으로 지혜와 공덕의 두 자량을 합일하게 될 때, 그때야 비로소 붓다의 완전한 깨달음을 향한 보리도(中道)에 들어가게 됩니다.

다음의 게송들에서도 알 수 있는 것처럼 '주체와 객체, 인식과 대상, 하나와 다수, 자아와 타아 그리고 일체의 모든 현상'은 세속적인 관습에 의존합니다. 그들 모두가 다 상대적인 것이라는 말입니다.

108.
분석하는 자와 분석이 되는 대상은
둘 모두가 서로에게 의지하고 있다.
그와 같이 보편적인 것에 의지하여
모든 것들을 분석하여 말한 것이다.

109.
만약 분별하여 분석한 것을
또 통찰하여 분석하게 되면
그것은 통찰한 것을 또다시
통찰한 것이기에 끝이 없다.

이에 실유론자들은 '만약 현상의 궁극적인 본질에 대한 통찰이 분석을 통해 이루어지는 것이라면, 분석 그 자체도 결국 그와 같은 분석의 대상이 될 수 있다'고 주장합니다. 그렇게 되면 분석은 또 다른 분석을 필요로 하고 그렇게 분석된 분석은 또 다른 분석을 요구하게 되어 결국은 무한반복의 모순에 빠지게 된다는 것입니다. 이에 대해 샨띠데바는 다음의 게송들을 통해 중관론자들의 반박을 대변합니다.

110.
통찰을 마친 대상은 분석하려고 해도
통찰을 위한 기반이 존재하지 않는다.
기반이 없기 때문에 생겨나지 않으며
그것을 곧 열반이라고 말하는 것이다.

탐구의 대상에 대한 분석이 끝나면, 대상을 기반으로 했던 분석 그 자체도 본래 근원이 없는 것이 드러납니다. 분석의 대상도 없고 분석 그 자체도 남아있지 않은 이와 같은 상태를 곧 열반이라고 합니다. 윤회의 근심과 걱정(愁苦)을 넘어선 것입니다. 그러므로 수행자가 일체의 모든 현상에 대한 공성을 직접적으로 경험하는 동안(深光三昧)은 다른 무언가를 실유로 파악할 만한 기반이 없습니다. 이와 같은 경지의 수행자는 주객의 이원에 대한 의식이 없습니다. 주객의 구분이 이루어질 수는 있겠지만, 그 마음 자체가 무자성과 완전히 합일된 상태에서 더 이상 무언가를 분석할 필요가 없는 것입니다.

지금까지 살펴본 바와 같이 공성과 무아에 대한 다차원적인 논점들에서도 알 수 있듯이 개별적 이해의 수준(根機)에 따라 더 거친 수준의 차원일수록 개념적 분별 또한 더 심하다는 것을 알 수 있습니다. 하지만 귀류-중관학파와 같이 공성에 대한 궁극적인 분석을 통해 그 어떤 이원론적 여지도 남기지 않는 경우, 그 마음에는 더 이상 '나와 나의 것'이라는 분별이나 실유론적 개념들이 생겨날 수 없다는 것을 알 수 있습니다.

불교실유론자 논박

샨띠데바는 계속해서 또 다른 학파들의 실유론적 개념들을 논합니다. 다음의 게송들은 먼저 불교의 유부(Vaibhāṣika)학파와 경부(Sautrāntika)학파의 실유론적 개념들에 대한 논박입니다. 이들 학파는 시각 등의 감각을 통한 인식(知覺)과 감각을 통해 인식되는 대상(知覺對象)들 모두가 본질적으로 독립적인 실체(實存性)를 가진다고 주장합니다.

> 111.
> [의식과 그 대상] 둘 다 진실이라고 말하는 이들이
> 그 [입장]을 [계속] 유지하기는 지극히 힘든 일이다.
> 만약 의식의 힘을 통해 사물의 진실이 성립된다면
> 의식이 존재성에 의존하는 것은 어떻게 된 일인가.

> 112.
> 그러면 의식의 대상을 통해 의식이 성립된다고 하면

의식의 대상도 존재에 의존하는 것은 어찌된 일인가.

[그럼에도] 서로의 힘에 의존하여 존재하는 것이라면

[그렇게 되면] 둘 다 역시 존재할 수 없는 것이 된다.

실유론자들은 주체(能)와 객체(所)가 실질적인 존재성을 가지고 있다고 말합니다. 하지만 중관론자들은 이들의 견해에 숨겨진 논리적 모순과 잘못된 논리를 지적하며 반박합니다. 이에 대해 중관론자들은 다음과 같이 반박합니다. "만약 의식이 고유한 실체로서 성립된다면, 의식 자체의 실존성을 입증해주는 것은 무엇인가? 그리고 의식의 대상이 만약 고유한 실체로서 유효하게 성립된다면, 그 대상의 실존성을 입증해 주는 것은 무엇인가? 혹은 주체가 되는 의식과 객체가 되는 대상이 서로에게 의존하는 방식으로 성립한다고 한다면, 그때는 그 둘의 고유한 실존성도 사라지게 된다." 더불어 중관론자들은 주체와 객체는 상호 의존적인 것(緣起)이며, 독립적으로 분리된 실체가 아니라는 것을 설명하기 위해 다음과 같은 비유를 통해 문답합니다.

113.

만약 자식이 없으면 아버지도 없다고 한다면

그러면 자식 자체는 어디에서 생기는 것인가.

자식이 없으면 아버지 역시 [있을 수] 없기에

그와 같이 그 둘 모두 실존성이 없는 것이다.

이에 대해 논쟁의 상대자는 다음과 같이 반박합니다.

114.
새싹은 씨앗에서 생겨나는 것이기에
씨앗 그 자체가 분석이 되는 것처럼
의식의 대상에서 생겨나는 의식인데
왜 그 존재가 분석이 되지 않겠는가.

이와 같이 논쟁의 상대자인 실유론자들은 '새싹이 씨앗의 실재성을 보여준다'고 반박합니다. 이것은 사건과 사물들의 실존성을 주장하는 실유론자들의 기본 전제입니다. 의식의 대상에서 의식이 생겨나는 법인데, 어떻게 그것이 대상의 실재를 나타내는 것이 아니냐는 것입니다.

이에 대해 중관론자들은 씨앗의 존재를 추론하기 위해서는 새싹을 파악한 의식과는 구분되는 또 다른 의식이 필요하다고 반박합니다.

115.
새싹에서 [생긴 것은] 그와 또 다른 의식인데

[그로부터] 씨앗의 존재가 분석된다고 한다면
무엇으로 그 의식의 대상이 분석되는 것이며
의식의 존재 자체는 무엇을 통해 분석되는가.

그렇다면 그렇게 따로 구분된 의식은 다시 무엇에 의해 인식이
되겠습니까? 그것이 또 다른 무언가에 의존하지 않는다면, 그것은
그 자체의 존재성을 드러낼 수 없습니다. 결국 주체(識)와 객체(境)는
상호 의존적인 것이며, 따라서 독립적이나 자율적으로 존재할 수
없는 것입니다. 그러므로 인식(識)도 인식의 대상(境)도 본질적으로
실재하는 것은 없습니다. 둘 다 상대적인 것이기 때문에 서로가 서
로에게 의존하여 그 존재성을 잠시 드러내는 것일 뿐입니다.

지혜의 개발

논리의 중요성

아리야데바는 《사백론》에서 "우리가 만약 물질적인 사물들의 근
원을 끝까지 추적할 수 있다면, 그들의 흐름(相續)에는 시작도 없고
끝도 없다는 것을 발견하게 될 것"이라고 말합니다. 물질적인 사물
들은 시작(生)과 끝(滅)이 있습니다. 하지만 그들의 흐름에는 시작
과 끝이 없습니다. 우리가 만약 외부의 환경을 구성하는 광물이나
식물 등은 물론 거기에 존재하는 모든 유정 중생들의 근원을 추적
하고자 애쓰면, 마침내 우주의 태초까지도 발견할 가능성이 있습
니다.

《깔라짜끄라딴뜨라(Kālacakratantra)》54에 따르면, 물질의 시작은
모든 물질이 허공의 입자였던 시점까지 거슬러 올라갈 수 있습니
다. 어느 한때 특정한 우주의 체계가 시작되고 오랫동안 그 상태가
지속되다 마침내는 허공으로 해체되는 것(成住壞空)입니다. 그리고
다시 그 허공으로부터 그 시작과 끝이 반복됩니다. 불교적인 관점
에서 물리적인 우주는 생성과 소멸, 형성과 해체의 과정을 끝없이
반복합니다. 이와 같은 관점은 현대의 과학에서 설명하는 우주론

과 비슷한 면이 있습니다.

반면에 불교의 아비달마 문헌(Abhidharmakośa)에서 제시하는 지구의 형태나 크기, 그 기원이나 행성 간의 거리 등은 현대과학의 우주론에서 제시하는 것과 여러 가지로 차이가 많습니다. 현대의 과학이 발견한 지식에 비하면 논리적으로나 실증적으로 모순된 부분이 많은 것입니다. 불교의 입장에서 보면 논리적으로 맞지 않거나 실증적으로 맞지 않는 것은 폐기할 수 있습니다. 따라서 아비달마의 많은 부분은 폐기되어도 무방합니다. 그것은 과학적인 분석의 문제이기 때문입니다.

대승불교에는 '해석의 네 가지 의지처'[55]로 알려진 해석적 전통이 있는데, 첫째는 사람에 의지하지 말고 그의 가르침(文獻)에 의지하라는 것이며, 둘째는 말(文獻)에 의지하지 말고 그 의미에 의지하라는 것이며, 셋째는 잠재적인 의미에 의지하지 말고 확정적인 의미에 의지하라는 것이며, 넷째는 지식에 의존하지 말고 확정적인 의미를 따라 실증적인 경험에 의지하라는 것입니다.

결론은 그 어떤 진술이나 주장도 논리와 유효한 경험에 위배된다면 결코 취하지 말라는 것입니다. 그러므로 불교의 수행자라면 당연히 불합리하고 모순된 것들을 버려야 합니다. 이것이 불교의 방법론이자 대승불교의 수행론입니다. 하지만 중요한 것은 '관찰되지 않는 것(非可視)과 실재하지 않는 것(非實在)'을 구분하는 것입니다. 무언가의 잘못을 입증하는 것과 무언가를 입증할 수 없는 것은 다른 문제이기 때문입니다. 따라서 좀더 깊은 차원의 결정적인 분석이 요구됩니다.

일반 사람들의 관점에서 보면 현상에는 '명백한 것과 약간 모호한 것 그리고 극히 모호한 것' 세 가지 범주가 있습니다. 명백하게 나타난 현상을 인식(現量)하는 데는 논리가 필요 없지만, 약간 모호한 현상을 인식하는 데는 약간의 추론(比量)이 필요합니다. 그리고 극히 모호한 현상을 인식하는 데는 전적으로 경전의 권위나 정통성에 의지(聖言量)할 수밖에 없습니다. 경전을 통해서만 전적으로 알려지는 것입니다. 일체 현상(實有)의 공성(空性)은 그 중에 두 번째 범주에 속하는 약간 모호한 것입니다. 일반 사람들에게는 약간 모호한 것이기 때문에, 그 의미를 이해하기 위해서는 약간의 논리적 추론이 필요한 것입니다.

물론 이와 같은 세 가지 분류가 반드시 절대적인 것은 아닙니다. 일반 사람들에게 색계와 무색계 혹은 삼무량겁의 보리도와 같은 몇 가지 불교적 개념들은 극히 모호한 것입니다. 현재의 의식 수준에서는 남들의 경험담(證言)에 의지하는 것이 유일한 방법입니다. 하지만 불교적 관점에서 보면, 다른 사람의 증언(聖言量)의 경우 단지 그 사람이 성스러운 존재 혹은 잘 알려져 있는 존재라고 해서 그 권위만 믿고 모두 다 그대로 받아들여야 하는 것은 아닙니다. 그렇다면 그의 증언에 대한 유효성은 어떻게 판별할 수 있을까요? 일단은 그의 말을 분석의 대상으로 삼아야 합니다. 그리고 명백한 현상에 대한 그의 설명이 우리의 유효한 경험과 일치하는지, 또한 그의 약간 모호한 설명이 우리의 논리적 추론에 합당한 것인지를 분석해야 합니다. 이와 같은 분석을 통해 일단 '유효한 경험과 논리적 추론'이라는 두 가지 범주에 신뢰가 생기면, 그 다음은 그가 증언한 '극히 모호한 한 것'들을 다시 살펴봐야 합니다. 그러면 이전과 이후의 명제들에 모순되는 점이나 암시적인 것과 명시적인 것의 불합리한 점들을 점검할 수 있을 것입니다. 그가 증언한 그 명제(聖言量)들은 '극히 모호한 것'이기 때문에 옳은 것인지 그른 것인지 그 유효성을 직접(現量)적으로 혹은 논리(比量)적으로 입증할 방법이 없습니다. 다만 논리적인 분석이 가능한 명제들은 추론을 통해 그 유효성이 입증되는 것이기 때문에, 그러면 해당하는 증언자의 증언도 신뢰할 수가 있습니다.

업과 인과법

앞에서 원인과 결과의 관계성을 나타내는 인과법, 그리고 어느 단계에서 유정 중생들의 업이 인과의 과정에 미치는 영향에 대해 살펴본 적이 있습니다. 인과의 과정은 일반적인 인과의 원리로 작동하지만, 유정 중생들의 의도(業力)가 개입된 경우도 인과의 과정에 연결될 수 있다고 봅니다. 하지만 의도가 개입된 단계를 파악하는 것은 너무나 어려운 일입니다. 물론 불가능한 일은 아닙니다.

그러면 어떻게 해야 업의 흐름(相續)을 정확하게 파악할 수 있을 까요? 예를 들어 나무 막대기가 불에 타서 사라져도 그 온기가 남 아있다면, 그것이 완전히 사라졌다고 할 수는 없습니다. 이와 마찬 가지로 귀류-중관학파에서는 괴멸壞滅(zhig pa)[56]이라는 개념을 채 택합니다. 이것은 하나의 현상인 물체가 해체되고 소멸(壞滅)되어 도 그 기운이나 잠재력은 남아있다는 견해입니다. 다른 불교학파 들은 이 괴멸을 단지 무위의 정신적인 것이나 추상적인 것으로 여 깁니다. 그에 반해 귀류-중관학파는 이 괴멸을 연속되는 존재의 흐름(相續) 안에서 미래의 원인이 될 수 있는 유위의 잠재력으로 여 깁니다.[57] 이와 같은 괴멸의 개념은 현대과학에서 말하는 에너지보 존법칙과 유사하게 보입니다.

유위의 잠재력을 나타내는 한 형태인 괴멸은 하나의 대상이 더 이상 물리적인 실체로서 남아있지는 않기 때문에 비실재의 상태이 지만, 여전히 남아있는 잠재력은 대상의 흐름(相續) 속에 또 다른 결 과가 되도록 영향을 미칠 수 있습니다. 물론 이것은 열반의 경지에 서 번뇌장과 소지장이 멸진된 것과는 다릅니다. 둘 다 무언가가 '멸' 한 상태를 의미하지만, 열반의 경지에는 잠재력이 더 이상 남아있지 않습니다. 어떠한 정신적인 장애(二障)도 남아있지 않은 것입니다.

십이연기에서 보면 두 번째 행行(saṃskāra)도 업에 속하고, 열 번 째 유有(bhava)도 업의 범주에 속합니다. 하지만 두 번째에 해당하는 행업이 한순간 갑자기 나타나는 것은 아닙니다. 오히려 때가 되어 이전의 숙업들이 완전히 활성화된 것이며, 이미 그 결과가 이루어지고 있는 것입니다. 그러므로 이전에 소멸(壞滅)된 과정에 행업의 잠재력이 남아있었던 것입니다.

이와 같은 지혜를 개발하기 위해서는 다시 한 번 자비심에 초점을 맞추어야 합니다. 단순히 일체중생들이 고통에서 벗어나기를 염원하는 것만으로는 충분하지 않습니다. 유정 중생들은 스스로 자신의 고를 완전히 극복할 힘이 없기 때문에 그들을 돕기 위한 서원을 세워야 합니다. 책임감을 가지고 그와 같은 염원을 실천할 수 있는 힘을 길러야 합니다. 그것이 보리심의 수행입니다. 일체중생의 이익을 위해 능동적으로 깨달음의 길을 수행해 나가는 것입니다. 그리고 그 길의 끝에서 중생들을 위해 회향하는 실천적인 삶을 사는 것입니다. 깨달음을 구할 때나 그것을 회향할 때나 언제나 보리심을 기반으로 하는 것입니다. 이와 같이 보리심을 가슴에 품고 보살들의 삶을 명상해야 합니다.

II

공성의 요점

산띠데바는 실유론적 관점들을 논박하기 위해 다음의 게송들
[116~150]을 통해 다양한 논점들을 제공합니다. 이 논점들은 금강
석파편(金剛屑)의 논리, 동일성(一)과 상이성(異)의 논리, 연기법의
논리, 실재(有)와 비실재(無)의 논리 등을 통해 구체화됩니다.[58]

　그중에 먼저 '금강석파편의 논리'는 현상의 실유를 논박하기 위
해서 사구분별四句分別[59]을 통해 이루어지는 인과의 관계성을 검
토합니다. '동일성과 상이성의 논리'는 현상의 본질을 검토함으로
써 그들의 실유성을 부정합니다. 이 논쟁은 오종논리 혹은 칠종논
리[60] 같은 형태로 더 정교하게 설명될 수 있습니다. '실재와 비실재
의 논리'는 사건과 사물들의 결과를 분석하여 그 결과가 실재인지
비실재인지를 분석합니다. 좀더 자세히 살펴보면 이 논쟁은 하나
의 원인이 다양한 결과를 맺는 것인지 아닌지 혹은 다양한 원인들
이 하나의 결과를 맺는 것인지 아닌지를 묻습니다. 원인과 결과라
는 양방향적 관점에서 존재를 분석하는 것입니다. 그리고 마지막
'연기법의 논리'는 결과적으로 보면 모든 논리의 왕이라고 할 수
있습니다.

금강석파편의 논리

다음은 금강석파편의 논리와 관련된 게송들입니다. 이들 게송에서는 '잠시라도 세속적인 마음을 가진 세간인世間人은 직접지각을 통해 그 모든 원인들을 인식할 수 있다'고 말합니다. 예를 들어 연꽃의 뿌리나 줄기 등을 구별하는 것은 그 원인을 구분할 수 있기 때문에 가능하다는 것입니다.

116.
잠시 세간인은 직접지각을 통해
그 모든 원인들을 볼 수가 있다.
연꽃의 줄기들이 구별되는 것은
원인이 구분되어 가능한 것이다.

117.
원인을 구별한 것은 무엇으로 했냐고 한다면
이전의 원인을 구별함으로써 하게 된 것이다.
어떻게 원인이 결과를 만들어 내느냐고 하면
이전 원인이 가진 힘 자체에서 [생긴 것이다].

일반적으로 실재(有)와 비실재(無)를 구분할 때는 그것이 유효한 인식으로 성립되는지 아닌지를 기반으로 합니다. 존재하는 사물들을 살펴보면, 어떤 것은 가끔씩 경우에 따라 나타나고 어떤 것은 지속적으로 나타납니다. 무언가가 가끔씩 경우에 따라 나타난다는 사실은 그에 따른 원인과 조건들이 있을 때만 나타난다는 것이며 반대로 계속 지속되는 현상은 그와 같은 임시적인 조건들이 요구되지 않는다는 것입니다. 따라서 현상은 '원인과 조건에 의존하는 것과 그렇지 않은 것' 두 가지로 분류할 수 있습니다. 또한 경우에 따라 나타나는 현상은 무상하고, 지속되는 현상은 영원합니다.

외적인 환경이든 그 속에서 거주하는 유정 중생들이든 모두가 원인과 조건들에 의존합니다. 원인 없이는 존재할 수 없습니다. 그러면 그들을 형성한 원인들은 무엇입니까? 더욱이 결과의 다양성은 반드시 그들의 원인들과 상응해야 합니다. 다시 말해 다양한 결과들은 반드시 다양한 원인들을 가지고 있어야 한다는 것입니다. 무엇이 이와 같은 다양성을 초래합니까? 샨띠데바는 이에 대한 중관론자들의 답변을 제시합니다. 선행하는 다양한 원인들이 그 결과들을 초래하였다는 것입니다. 즉 원인들의 다양성은 다시 그 이전에 선행된 원인들의 다양성에서 비롯되었다는 것입니다. 이에 대해 게송에서는 '어떻게 원인이 결과를 만들어 내느냐'고 묻습니다. 어떻게 원인이 특정한 유형의 결과를 산출하느냐는 것입니다. 답하자면, 이 또한 선행하는 원인들에서 비롯됩니다.

금강석파편의 논리에 해당하는 첫 번째 부분에서, 이와 같은 방식으로 먼저 '원인이 없이도 사건과 사물들이 발생한다'는 주장(無因論)을 반박한 샨띠데바는 이어서 '영원불멸의 원인들에서 사건과 사물들이 발생한다'는 주장(恒因論)을 반박합니다.

이어지는 게송에서는 신성한 창조주 자재천(Īśvara)이나 근본물질인 원질原質(prakṛti)과 같이 우주의 영원한 근본원인으로 제시된 것들을 부정합니다.

> 118.
> 자재천이 전변의 실제 원인이라고 한다면
> 먼저 자재천이 무엇을 의미하는지 말하라.
> 대종원소라고 한다면 그러한 것들은 없다.
> 그저 이름일 뿐인데도 이 무슨 고생인가.

샨띠데바는 그들의 주장대로 만약 자재천이 존재들의 근본원인이라면 먼저 자재천의 본질을 정의해야 한다고 반박합니다. 혹은 지수화풍 등과 같은 원소(大種)들이라고 한다면, 중관론자들 역시 그와 같은 원인과 조건들은 인정한다고 말합니다. 하지만 그들이 주장하는 것은 근본원인의 본질도 모른 채, 혹은 남들도 다 아는 원소들에 그저 자재천이라는 낯선 이름을 붙인 것에 불과하다고 반박합니다. 또한 자재천이 만약 요소들로 정의된다면 다양한 요소들에 따른 다양한 자재천이 존재해야 한다고 말합니다. 그러면 자재천 역시 요소들과 같이 다양하고 무상하며 무기력한 것이 되기 때문에, 그들이 주장하는 것처럼 신성한 존재가 될 수 없습니다. 그래서 다음과 같이 말합니다.

119.
그렇다고 해도, 지대 등은 다수이고
무상하며 부동하고 신성하지 않으며
밟히고 오염되는 대상들이기 때문에
대종원소도 자재천의 본성은 아니다.

120.
자재천은 허공도 아니고 부동성이기 때문에
자아(個我)도 아니다. 앞에서 논했던 것처럼
[전지전능하고] 불가사의한 창조주라고 해도
불가사의한 것을 주장한들 무엇에 쓰겠는가.

121.
그가 창조한 것은 무엇이란 말인가.
그가 자아와 지대 등을 창조했다면
자재천의 본성도 무상한 것 아닌가.
의식은 인식의 대상에서 생기는 법.

나아가 자재천이 하나의 요소로서 존재한다면 그도 역시 지대의 요소와 마찬가지로 짓밟힐 수 있는 대상이 됩니다. 따라서 순수하고 청정한 것이 아니라 불순하고 부정한 것입니다. 그런데 어떻게 성스러운 신이 될 수 있겠습니까? 또한 자재천은 허공이라고 말할 수도 없습니다. 그렇게 되면 자재천도 허공처럼 무기력한 것이 되어 창조와 보호의 기능을 수행할 수 없기 때문입니다. 그리고 개별적인 자아가 될 수도 없는 것은 앞에서 이미 논한 바가 있습니다. 혹여 자재천은 불가사의하다고 말하는 것이라면, 불가사의하기 때문에 그에 대해 말할 여지도 없는 것입니다. 이에 대해 샨띠데바는 "그런데 왜 그와 같은 주장을 하는가?"라고 반문합니다. 그리고 그와 같은 창조주가 바라는 것은 무엇인지, 그가 진실로 자아와 요소들을 만든 것인지, 자아와 요소들을 자재천 그 자체라고 말할 수 있는지 등을 묻습니다. 더불어 의식은 인식의 대상에서 생기는 것이지 자재천에서 생기는 것이 아니라는 점도 지적합니다.

그런 다음, 샨띠데바는 다음의 게송들을 통해 중관론자들의 입장을 밝힙니다. 그것은 안락이나 고통은 이전에 행한 업에서 비롯된다는 것입니다. 그리고 그런데도 불구하고 굳이 자재천이 창조한 것이라고 주장한다면, 도대체 그가 무엇을 창조했고 무엇에 의지해서 했다는 것이냐고 묻습니다.

122.

무시이래 안락과 고통이 업에 기인하면

자재천은 무엇을 창조한 것이란 말인가.

원인에 그 시작점이 존재하지 않는다면

결과에 그 시작점이 어디 존재하겠는가.

123.

무엇 때문에 항상 창조하지 않는 것인가.

그가 다른 것에 의존하는 것도 아닐진대

그가 창조한 것도 아니고 따로도 없다면

그는 그 창조를 무엇에 의지하여 하는가.

이들 학파(Nyāya-Vaiśeṣika)에 따르면, 자재천은 영원불멸의 창조주이기 때문에 그 시작이 있을 수 없으며, 따라서 원인도 그 시작이 있을 수 없습니다. 이에 대해 샨띠데바는 만약 원인에 시작이 없다면, 어떻게 결과에 시작이 있을 수 있겠느냐고 묻습니다. 더욱이 원인이 영원불멸한 것이라면, 그것이 어떻게 무언가를 창조한다고 말할 수 있겠느냐고 묻습니다. 그렇게 되면 인과적 발생을 논할 수도 없게 된다는 것입니다. 왜냐하면 원인이 결과를 맺기 위해서는 그 원인이 존재하기 위한 조건이 필요하기 때문입니다. 하지만 이들의 주장에 따르면, 자재천은 모든 것을 창조하는 근본원인이기 때문에 다른 조건들에 전혀 의존하지 않는 것입니다. 만약 창조주인 자재천이 다른 조건들에 의존하는 것이라면, 그 결과인 사건과 사물들은 자재천과 자재천을 형성하는 조건들의 결합에 의해 발생한 것이 됩니다. 그렇게 되면, 일체의 모든 사건과 사물들이 상일주재의 원인인 자재천에 의해 창조되었다는 주장은 결국 파기될 수밖에 없습니다.

지혜의 개발

두 가지 종류의 인과법

여기서 잠시 업과 일반(自然)적인 인과법의 관계를 좀더 살펴보겠습니다. 샨띠데바가 언급한 것처럼, 현재 우리가 처해있는 상황들은 사실 특정한 대상의 한 단면을 취하여 그것을 대상으로 삼고 그 대상에 의존하여 생겨나는 의식이나 인식에 기반한 것입니다. 따라서 의식이나 인식은 대상에 의존하여 생깁니다. 또한 빛과 지각을 본질로 하는 한 의식은 그 시작이 있을 수 없습니다. 모든 순간의 의식은 그 이전 순간의 결과이자 산물이기 때문이며, 그와 같이, 연속되는 것(相續)에는 시작이 있을 수 없기 때문입니다.

한편 아픔이나 기쁨 같은 감각적 경험들은 업과 행위가 동시에 작용한 결과들입니다. 아픔이나 기쁨 같은 경험들은 업의 결과로 생겨나지만, 그에 따른 모든 심리적인 현상(意識)은 그 이전의 원인에서 비롯됩니다. 따라서 이 경우에는 앞에서도 말한 것처럼 무언가 동시에 작용하고 있는 두 개의 인과적 과정이 공존하는 것처럼 보입니다. 반면에 자연적인 인과의 법칙은 업에 의존합니다. 더불어 아픔이나 기쁨과 같은 유정 중생들의 경험이 그 그림(心象)에 들어가면 업도 그 속으로 따라 들어갑니다. 그런 면에서 보면 자연적인 인과의 법칙에도 그에 따르는 이차적인 업의 작용도 있는 것으로 보입니다.

상좌부(Theravāda) 아비달마에 따르면, 업은 일종의 심리적 사건입니다. 하지만 귀류-중관학파는 업도 물리적이며 신체적인 것으로 받아들입니다. 일반적으로 업은 행위의 관점에서 이해해야 합니다. 일상의 삶에서 우리가 경험하는 거의 모든 것들은 행위의 결과로 생깁니다. 행위 없이는 삶도 없습니다. 행위는 고통을 피하고 행복을 구하려는 자연스러운 열망에서 비롯된 것입니다. 행위의 가장 중요한 요소들 중 하나는 동기(發心)입니다. 동기라는 요소가 개입되면 그 수준에 상관없이 긍정적이든 부정적이든 중립적이든 행위의 본질은 좀더 복잡한 문제가 됩니다. 번뇌에 따른 마음의 상태는 육체적이든 언어적이든 충동적이고 부정적인 행위들을 자주 일으킵니다. 그리고 그에 따른 과보를 받습니다. 이것은 일상에서 쉽게 볼 수 있는 우리의 경험을 통해 이해할 수 있습니다.

흔히 인간 몸을 받은 것은 전생에 지은 덕행, 즉 복업의 산물이라고 말합니다. 인간이라는 물리적 집합체(蘊)의 정신적인 흐름(心相續)이 계속되는 한 우리는 그 근원을 거슬러 현존하는 우주의 시원까지도 되돌아볼 수 있습니다. 그리고 그 흐름은 현존하는 우주의 진화 이전에도 있었을 것입니다. 이와 같은 흐름(相續)을 통해 살펴보면, 그 집합체들의 시작은 결국 알 수 없습니다. 그래서 무시이래無始以來라고 하는 것입니다. 활성화되지 않은 물질의 연속성(相續)이 순차적 인과관계를 지속하는 것에는 업이 특정한 역할을 하는 것 같지는 않습니다. 자연스러운 인과의 과정을 통해 이전의 순간이 이후의 순간이 되는 것은 순수한 자연법칙이기 때문입니다.

물질적인 변화의 대부분은 물리적인 차원에서 물리적인 요소들의 변화에 따른 결과로 생겨나는 것입니다. 하지만 우리의 활성화된 몸, 즉 마음이라는 요소가 지속적으로 개입되는 몸에는 그에 따른 업도 함께 작용하는 것으로 보입니다. 일정한 요소가 개별적 유정 중생들의 경험에 영향을 미칠 수 있는 잠재력이나 힘이 있을 때, 업이 그 그림(心象) 속으로 들어간다는 의미입니다.

불교의 우주관에 따르면, 이 현상계는 현존하는 우주의 체계가 진화하기도 전, 시작도 없던 그때부터 허공의 입자(空大)가 상호작용하면서 점차로 극미, 원자, 분자 등을 거쳐 더 거친 입자들로 확산된 것입니다. 이에 대해 금강승(密敎)의 문헌에는 외적인 요소와 내적인 요소 그리고 극히 미세한 요소들이 언급되어 있습니다. 결과적으로 보면 극히 미세한 요소들이 가장 정제된 것인데, 그것은 내적인 기맥氣脈(nāḍi, rtsa)들을 타고 흐르는 생명의 기운(prāṇa, rlung, 命風)들입니다. 또한 그 문헌들은 외적인 요소들과 내적인 기맥들, 그리고 극히 미세한 기운(命風)들 사이에는 서로 밀접한 연관성이 있다고 말합니다. 이를 통해 우리는 다차원적인 요소들에 관계하는 업의 위상을 살펴볼 수 있습니다.

만약 내외의 요소들을 실제로 연결하는 것이 업이라면, 이를 바탕으로 '활성화되지 않은 물질'이 나중에 '어떻게 감각이나 의식의 기반으로 작용할 만큼 활성화되는지' 그 과정을 설명할 수 있습니다. 이와 같이 금강승 문헌에서 발견되는 미묘한 기운(命風)들에 대한 의미를 경험적으로 이해하면, 업과 물질세계 사이의 실질적인 관계성을 깨달을 수 있습니다. 물론 이것은 제 개인적인 경험에 의한 설명입니다. 당연히 결정적인 것이 아니기 때문에, 스스로 직접적인 경험을 통해 깨달아야 하는 내용입니다.

계속되는 금강석파편의 논리

이어지는 게송에서 샨띠데바는 만약 원인과 조건들로 이루어진 집합체가 사건과 사물들의 원인이라면, 자재천이 근본원인이라는 주장은 일관성을 잃는다고 말합니다. 왜냐하면 원인과 조건들이 모여 존재가 형성된다면 그 외의 어떤 힘도 그에 따른 결과가 맺어 지는 것을 막을 수 없기 때입니다. 심지어 자재천이라도 집합(蘊)에 의존해야만 무언가를 만들어 낼 수 있습니다.

124.
만약 그가 의존하여 집합된 것이라면
유일한 원인이 되는 자재천은 아니다.
집합된다면 창조되지 않을 수가 없고
집합되지 않는다면 창조될 수가 없다.

125.
만약 자재천이 의도하지 않았던 다른 것이

창조됐다면 결국은 다른 힘에 의한 것이다.

의도했다면 그 의도에 의존해서 된 것이다.

창조됐다면 그 자재천은 어디 있는 것인가.

더욱이 자재천이 만약 스스로 바라지 않는 행위를 한 것이라면 그
것은 또 다른 무언가에 의해 강제로 행해졌다는 것인데, 그렇게 되
면 그도 결국 다른 무언가에 의해 통제당하고 있다는 것입니다.
혹여 자재천이 스스로 바라는 행위를 했더라도, 그것은 결국 그가
욕망이라는 조건에 따라 행한다는 것입니다. 그렇다면 자재천은
신성한 것이며, 창조주이며, 유일한 근본원인이라는 개념은 결국
파기될 수밖에 없습니다.

  바이세시카(勝論)는 영원하고 불가분한 개별적인 극미의 원소가
이 물리적인 우주의 기반이자 창조주라고 주장하는 비불교도 학
파입니다. 다음의 게송에서 샨띠데바는 그들의 주장을 먼저 제시
한 다음, 그것은 앞에서 이미 논박한 바가 있다고 말합니다.[61]

  126.

  극미원소가 영원한 것이라고 주장하고 있는

  이들에 대해서는 앞에서도 이미 논박하였다.

  이에 상키야학파는 쁘라끄리띠(原質)를 영원

  불멸하는 전변의 원인이라고 주장하고 있다.

127.

사뜨바(純質) 라자스(動質) 따마스(暗質)라고 하는
[세 가지] 속성들이 완전한 평형상태에 도달하면
근본질료(原質)를 의미하는 쁘라끄리띠라고 하며
평형이 깨어져 전개되는 상태를 전변이라고 한다.

128.

하나에 본래 성품이 세 가지가 존재한다는 주장은
타당하지 않다. 고로 그것은 존재하지 않는 것이다.
그와 같이 [하나에 셋인] 속성은 존재할 수 없으며
그렇다고 해도 각각은 결국 세 가지이기 때문이다.

129.

속성이 존재할 수 없는 것이라면, 소리 등 또한
존재[할 수 있는 가능]성이 아주 멀어질 것이다.
마음(識)이 깃들지 않은 의복 등과 같은 것들에
안락함 등이 존재한다는 것은 불가능한 일이다.

그런 다음 샨띠데바는 상키야(數論)학파의 견해로 관심을 돌려 특
히 근본물질(原質)인 쁘라끄리띠(prakṛti)의 개념에 주의를 기울입니
다. 상키야학파는 세 가지의 근본적인 속성(guṇa)으로 순성純性의

사뜨바(sattva), 열성熱性의 라자스(rajas), 암성暗性의 따마스(tamas)를 열거하고, 그들이 평형(Pradhāna)을 이룬 상태를 쁘라끄리띠(原質)라고 정의합니다. 그리고 그것이 전체 물리적인 우주의 기반 혹은 근본원인이라고 주장합니다. 이에 대해 샨띠데바는 근본물질인 쁘라끄리띠가 만약 단일하고 유일한 실체라면, 그것은 세 가지 속성의 평형상태라는 개념으로 정의될 수 없다고 말합니다. 이것은 상키야학파 자체의 주장에도 위배되는 것인데, 그들은 그 세 가지 속성들도 역시 그 세 가지의 속성들로 이루어져 있다고 주장하기 때문입니다. 그러므로 그와 같은 주장은 결과적으로 성립될 수 없습니다. 또한 상키야학파의 견해에 따르면, 기쁨(善性)이나 아픔(熱性) 혹은 중립적인 감각(暗性)들도 궁극적이고 영원한 것이 됩니다. 하지만 끊임없이 변하고 있는 감각이나 지각의 상태가 어떻게 영원한 무언가가 될 수 있겠습니까?

130.
그 사물들에 원인적 자성이 깃들어 있어 그렇다면
사물은 앞서 이미 분석한 [몸과 같은 것이] 아닌가.
그대가 말한 원인은 또한 안락함 등의 성품이지만
그로부터 담요 등의 사물이 생겨나는 것은 아니다.

131.
그 반대로 담요 등에서 안락함 등이 생긴 것이라고 한다면
그 [담요]가 존재하지 않으면 안락함 등도 존재하지 않는다.
[그 주장대로] 안락함 등이 영원히 존재하는 것이라고 해도
언제든지 목격할 수 있는 [대상으로] 존재하는 것은 아니다.

샨띠데바는 '우리는 원인과 결과가 생성되는 순차적인 과정을 확인할 수 있기 때문에, 무언가가 영원하다는 것은 우리의 직접적인 경험에 위배된다'는 말로 그들의 주장을 반박합니다. 원인의 단계라는 것은 그 결과가 아직 생겨나지 않았을 때를 말하며, 결과의 단계라는 것은 존재했던 원인이 이미 소멸한 때를 말하기 때문입니다. 결과적으로 상키야학파가 주장하는 근본물질인 쁘라끄리띠라는 개념은 원인이 되지도 못하고 결과가 되지도 못하기 때문에, 그들이 말하는 물질세계의 생성원리인 전변의 과정 역시 제대로 입증되지 않습니다.

이어지는 게송에서 샨띠데바는 아픔이나 기쁨 혹은 안락함 등과 같은 감각들의 실재성(實有)을 부정합니다.

132.
그 안락함 등이 확실하게 존재하는 것이라면
그러한 경험은 어떻게 파악되지 않는 것인가.

그것이 미세한 상태가 되어 그렇다고 한다면
어느 정도의 거칠고 미세함을 말하는 것인가.

133.
거친 것을 버리고 미세하게 된 것이라면
미세하고 거친 것들 역시 무상한 것이다.
그러므로 [원인에 상관없이] 모든 사물은
무상한 것이라는 것을 왜 인정치 않는가.

134.
거친 것이 안락함과 다르지 않은 것이라면
안락이라는 그 속성은 분명 무상한 것이다.
만약 존재하지 않는 것에서는 어떠한 것도
생겨날 수 없다는 것을 인정한다고 한다면,

135.
확실한 것은 없는 것(無因)에서도 생겨나는 것은
그대가 인정하지 않더라도 존재한다는 사실이다.
만약 원인 속에 결과가 이미 존재한다고 한다면
음식물을 먹는 것은 배설물을 먹는 것이 된다.

136.
[그렇다면 목면의 무명] 옷을 살 값으로 목면의
씨앗을 사 입는 것과, 같은 경우가 되는 것이다.
세간이 미몽으로 보지 못하는 것이라고 한다면
이것은 진리를 아는 그대들이 제시한 진리이다.

137.
그러한 지식은 세간에도 역시 있는 것인데
왜 [세간사람 눈에는] 보이지 않는 것인가.
세간의 인식 방법 자체가 유효하지 않다면
분명 보이는 것도 진실은 아니라는 것이다.

그리고 이어지는 게송에서 샨띠데바는 상키야학파의 입장에서 중
관론자들에게 제기될 수 있는 문제를 다시 제시합니다.

138.
만약 인식 방법이 유효하지 않다면
그것으로 한 검증도 허위가 아닌가.
그러므로 [허위로 이끌어낸] 공성을
수행하는 것은 불합리한 것 아닌가.

상키야학파의 입장에서 보면, 중관학파의 관점은 직접적 지각(現量)이나 추론적 인식(比量)과 같은 서로 다른 유형의 유효한 인식(量)들을 인정하고 있는 것처럼 보인다고 주장할 수도 있습니다. 또한 어떤 의미에서는 '중관론자들이 그와 같은 인식의 방법들은 허위이며, 궁극적으로는 유효하지 않다'고 주장하는 것처럼 보일 수도 있습니다. 그래서 상키야학파는 "만약 그러한 인식의 방법들이 허위라고 한다면 일상의 대상들도 허위가 되기 때문에, 그 대상들은 비현실적인 것이 된다. 따라서 공성 자체도 허위이자 비현실적인 것이 되며, 그렇다면 그처럼 허위로 이끌어낸 공성을 수행하는 것도 불합리한 것"이라고 반박하는 것입니다.

이에 중관론자들은 '허위의 인식을 통해 성립되는 대상은 반드시 허위이며 비현실적인 것'이라는 상키야학파의 결론(歸謬)을 인정합니다. 그리고 그 결론을 전제로 그들의 반박을 다시 반박합니다.

139.
분석되는 대상을 만나지 않고서는
그것의 비실재는 파악되지 않는다.
그러므로 허위의 실재가 무엇이든
그것의 비실재는 분명히 허위이다.

귀류-중관론자들은 그것이 유효한 인식을 통해 확인한 공성이든 궁극적인 차원에서 확인한 공성이든 그 상태를 표현(有爲)한 공성은 절대적인 것(無爲)이 아니라고 말합니다. 그래서 귀류-중관학파는 상키야학파의 결론대로 공성을 확인하는 인식(量)은 허위가 맞으며, 더불어 공성 자체도 자성이 결여된 것(空空)이라고 말합니다.

미냑 뀐쐬의 주석서에서는 이 게송을 '대상과 관계되지 않거나 홀로 독립되어 있는 공성은 없다'는 의미로 해석합니다. 즉 '항아리의 공성'은 반드시 항아리와 관련이 있다는 것입니다. 항아리와 분리되어 독립적으로 존재하는 항아리의 공성은 있을 수 없다는 말입니다. 따라서 공성의 이론을 자세히 살펴보면, 사건이나 사물들을 성립시키기 위해 사용한 연기법이 공성을 성립시키기 위한 논리에 그대로 적용되어 있다는 것을 알 수 있습니다. 사건과 사물들은 다른 요소들에 의존해야만 성립되는 것이기 때문에 본래 자성이 공한 것입니다. 이와 같이 대상 또한 허위이며 본질적인 실체가 없는 것(無自性)이기 때문에, 궁극적으로는 그 대상의 본래 성품인 공성 역시 허위이며 본질적인 실체가 없다는 것입니다.

이 내용을 좀더 자세하게 설명하기 위해 샨띠데바는 다음과 같은 비유를 듭니다.

140.
그러므로 꿈속의 자식이 죽었기 때문에
'그가 존재하지 않는다'고 여기는 분별은

'그가 존재한다'고 생각한 것에서 비롯된

착각에 기인하며 그 역시 허위일 뿐이다.

예를 들면, 꿈에서 자식이 죽으면 꿈을 꾸고 있던 의식은 아이가 더 이상 존재하지 않는다고 생각하여 슬픔을 느낍니다. 실재하지 않는다(非實在)는 생각이 실재한다(實在)는 생각을 가로막은 것입니다. 따라서 이것도 역시 허위일 뿐입니다.

일체의 모든 사건과 사물들은 상대적인 관점에서도 분석될 수 있고 궁극적인 관점에서도 분석될 수 있습니다. 따라서 속제와 진제의 양면성이 있다고 말하는 것이며, 그것을 두 가지 진리(二諦)라고 말합니다. 항아리와 같은 대상을 분석하여 그것이 본질적으로 존재하는 것인지 아닌지를 점검하면, 결국 발견하게 되는 것은 그 대상의 공성뿐입니다. 그리고 다시 그 공성을 대상으로 삼아 그것이 본질적으로 존재하는 것인지 아닌지를 분석하고 점검하면, 결국 발견하게 되는 것은 그 공성의 공성(空空)뿐입니다. 이와 같이 존재의 궁극적인 본질을 분석하면, 다른 모든 대상들과 마찬가지로 공성 그 자체도 고유한 자성이 없는 것(無自性)입니다.

우리는 보통 공성을 궁극적인 진리인 진제로 취급합니다. 하지만 공성 그 자체를 궁극적인 분석의 대상으로 삼는 경우에는 공성도 상대적 진리인 속제가 됩니다. 어떤 의미에서는 공성에 대한 '입장이 바뀐 것'입니다. 공성이라는 말 자체에는 본질적인 자성이 없습니다. 따라서 세속적 진리인 속제가 되는 것입니다. 그래서 샨띠데바는 금강석파편의 논리에 대한 결론을 다음과 같이 정리합니다.

> 141.
> 그러므로 이와 같이 깊이 분석해보면
> 어떤 것도 원인 없이 존재하지 않는다.
> 개별적인 조건들에도 존재하지 않으며
> 집합적인 조건들에도 존재하지 않는다.

> 142-1.
> 사물은 다른 것에서 오는 것도 아니고
> 머무는 것도 아니며 가는 것도 아니다.

이에 대해 미냑 뀐쐬는 그의 주석서에서, 모든 사건과 사물들의 궁극적인 본성은 영원의 상견과 허무의 단견을 모두 넘어서 있는 것이라고 말합니다.

위대한 연기법의 논리

다음은 실유의 공성을 입증하는 '모든 논리의 왕'이라고 부르는 연기법의 논리에 관한 것입니다. 연기법의 논리에 '모든 논리의 왕' 혹은 '우두머리'라는 수식어가 붙는 것은 공성을 입증하기 위한 모든 형태의 논리는 그것이 직접적이든 간접적이든 반드시 연기법에 근거해야 하기 때문입니다. 또한 일체 현상의 공성을 입증하기 위해 연기법을 사용하는 특별한 이유는 연기법의 논리만이 절대주의적 상견이나 허무주의적 단견을 모두 벗어나게 할 수 있기 때문입니다.

이어지는 게송들에서 샨띠데바는 원인과 조건들, 구성하는 부분들, 혹은 개념적으로 상정된 것들에 의존하여 발생(緣起)하는 일체의 사건과 사물들은 모두가 다 신기루나 환영과 같은 것이라고 설명합니다. 즉 개념화(戲論)를 통해 조작된 것이라는 말입니다. 마치 거울 앞에 물건을 놓으면 저절로 그 형상이 비치는 것처럼, 일체의 사건과 사물들은 수많은 조건들의 집합(蘊)으로 이루어진 여러 요소들에 의존하여 발생하는 것입니다.

142-2.
미몽 때문에 진실하게 여기지만 이것이
[착각으로 나타난] 환과 무엇이 다른가.

143.
이에 환술로 생겨난 것은 무엇이든

원인에서 생겨난 것은 그 무엇이든

그것이 어디에서 온 것인지 그리고

어디로 가는지 분석해야 할 것이다.

144.

무엇이든 무언가가 가까이에 있기 때문에

볼 수 있지만 그것이 없다면 아닐 것이다.

허위로 [나타난 거울 속의] 영상과 똑같은

그것에 진실한 성품이 어찌 존재하겠는가.

그러므로 연기법은 원인과 조건들에 의존하는 경우, 구성하는 부분들에 의존하는 경우, 개념적으로 상정되는 경우 등 그것을 정의하는 개념이나 붙이는 이름들에 따라 다양한 차원에서 이해할 수 있습니다.

티벳어의 뗀중(rten 'byung, 緣起)이라는 용어는 '의존하여(rten)'와 '발생되는('byung)'이라는 두 음절의 의미가 결합된 것입니다. 그리고 이 용어는 절대주의적 상견과 허무주의적 단견을 벗어난 중도라는 뜻도 내포합니다. 두 음절의 의미를 결합하면, 일체의 모든 사건과 사물들은 다른 여러 가지 요소들에 의존하여 발생되는 것입니다. 의존이라는 용어는 독립적이지 않다는 의미이기 때문에 절대주의를 부정하는 것이며, 따라서 자율적인 실체가 없다(無實

有)는 것입니다. 하지만 발생이라는 용어는 존재와 상대적 세계의 현실성을 긍정하는 것이기 때문에 허무주의를 부정하는 것이며, 따라서 그것이 비록 공하다고 해도 원인과 결과, 윤회와 열반 등의 유효성이 유지될 수 있다는 것을 의미합니다. 따라서 의존-발생(緣起)이라는 용어 자체가 절대주의와 허무주의의 양 극단을 부정하고 있는 중도입니다.

실재와 비실재의 논리

다음은 실재(有)와 비실재(無)의 발생과 소멸에 관한 논리입니다. 이것은 주로 결과의 관점에서 제시된 것입니다.

> 145.
> 사물이 이미 존재하고 있는데
> 원인은 어째서 필요한 것인가.
> 그와 반대로 존재하지 않는데
> 원인은 어째서 필요한 것인가.

> 146.
> 백 천만 가지 일체의 모든 원인을 갖춰도

사물이 존재하지 않는 것은 변할 수 없다.
그 경우 사물은 어떻게 해서 되는 것인가.
사물이 변한 다른 것은 또한 어떤 것인가.

147.
비실재인 경우 사물로 실재하기가 불가능하다면
사물로 실재하는 것은 언제 실재하게 되는 건가.
만약 실재하는 사물로 나타날 수 없는 것이라면
실재하지 않기 때문에 분리될 수도 없는 것이다.

148.
실재하지 않기 때문에 분리되지 않는 것이라면
사물은 [개체로서] 실재할 틈(時)이 없을 것이다.
사물은 또한 실재하지 않는 것도 될 수 없는데
결국 자성이 둘이라는 것이 인정되기 때문이다.

149.
이와 같이 소멸이 실재하지 않는다면
사물도 역시 실재하지 않는다. 따라서
이 모든 중생들은 [오고 감이 없으며]
결코 생하지도 멸하지도 않는 것이다.

사물들이 만약 독립적인 별개의 존재로서 자리매김하고 있다면 원인은 왜 필요하겠습니까? 사물들이 만약 본질적이고 자율적인 것이라면, 원인이 할 수 있는 역할은 없습니다. 원인들의 역할은 존재의 결과를 맺는 것이기 때문입니다.

본래부터 독립적으로 존재하는 것이 발생과 소멸의 과정을 거치는 일은 있을 수 없기 때문에 결과적으로 발생과 소멸의 과정은 상대적인 조건에 따라 이루어지는 것임을 알 수 있습니다. 이것을 이해하면 윤회(成)와 열반(滅)이 본래 다르지 않다는 것도 알 수 있습니다. 또한 궁극적인 관점에서 보면, 윤회와 열반은 모두가 공한 것이기 때문에 그 둘 사이에는 아무런 차이가 없습니다.

이에 대해 샨띠데바는 다음과 같이 결론을 맺습니다.

150.
중생들은 [애초부터] 꿈과 같아서
통찰해보면 [텅 빈] 파초와 같아
열반을 이루거나 혹은 못 이뤄도
실제는 아무 차이가 없는 것이다.

공성의 지혜 회향

그리고 산띠데바는 마지막 결론인 다음 게송들[151~167]을 통해 공성 수행의 이익을 설명하며 지혜품을 회향합니다. 공성을 이해한다는 것은 일상적인 세속적 관심사의 노예가 되지 않는다는 것을 의미합니다. 그뿐만 아니라 오히려 그로부터 자유로워질 수 있습니다. 또한 공성의 지혜를 수행함으로써 자비심을 개발할 수 있습니다. 공감과 공존의 이유가 함께하기 때문입니다. 공성을 수행하는 가장 큰 두 가지 목적인 해탈의 지혜와 이타의 자비심이 함께하는 것입니다.

151.
그와 같이 공한 사물들을 두고
얻을 것과 잃을 것은 무엇인가.
공경을 받은 이 그는 누구이며
멸시당한 이 그는 또 누구인가.

152.
기쁨이나 고통은 어디에 있는가.
슬픔은 무엇이고 쾌락은 무언가.

진여를 탐구해 [바로 알게 되면]
누가 집착하고 무엇에 하겠는가.

153.
분석하면 재생하는 이 세간에
누가 여기서 죽어가는 것인가.
무엇이 생겼고 무엇이 생기나.
친척이나 친구는 또 무엇인가.

154.
일체 모두가 다 허공과 같은 것임을
나와 같은 이는 모두 알아야 하리라.
자신만의 안락함을 추구하던 이들은
다투거나 즐거워하던 원인들로 인해

155.
너무도 성내거나 즐거워하며
슬퍼하거나 애쓰고 경쟁하며
서로 베고 찌르고 상처 입혀
죄악으로 곤궁하게 살아가네.

156.
선취의 안락세계로 [오고] 또 와서
많은 안락을 누리고 또 누린 후에
끝내 죽으면 악취고惡趣苦만 남아
긴 세월 참을 수 없는 나락이리라.

157.
[험난한] 생존의 수많은 낭떠러지
그곳은 진여가 아닌 그와 같다네.
그곳은 또한 서로가 모순 속에서
살지만 진여는 그와 같지 않다네.

158.
그곳은 또 비할 바 없고 참을 수 없는
고통의 바다가 끝도 없이 펼쳐지는 곳.
그곳은 그처럼 [공덕의] 힘이 미약하며
그곳은 수명도 짧고 [불안한] 곳이라네.

159.
그곳은 또한 생존과 무병함을 위해
애쓰는 곳이며 배를 곯고 피곤하며

잠과 위험함에 빠짐이 그와 같아서
어리석은 이와 친함도 의미 없어라.

160.
시간은 의미 없이 너무나 빨리 지나가네.
분석의 지혜는 참으로 얻기가 어려워라.
그곳은 또한 동요動搖가 익숙한 곳이니
이것을 돌이킬 방법은 어디에 있는가.

161.
그곳은 또 악취惡趣의 [업이] 만연하여
타락하게 되므로 마군魔群이 애쓴다네.
그곳은 전도된 길이 너무 많은 곳이라
의심조차 끊어내고 넘어서기 힘들다네.

162.
더불어 한가롭기가 너무나 어려우니
부처님이 오시기는 더더욱 어려워라.
번뇌고의 강물은 벗어나기가 힘들고
오호라 고통만이 끝없이 이어지누나.

163.
그처럼 혹독한 고통 속에서도
자신의 고통을 보지 못하는가.
고통의 강물에 들어간 이들아
오호라 슬픔에 젖어 드는구나.

164.
예를 들어 어떤 이들은 목욕을 반복하며
그리고 또 반복해서 불 속으로 들어간다.
이와 같이 혹독한 고통 속에 머물면서도
스스로 행복한 듯 의기양양 그와 같은가.

165.
그렇게 늙고 죽음이 없는 것처럼
[함께] 행하면서 안주하던 이들도
제일 먼저 죽음을 맞이하게 되니
악취의 나락은 막을 수가 없구나.

166.
그와 같이 고통으로 괴로운 불길을
공덕의 자량 구름에 응집되어 있는

자기 지복을 녹여낸 비로 적멸함에,

나는 언제 그와 같이 될 수 있을까.

167.

언제쯤 대상(所緣)을 분별하지 않는 방법으로

[원행보리심의] 겸양한 공덕의 자량을 쌓으며

대상(實有)에 대한 믿음으로 몰락한 이들에게

[지혜 방편 합일의] 공성을 드러낼 수 있으랴.

이상으로 샨띠데바 보살의 《입보리행론》 제9장 지혜품(般若波羅蜜章)에 대한 간단한 설명을 마치도록 하겠습니다.

지혜의 명상

이와 같은 지혜품의 회향 게송들을 통해 지금부터 우리는 일체의 모든 중생이 환과 같은 것임을 명상할 수 있습니다. 또한 분노나 시기, 질투 같은 자신의 왜곡된 감정을 남들에게 투영하는 일은 무의미하다는 것도 이해할 수 있습니다. 결국은 너와 내가 다르지 않기 때문입니다. 유정 중생들이 비록 환과 같다고는 하지만 그들은 실제로 아픔과 기쁨을 느끼고 경험하는 존재들입니다. 내가 아프면 남들도 아픈 것입니다. 또한 내가 기쁘면 남들도 기쁜 것입니다. 공감을 통해 공존의 이유를 알아야 합니다. 더불어 자타 모두가 공성의 본질임을 명상함으로써 분노와 욕망의 번뇌로 얼룩진 부정적인 습기들을 극복해야 합니다. 그리고 내 자신은 물론 다른 이들 모두가 윤회고를 벗어날 수 있는 잠재력을 가지고 있다는 것을 알고서 그들 모두에게 자비로운 마음을 가지도록 애써야 합니다. 공성을 깨닫고 자비심을 나누어야 하는 것입니다.

발보리심

지혜의 개발

이타심의 공덕

샨띠데바는 행복과 즐거움은 모두 이타심에서 비롯된 결과이며 불행과 괴로움은 모두 이기심에서 비롯된 결과라고 말합니다. 이 것은 부처님께서 남기신 이타중생의 행적과 우리 자신의 이기적인 삶을 비교해보면 분명하게 드러나는 문제입니다. 또한 범부 중생들의 어리석음과 부처님의 지혜 공덕을 비교하면 이타심의 위대함은 더욱 분명해집니다. 비교하면 할수록 자기-중심적 태도의 모순을 깨우치게 되고 이타-지향적 삶의 가치를 확신하게 됩니다.

행복을 바라고 고통을 피하고 싶어 하는 것은 누구에게나 똑같은 본능입니다. 인종이나 성별, 권력이나 재물에 상관없이 누구에게나 평등합니다. 그런데 왜 우리는 타인의 희생을 담보로 자신의 이익만을 추구하는 것입니까? 자신이 그러한 것처럼 남들도 똑같이 고통이 아닌 행복을 원합니다. 우리들 각자는 그것이 어느 정도이든 행복이나 즐거움에 만족이 없습니다.

나와 남들의 차이는 무엇입니까? 나는 하나이고 남들은 다수입니다. 하지만 우리는 다수의 소중함을 망각한 채 하나의 안위만을 걱정합니다. 다수의 불행은 무시하고 하나의 행복에만 몰두하는 것입니다.

이기적인 관점에서 보더라도, 공동체에 속한 남들이 행복하면 나도 행복해질 수 있습니다. 하지만 그 반대로 남들이 불행하면 나도 불행해집니다. 남들의 이익이 곧 나의 이익으로 직결됩니다. 또한 이기적인 마음이 강하면 강할수록 감정적으로나 심리적으로 더 큰 문제가 야기된다는 것을 우리는 경험을 통해 알고 있습니다. 그러므로 우리의 삶과 심리적인 상태에 아무런 도움이 되지 않는 이기심을 버려야 합니다.

자신의 이익(自利)을 추구하는 것도 물론 중요하지만, 남들의 이익(利他)을 위해 더 많은 시간을 할애해야 합니다. 왜냐하면 이타적인 삶이 이기적인 삶보다 훨씬 더 건강하고 가치 있기 때문입니다. 그래야 삶이 점점 더 여유롭고 풍요롭게 변해갑니다. 또한 삶을 위협하는 일에도 크게 동요하지 않고 흔들림 없이 원하는 바를 이루어 갈 수 있습니다. 하지만 이기적인 삶만을 추구한다면 사소한 상황에도 쉽게 동요하게 되고 결국은 깊은 상처를 입게 될 것입니다. 이것은 누구나 자신의 경험을 통해서 알 수 있는 일입니다.

그러므로 선한 마음(利他心)이 중요합니다. 그것이 나와 남들 모두에게 이익이 되기 때문입니다. 이기적인 마음의 노예가 되면 단기적이든 장기적이든 결국은 끝없는 불만과 좌절 그리고 불행만 남게 됩니다. 따라서 인간으로 태어난 이 소중한 기회(暇滿)를 의미

없이 낭비하지 말고, 선한 마음으로 모두에게 이익이 되는 삶을 살아야 합니다.

발보리심

제 입장에서 보면 보리심은 제 삶의 재산이자 용기의 원천입니다. 비록 다 깨우치진 못했지만 보리심에 대한 신심은 날이 갈수록 깊어만 갑니다. 돌이켜보면 남들을 행복하게 만들고 스스로 만족하는 법을 배운 것도 모두 이 보리심 때문입니다. 그래서 이 삶의 소중한 기회(暇滿)를 오직 이타적인 목적을 위해서만 회향하고자 한 것입니다. 더 늙고 더 병들어 죽음이 찾아오더라도 이 생을 보리심을 향한 신심과 헌신적인 회향으로만 가득하게 할 것입니다. 친구(法友)들이여, 보리심을 가까이하고 이타심을 수행하시기 바랍니다. 부디 이 길에 뜻을 두고 간절히 정진해 나가시기 바랍니다.

보리심을 실제로 깨닫는 일은 하루아침에 이루어지지 않습니다. 오랜 시간 정진해야 합니다. 어쩌면 무량겁의 세월이 필요할지도 모릅니다. 보리심은 단순히 지적인 이해의 대상이 아닙니다. 또한 "일체의 유정 중생들이 모두 다 완전한 깨달음을 이루게 하소서!" 기도하는 것만으로 깨닫는 것도 아닙니다. 단순한 지성과 맹목적인 신심만으로는 보리심을 깨달을 수 없습니다. 그러므로 더 깊은 차원에서 부처님의 지혜(Dharma)를 수행해야 합니다. 이것이 보리심을 성취하는 가장 심오한 수행 방법입니다.

> 황금으로 바꾸는 연금액의 본성이 뛰어난 것처럼
> 정결하지 못한 이 몸을 고귀한 보석이자 그 가치를
> 매길 수 없는 승리불의 몸으로 변화시키고자 한다면
> 보리심이라는 이것을 변함없이 굳게 지켜야만 한다네.

보리심은 언뜻 아주 간단해 보이기 때문에, 드러난 의미만으로는 설득력이 부족해 보일 수도 있습니다. 반면에 만달라(maṇḍala)나 본존(iṣṭadevatā)을 대상으로 삼는 밀교적 명상수행들은 더 신비롭고 설득력 있게 보일 수도 있습니다. 하지만 실제로 수행을 해보면 보리심은 그 깊이가 헤아릴 수 없을 만큼 무궁무진하다는 것을 알게 될 것입니다. 따라서 보리심을 수행한 결과 또한 그 깊이가 다릅니다. 보리심은 수행을 하면 할수록 그 깊이가 깊어지기 때문에 환멸을 느끼거나 낙담할 일도 없습니다. 하지만 본존 요가나 진언 염송 같은 밀법 수행은 그 기대치가 큰 만큼 환멸을 느끼거나 낙담할 가능성도 큽니다. 어쩌면 몇 십 년을 수행하고도 '본존 요가도 진언 염송도 내 그토록 열심히 수행했건만, 어찌하여 아무런 체험도 변화도 없는 것인가!' 스스로 실망할 수도 있습니다. 보리심을 수행하면 이와 같은 환멸이나 낙담은 결코 생기지 않습니다.

보리심을 깨닫는 데는 오랜 수행이 필요하기 때문에, 일단 조금이라도 맛을 보게 되면 기도를 통해 열심히 발보리심 하는 것이 좋습니다. 이타중생을 염원하며 보리심의 원력을 키우는 것입니다. 이것이 원보리심願菩提心입니다. 보리심에 대한 원력을 키우는 것은 스승을 관상(現前生起)하거나 부처님을 관상하며 할 수 있습니다. 이와 같은 수행은 발보리심의 능력을 한층 더 강화해줍니다. 더불어 스승을 직접 모시고 하는 특별한 의식(入門儀式)에서 보살계菩薩戒를 수지하는 것도 발보리심의 한 방법입니다.

이와 같은 의식의 첫 번째 부분은 주로 보리심의 서원(願菩提心)을 세우는 것입니다. 이 의식에는 일체중생의 이익을 위해 붓다의 경지를 성취하겠다는 이타적인 서원을 세우고 그 마음을 끝까지 포기하지 않고 다음 생에도 혹은 그 다음 생에도 계속해서 수행해 나가겠다는 의지를 일깨우고 다짐하는 과정이 있습니다. 또한 이 의식에는 계율 등의 맹서盟誓들이 포함되기도 합니다. 두 번째 부분은 보살계를 수지하는 의식입니다. 이 단계는 앞에서 보리심의 서원을 세우고 대승의 보리도를 수행할 준비가 된 이들을 위한 부분입니다.

이와 같이 보살행에 들어갈 준비가 끝난 상태에서 보살계를 수지해야 합니다. 일단 보살계를 수지하고 나면, 좋든 싫든 기쁘든 슬프든 상관없이 자신의 목숨보다 소중히 여기며 지켜 나가야 하기 때문입니다. 한번 세운 맹서는 수미산처럼 굳건해야 합니다. 보살계의 다짐 그대로 흔들림 없이 보살행을 실천해 나가야 하는 것(行菩提心)입니다.

물론 이 책을 읽는 독자들 중에는 불자가 아닌 이들도 있을 수 있습니다. 불자라고 하더라도 아직은 보살계를 수지하려는 의지가 없는 이들도 있을 수 있습니다.[62] 만약 보살행을 실천(行菩提心)할 준비가 안 되었다면 굳이 보살계를 받아야 할 필요는 없습니다. 보리심에 대한 원력(願菩提心)을 좀더 키우고 그 마음이 그것을 기꺼이 감당하고자 할 때 보살계를 받으면 됩니다. 따라서 여전히 일체 중생의 행복과 완전한 깨달음을 위해 기도할 수 있습니다. 기도가 충분히 무르익으면 발보리심의 공덕이 저절로 생겨납니다. 굳이 계율을 따라야 하는 것도 아닙니다. 보리심의 원력이 무르익으면 계율도 저절로 따라오기 때문입니다. 그리고 그에 따라 용기를 가지고 흔들림 없이 보리심을 실천해 나갈 수 있습니다. 이와 같은 마음의 상태는 때가 되면 스스로 알 수 있습니다.

지혜의 명상

일체중생들의 해방을 위해
붓다의 경지를 이룰 때까지
불법승 삼보 전에 귀의하며
불퇴전의 길을 가게 하소서.

지혜와 자비로 가득 넘치는
오늘 부처님 전에 머무르며
일체중생들의 이익을 위해
이 보리심을 발하게 하소서.

허공의 세계가 존재하는 한
중생의 세계가 존재하는 한
저도 그곳에 함께 머물면서
중생의 고를 멸하게 하소서.

이 책은 1991년 8월 프랑스 도르도뉴(Dordogne)에서 개최된 달라이 라마의 법회 기간 중 약설한 《입보리행론》 법문의 후속 법문에 기반합니다.(1991년에 약설한 달라이 라마의 《입보리행론》 법문 내용은 최근 한국어로 번역되어 《달라이 라마의 입보리행론 강의》라는 제목으로 출판되었다. 《입보리행론》 제1장부터 10장까지 필요한 게송들만 간추려 법문한 내용으로 본서가 출판된 동기와 과정을 살펴보고 참고할 수 있다.) 당시 시간이 부족했던 관계로 특히 제9장 지혜품 같은 경우는 그 내용을 충분히 전달하지 못했기 때문에, 이후 1993년 11월 프랑스 라보르(Lavaur)에 있는 바즈라요기니연구소(Vajra Yogini Institute)에서 그 내용을 다시 구체적으로 설법한 것입니다. 1991년의 법문에서 달라이 라마는 《입보리행론》이 부처님께서 세 번에 걸쳐 굴리신 법의 수레(三轉之法輪, 여기서 삼전법륜은 초전初轉의 사성제 법문과 이전二轉의 공성(般若)법문,

그리고 삼전三轉의 불성佛性 법문 세 가지를 모두 말한다.)를 한 권에 모두 응축하고 있다고 했습니다. 이것은 《입보리행론》의 깊이와 가치를 강조한 말입니다. 또한 모든 티벳불교 종파의 스승들이 언제나 최고로 여겨왔던 논서라고 했습니다. 이것은 《입보리행론》의 보편성을 강조한 말입니다.

샨띠데바(Śāntideva)가 저술한 《입보리행론》 제9장 지혜품의 원래 제목은 반야바라밀입니다. 그 뜻을 살펴보면, '반야'는 중생들을 해탈 열반의 길로 인도하는 자리이타의 지혜이며, '바라밀'은 부처님의 지혜와 행적을 따라가는 실천행(大悲行)입니다. 그러므로 반야바라밀은 이타중생의 지혜를 실천하는 깨달음의 길(菩提道)입니다. 윤회고의 원인이 되는 번뇌와 망상은 물론 본능에 잠재된 습기마저 완전히 벗어나는 길이며, 자기 자신뿐만 아니라 일체중생이 다 함께 해방되는 길입니다.

길(道. path)이라는 말에는 두 가지 의미가 있습니다. 하나는 경로經路(route)이며, 다른 하나는 비결秘訣(knowhow)입니다. 그중 경로라는 의미는 일이 진행되는 방향이나 순서를 말하는데, 흔히 차제次第라고 합니다. 그러므로 보리도차제는 깨달음으로 향하는 방향과 순서를 담고 있는 깨달음(菩提道)의 길(次第)입니다. 그런 뜻에서 이 책에는 달라이 라마의 혜안을 통해 풀어낸 보리도차제가 들어있습니다. 그 내용은 본문의 '지혜의 개발'이라는 항목에서 함께 살펴볼 수 있습니다.

길의 또 다른 의미인 비결은 세상에 알려지지 않은 스승만의 경험과 비법을 말하는데, 흔히 밀법密法이라고 합니다. 밀법은 깨달음의 목적지를 빠르고 쉽게 갈 수 있는 스승의 경험담이자 방법론입니다. 그런 의미에서 이 책에는 달라이 라마의 직접적인 경험을 근거로 한 깨달음(菩提心)의 비법(密法)이 들어있습니다. 그 내용은 본문의 '지혜의 명상'이라는 항목에서 함께 수행할 수 있습니다. 더불어 본문의 핵심에 해당하는 달라이 라마의 지혜품 해석은 '본송의 해설'이라는 항목에 들어있습니다.

＊

법맥의 전승이라는 측면에서 보면 이 책은 달라이 라마(傳敎師)를 통해 구전되어 법맥을 이은 반야바라밀 전승서입니다. 달라이 라마가《입보리행론》의 법맥을 잇게 된 것은 1959년 티벳에서 인도로 망명한 이후에 이루어진 일입니다. 티벳불교에서는 비결을 전승하는 밀법뿐만 아니라 현교의 경론을 전승할 때도 법맥의 계보를 통해 그 정통성을 이어갑니다. 하지만 망명 이후 티벳불교 재건을 위해 경황이 없었던 달라이 라마는 계속해서 법을 전승해야 하는 스승으로서 꼭 받아야 할《입보리행론》의 전승법맥을 미처 이어받지 못했습니다. 따라서 인용과 설명은 할 수 있었지만 그 계보를 전승할 수는 없었습니다. 심지어 망명 이후에는 법맥의 전승자를 찾는 것도 쉽지 않은 일이었습니다. 그러던 어느 날 드디어 법맥을 이어 줄 스승을 찾았는데, 그분이 바로 쿤누 라마 린포체(Khu nu bla ma, 1895~1977)입니다. 인도의 북부 히말라야 지역에서 태어나 일평생 《입보리행론》을 기반으로 보리심과 공성을 수행한 쿤누 라마 린포체는 티벳불교가 인도로 망명하기 이전에 중앙티벳으로 들어가 겔룩 전통의 가르침을 공부하였고, 이후 다시 동티벳 지역으로 이동하여 닝마 전통의 가르침을 공부하신 분입니다. 귀류파적 겔룩의 관점과 자립논증파적 닝마의 관점이 융합된 《입보리행론》의 법맥을 전승받은 분입니다. 역사적으로도 아주 중요한 문제인데, 특히 19세기 초 동티벳에서 전개된 무종파적 화쟁사상인 리메(Ri-med, 無山)운동의 정신이 이 전승 법맥에 그대로 녹아 있다는 점에서 더욱 그러합니다. 더욱이 망명 이후 종학파 간의 화합과 종학적 가치의 융합을 끊임없이 모색해왔던 달라이 라마에게는 더없이 훌륭한 보살행의 해석적 전통이었던 것입니다. 이에 따라 《입보리행론》이 지닌 종합과 포용의 정신은 그에 걸맞은 훌륭한 전승 계보와 함께 달라이 라마의 이타적 실천사상에 그대로 적용될 수 있었습니다.

*

제자의 입장에서 보면 달라이 라마는 부처님의 지혜를 쉽게 풀어 낼 줄 아는 친절한 스승입니다. 스승으로서 법문을 하실 때는 언제나 제자들이 이해하기 쉬운 방식으로 접근합니다. 달라이 라마는 이 책의 서론에서 보살행에 입문하기 위한 핵심 기반에 대해 설명하고 있는데, 그것은 바른 동기 그리고 지성과 신심이 필요하다는 것입니다. 신심이 없는 지성은 메마른 것이라 열매를 맺을 수 없고, 지성이 없는 신심은 맹목적이라 방향을 잃기 쉽다고 말합니다. 더불어 단편적인 이해보다는 종합적인 이해와 실천적인 삶이 요구된다고 말합니다. 현교의 길이든 밀교의 길이든 실제 수행에 입문하면 청정한 발심(動機)이 필요한 것은 물론 그와 더불어 잘 훈련된 지성과 확고한 신심이 필요합니다.

  지성이 필요한 것은 가르침을 이해하고 현상(人法)의 본질을 분석하고 통찰하는 수행을 해야 하기 때문입니다. 그래야 반야를 기반으로 한 공성을 깨달을 수 있습니다. 그리고 신심이 필요한 것은 그 길을 끝까지 갈 수 있는 힘이 필요하기 때문입니다. 그래야 바라밀을 기반으로 한 대비심을 실천할 수 있습니다. 이와 같이 지성과 신심은 공성과 보리심의 결과를 맺기 위한 원인적 기반입니다. 지혜와 방편을 합일하는 보리도의 첫 단추라는 말입니다. 관심 없는 이들에게는 흔히 하는 말로 들릴 수도 있지만, 진지하게 대승의 길에 입문한 수행자라면 스승의 이 말이 곧 수행의 방향성이자 경험담(秘訣)이라는 것을 확연히 알 수 있습니다. 쉽게만 보이는 달라이 라마의 법문을 자세히 살펴보면, 이외에도 가볍게 넘길 수 없는 수많은 지혜와 방편이 들어있습니다. 진지하게 법맥을 이어가는 제자의 입장에서 보면, 스승이 전하는 법문의 내용은 그 하나하나가 다 체계적인 지도이자 훌륭한 나침반입니다. 스스로 길을 갈 때는 물론이고 다음 세대에 그 길을 제시할 때도 언제나 더없이 유용한 이정표입니다.

*

옮긴이의 입장에서 보면 구루요가의 본존이신 스승의 권고에 따라 부족하지만 공성과 보리심의 교재가 될 《입보리행론》 역주를 2004년 중인도 사르나트의 한 처소에서 처음 탈고하였습니다.(2006년 출간된 옮긴이의 《입보리행론역주》 참조) 이후 잠시 강론과 저술로 회향처에 머물다 지금의 현실에 맞는 현밀顯密 수행의 재구성이 필요함을 절감하고 그에 따른 보림으로 또 한 번 방랑의 세월을 보냈습니다. 아만이든 겸손이든 세상에 드러나는 일보다 부족한 부분을 채우는 일이 더 중요했기 때문입니다. 그렇게 또 다른 시간 속에 삼년 삼보름의 정진을 마치던 어느 한때, 문득 《입보리행론》의 인연이 다시 찾아왔습니다. 그리고 때가 되어 스승의 전승 법맥을 담은 이 책, 《달라이 라마의 지혜 명상》을 세상에 내놓게 되었습니다.

법맥을 전승한 후학으로서 세상에 유익한 일이 되도록 공을 들이기는 하였으나 부족한 부분이 있다면 그것은 모두가 저의 몫입니다. 혹여라도 스승들의 혜안에 누가 되지 않았기를 바랄 뿐입니다. 끝으로 기꺼이 출판을 결심해주신 도서출판 모과나무의 남배현 대표님을 비롯해 이 책이 세상에 나오기까지 유무형의 공덕을 함께 나누어 준 모든 이들께 깊은 감사를 드립니다.

*

이후에는 고귀한 인간의 몸을 받은
이 소중한 시간이 더 이상 헛되지 않도록
반야바라밀의 깊은 의미를 다 함께 누리게 하소서.

스승의 공성과 보리심에 기대어
최로덴 합장정례

미주

'편역자 주'를 제외한 모든 해설은 옮긴이의 주석이다.

1 티벳불교에서는 《입보리행론》을 《입보살행론入菩薩行論》이라는 이름으로 주로 사용한다.

2 《바라밀약설波羅蜜略說(Pāramitāsamāsa, Pha rol du phyin pa bsdus pa, 波羅蜜概要)》, Toh 3944 참조. 《자따까말라(Jātakamālā)》의 저자이기도 한 아리야슈라(Ārya-śūra, 聖猛, sLob dpon dPa' bo)는 대략 4세기 정도의 인물로 알려져 있다. 이와 관련하여 한문경전 《육도집경六度集經》도 참조할 수 있다.

편역자 주 : 산스크리트본을 완역한 영역본은 Carol Meadow의 Ārya-śūra's Compendium of the Perfections (Bonn:Indica et Tibetetica Verlag, 1986), 참조.

3 티벳불교 겔룩파(dGe lugs pa)의 모태가 된 까담파는 10세기 이후 새롭게 티벳불교의 역사를 시작한 후기전파시기(後傳期)의 서막을 알린 인도인 스승 아띠샤(Atiśa Dīpaṃkara Śrījñāna)에서 시작되었다. 그가 부처님의 모든 말씀(bka')을 실증적인 가르침(gdams)으로 삼았기 때문에, 그의 가르침을 따르는 이들(pa)을 까담빠라고 부른 것이다. 까담빠는 전통적으로 아띠샤가 저술한 《보리도등론菩提道燈論(Bodhipathapradīpa, Byang chub lam sgron)》을 기반으로 하근기, 중근기, 상근기의 수행차제를 포괄하는 보리도차제菩提道次第(Lam rim)에 따라 수행하였다.

4 편역자 주 : 불교의 중요한 고전들을 영어로 번역하는 데 탁월한 John Dunne와 Sara McClintock이 The Precious Garland:An Epistle to a King (Boston: Wisdom Publications, 1997)을 출판하였다. 이 책은 달라이 라마가 그해 로스앤젤레스(LA)에서 《보행왕정론》을 법문할 때 사용한 한

정판 교재였다. John Dunne와 Sara McClintock의 번역을 수정한 판본은 새롭게 번역(英譯)된 Nagarjuna의 Mulamadhyamakakarika(中論根本頌)와 함께 Wisdom Publications에서 곧 나올 예정이다.

5 편역자 주 : 이 책이 서구권에 출판된 것은 그 일부가 서유럽의 언어로 번역된 것뿐이다.

6 편역자 주 : 예를 들면, B. Alan Wallace가 영어로 편역한 Transcendent Wisdom:A Commentary on the Ninth Chapter of Shantideva's Guide to the Bodhisattva Way of Life (Ithaca NY: Snow Lion Publications, 1988)가 있다. / 이 책의 내용은《입보리행론》제9장 지혜품을 해설하신 달라이 라마의 의도를 좀더 분명히 전달하기 위해 한글 번역에도 참조하였다.

7 편역자 주 : 미냑 뀐상 쇠남(Mi nyag kun bzang bsod nams)은 툽땐 최끼 닥빠(Thub bstan chos kyi grags pa)라고도 부른다. 그리고《입보리행론》제9장에 대한 이 두 편의 주석서는 Padmakara Translation Group과 Editions Padmakara가 1993년 Wisdom: Two Buddhist Commentaries라는 제목으로 모두 출간한 것들이다.

8 《께따까:정화의 보석》은 역자(韓譯)가 한글로 번역하여 출간할 예정이다. 이 책에는 닝마파 입장의 지혜품 해석인 미팜 린포체의《께따까:정화의 보석》과 함께 그에 대한 겔룩파의 입장을 대변하는 반론서인 닥까르 툴꾸의《명해의 수희법담(明解隨喜法談)》, 그리고 그에 대한 미팜 린포체의 응답서인《태양의 광명(太陽光明)》이 모두 수록되어 있다.

9 편역자 주 : 이 내용은 그 이듬해인 1994년 Padmakara Translation Group이 A Flash of Lightening in the Dark of Night:A Guide to the Bodhisattva's Way of Life (Boston: Shambhala Publications, 1994)라는 제목으로 번역(英譯)하여 출판하였다.

10 편역자 주 : Sutra Presenting the First [Link in the Chain of] Dependent Origination and Its Divisions. Toh 211, Kangyur, mdo

sde, vol. tsha, 123b.

11 편역자 주 : "처음은 복덕이 아닌 것을 끊고, 중간은 아집을 끊으며, 마지막은 일체견一切見을 멸하여 끊는다." Ch.8, v. 5. 이에 대한 영문 게송과 주석은 Yogic Deeds of Bodhisattvas:Gyel-tsap on Aryadeva's Four Hundred, commentary by Geshe Sönam Rinchen, trans. And ed. By Ruth Sönam (Ithaca NY: Snow Lion Publications, 1994), p. 193. 참조.

12 여기서 말하는 본송本頌은《입보리행론》제9장 지혜품의 근본 게송을 말한다. 지혜품(般若波羅蜜品)은 총 167개의 게송으로 이루어져 있는데, 본문에 나오는 '본송의 해설' 부분은 지혜품의 근본 게송에 대한 달라이 라마의 해석 부분이다.

13 이 책에 사용한《입보리행론》의 게송은 티벳어 원문을 직접 번역한 것이다. 영어본을 한글로 번역하면《본송》의 다중적인 의미를 그대로 담아내기가 힘들다. 그리고 이후 다른 주석가들의 해석에도 그대로 적용하기 위한 것이다. 티벳불교에서는 경론의 해석적 전통이 특히나 중요한데, 만약 원문 게송 자체의 여백과 확장성이 부족하게 되면 이미 나와있는 다양한 해석적 전통들을 제대로 수용하지 못할 수도 있다. 그렇게 되면 주석서마다 거기에 맞는 역본譯本이 다시 필요할 수도 있다. 이것은 단지 한국어 번역의 문제만이 아니라 영어권을 비롯한 여러 번역자들이 실제로 겪고 있는 문제이기도 하다. 따라서 처음부터 원문 게송의 의도를 충분히 고려해야 그 행간의 의미와 여백을 충분히 살릴 수 있다. 분명 문법적인 분석을 넘어 좀더 깊은 차원의 경험적 통찰(修證)이 필요한 일이다. 경론을 번역하는 데 있어서 충분한 주의가 필요한 부분이다.

14 이 부분에 대해서는 The Nectar of Manjushri's Speech:A Detailed Commentary of Shantideva's Way of The Bodhisattva (New Delhi: Shechen Publications, 2010)의 제9장 지혜품과 미팜 린포체의《께따까:정화의 보석》그리고 그 속에 부록으로 수록된《태양의 광명》'질문 6: 진속

이제眞俗二諦' 부분을 참조하기 바란다. 이 문헌들을 통해 닝마파와 겔룩파의 이제론에 대한 차이를 자세하게 살펴볼 수 있을 것이다.

15 편역자 주 : 이 구절에 대한 쫑카빠의 명료한 해석은 Notes on the Wisdom Chapter(知慧品講錄), The Collected Works of Tsongkhapa, vol. 14. 참조.

16 편역자 주 : 《반야심경》에 대한 달라이 라마의 광범위한 해석은, Essence of the Heart Sutra (Boston: Wisdom Publications, 2002). 참조. / 여기서는 제법공상諸法空相을 인용한 것으로 보인다.

17 이것은 마치 텅 비어 있기 때문에 무언가가 생겨나고 움직일 수 있는 것과 같은 이치이다. 공성이기 때문에 사물이 발현될 수 있고, 공성에서 발현된 것이기 때문에 고정된 실체가 없는 것이다. 이 구절은 이와 같은 방식으로 공성과 현상에 대해 깊은 통찰을 이어 나갈 수 있음을 보여주고 있는 것으로 해석된다.

18 티벳불교에서는 다양한 방식으로 공성을 분류해왔다. 기본적으로 짠드라끼르띠의 《입중론》에서 분류하는 16종(1. phyi stong pa nyid 2. nang stong pa nyid 3. phyi nang stong pa nyid 4. chen po stong pa nyid 5. thog ma dang mtha' ma med pa'i stong pa nyid 6. 'dus byas stong pa nyid 7. 'dus ma byas stong pa nyid 8. stong pa nyid stong pa nyid 9. mtha' las 'das pa'i stong pa nyid 10. rang bzhin stong pa nyid 11. mtshan nyid med pa'i stong pa nyid 12. ngo bo nyid stong pa nyid 13. dor ba med pa'i stong pa nyid 14. dngos po med pa'i ngo bo nyid stong pa nyid 15. chos thams cad stong pa nyid 16. mtshan nyid stong pa nyid) 의 공성 이외에도 거기에 2종(17. dngos po stong pa nyid 18. dngos po med pa'i stong pa nyid)을 더해 18공성, 다시 2종(19. ngo bo nyid stong pa nyid 20. gzhan gyi dngos po stong pa nyid)을 더해 20공성으로 분류하기도 한다. 한역漢譯《대품반야경大品般若經》에서는 "내공內空, 외공外空, 내외공內外空, 공공空空, 대공大空, 제일의공第一義空, 유위공有爲空, 무위공無爲空, 필경공畢竟空, 무시공無始空, 산공散空, 성공性空, 자상공自相空, 제법공諸法空, 불가득공不可得空, 무법공無法空, 유법공有法空, 무법유법공無法有法空"을 열거하고 있다.

이에 대한 자세한 설명은《대지도론大智度論》에 나와 있다. 또한 초심의 수행자들은 인무아와 법무아를 2종의 공성으로 구별하여 공부하기도 한다. 더불어 최근에 활동했던 최감 둥빠 린포체(Zur mang Drung pa chos kyi rgya mtsho, 1940~1987)는 물리적 현상의 공성을 의미하는 외현공外現空, 외부 현상에 의존(緣起)하여 내부에 동시발생하는 현상의 공성을 의미하는 내현공內現空, 그리고 구경의 절대 경지를 의미하는 절대공絶對空 등 3종의 공성을 제시하기도 하였다. 또한 4종의 공성은《대품반야경大品般若經》에서, "법법상공法法相空, 무법무법상공無法無法相空, 자법자법상공自法自法相空, 타법타법상공他法他法相空"을 열거하고 있다. 이와 함께 밀교에서는 구경의 원만차제로서 1. 전5식前五識이 제6식으로 융입되는 시공始空 2. 제6식이 제7식으로 융입되는 대공大空 3. 제7식이 제8식으로 융입되는 극공極空, 그리고 4. 제8식이 근본 지혜로 융입되는 원공圓空의 4종 공성을 제시하기도 한다.

19 편역자 주 : 귀류-중관학파의 수행체계를 따르는 중관론자들을 의미한다.

20 이와 같은 논리는 쫑카파를 비롯한 귀류-중관론자들이 현상의 본질적인 실유를 부정하면서도 현상 그 자체를 부정하지 않는 것에서도 확인할 수 있다.

21 편역자 주 : 이 내용은 아마도《보리심석론》의 다음과 같은 구절에서 인용한 것으로 보인다. "따라서 요가 수행자들이 [그들의 마음속에] 이 공성을 개발하면, 의심할 바 없이 다른 이를 위한 이타심이 생겨날 것이다." Bodhicittavivaraṇa, v.73. 참조.

22 사성제의 '십육행상(bden pa bzhi'i rnam pa bcu drug/bdag med rnam pa bcu drug/bden chung bcu drug)'은 고집멸도 사성제의 진리를 좀더 깊이 통찰할 수 있도록 각각 네 가지로 세분하여 열여섯 개의 수행처로 재구성한 것이다. 고제의 사행상四行相에는 1. 무상(anitya, mi rtag pa, 無常) 2. 통고痛苦(duḥkha, sdug bsngal ba, 苦) 3. 공성(śūnyatā, stong pa nyid, 空) 4. 무아(anātmaka, bdag med pa, 無我)가 있으며, 집제의 사행상에는 5. 원인(hetu, rgyu, 因) 6. 집합(samudaya, kun

'byung, 集) 7. 발생(prabhava, rab skye, 生) 8. 조건(pratyaya, rkyen, 緣)이 있고, 멸제의 사행상에는 9. 적정(śānta, zhi ba, 靜) 10. 멸진(nirodha; 'gog pa, 滅) 11. 묘락(praṇīta; gya nom pa, 妙) 12. 출리(niḥsaraṇa, nges 'byung, 離)가 있으며, 도제의 사행상에는 13. 멸도(mārga, lam, 道) 14. 논리(nyāya, rigs pa, 如) 15. 궁행(pratipatti, sgrub pa, 行) 16. 탈출(nairyāṇika, nges 'byin, 出)이 있다.

23 티벳불교에서는 사마四魔 혹은 사마군四魔軍(catvāri māra, bdud bzhi)을 현교체계와 밀교체계로 구분하여 설명하기도 한다. 먼저 현교체계(sūtrayāna, mdo'i theg pa, 顯敎乘)에는, 1. 형색, 감각, 정신적 상태 등을 실재하는 것으로 여기는 것을 상징하며 집합체의 장애를 나타내는 온마蘊魔(skandhamāra, phung po'i bdud) 2. 부정적인 감정의 습기로 더해지는 파괴적인 감정들을 상징하며 번뇌의 장애를 나타내는 번뇌마煩惱魔(kleśamāra, nyon mongs kyi bdud) 3. 너무나 고귀한 인간 생의 가치를 마감하는 죽음 자체를 의미하며 변화의 공포, 무상 등을 상징하는 죽음의 장애를 나타내는 사마死魔(mṛtyumāra, 'chi bdag gi bdud) 4. 기쁨과 안락을 위한 집착과 애욕을 상징하며 천자天子의 장애를 나타내는 천자마天子魔(devaputramāra, lha'i bu'i bdud)가 있다. 그리고 밀교체계(vajrayāna, rdo rje theg pa, 金剛乘)에는 1. 유형의 장애인 유형마有形魔(thogs bcas kyi bdud) 2. 무형의 장애인 무형마無形魔(thogs med kyi bdud) 3. 환희마歡喜魔(dga' brod kyi bdud) 4. 교만마驕慢魔(snyems byed kyi bdud)가 있다. 이 외에도 5종이나 10종의 장애(魔, māra)를 더 열거하기도 한다.

24 사성제의 십육행상 부분 참조.

25 양자물리학에서 말하는 양자론 같은 경우를 예로 들 수 있다. 또한 '달라이 라마와 과학자들의 만남'을 소개한 책들도 참고할 수 있을 것이다.

26 이 게송을 본문에서는 티벳어 원문 게송(rkyen gcig gis ni kun nus pa//gang na yang ni yod ma yin//gal te don dam mya ngan 'das//'khor ba kun rdzob de lta na//)의 순서에 맞추어 처음 두 구절[13-1]과 나머지 두 구절[13-2]로 구분하여 각각에 해당하는 해설문에 인용하였다. 하지만 영역본에서는 여기에 처음 한

줄을 구분하여 인용하고, 나머지 구절은 다음의 해설에 인용하고 있다. 따라서 티벳어 원문 게송과 해석의 배열 순서가 일치하지 않는다. 이것은 단순히 티벳어 원문을 번역한 영어와 한글의 어순이 다르기 때문에 생겨나는 문제이다.

27 일반적으로 '유식삼성唯識三性'이라고 하면, 1. 변계소집성遍計所執性 (parikalpita-svabhāva) 2. 의타기성依他起性(paratantra-svabhāva) 3. 원성실성圓成實性(pariniṣpanna-svabhāva)의 순서로 열거한다. 이것은 인식론적 세계관을 나타내는 순서이다. 즉 변계소집성은 일반 사람들이 현상계를 바라보고 인식하는 방식을 말하고, 의타기성은 무상을 수행하여 깨우친 요가행자들이 현상계를 바라보고 인식하는 방식을 말하며, 원성실성은 원만성취의 정각자가 현상계를 바라보고 인식하는 방식 혹은 구경보리의 완전한 삼매 상태를 말한다. 하지만, '존재론적 전개와 본래 상태로의 회귀'라는 관점에서 보면, 이 현상계는 본래의 상태인 원성실성에서 변계소집성을 통해 펼쳐진 것이고 그렇게 펼쳐진 세상은 의타기성으로 이루어진 것이다. 따라서 역으로, 수행을 통해 존재의 본래 상태로 회귀하기 하려면, 먼저 현상계의 1. 의타기성을 깨달아야 하고, 2 변계소집성을 벗어나야 하며, 3. 원성실성으로 돌아가야 한다. 이와 같이 유식삼성은 특정한 목적을 가지고 특정한 순서를 설정할 수 있는 것이다. 따라서 고정된 사전적 개념보다는 수행의 필요에 따라 다차원적 이해 혹은 만달라적 이해가 병행되어야 한다. 이것은 불교를 이해하는 수준에 따라 다른 해석과 수행 방법이 있을 수 있다는 것을 보여준다.

28 산띠데바가 활동했던 8세기 당시의 인도에서는 존재하지 않는 무언가를 표현할 때는 애초부터 잉태능력이 없는 '석녀石女'에 주로 비유하였다. 이것은 경론에서 논리적으로 사용하는 '허공의 꽃(虛空華)'이나 '토기의 뿔(兔角)'과 같은 비유이다.

29 잠재력을 의미하는 습기習氣(vāsanā)는 일반적으로 등류습기等流習氣와 이숙습기異熟習氣 두 가지로 분류된다. 등류습기는 명언습기名言習氣 혹은

326

명언종자名言種子라고도 하는데, 이는 잠재적인 원인이 그대로 결과로 맺어지는 것을 말한다. 다시 말해 무의식(第七識)의 작용에 의해 잠재된 선악의 원인(種子)이 나타나는 것(現行)이기 때문에, 결과적으로 선악의 과보를 그대로 받는 것이다. 이에 반해 이숙습기는 업종자業種子 혹은 이숙무기종자(異熟無記之種子)라고도 하는데, 이는 잠재적인 원인이 그와는 다른 결과를 맺는 것을 말한다. 이것은 의식(第六識)의 작용에 의해 잠재된 선악의 원인(種子)이 무기無記 상태에 머물고 있는 것이기 때문에, 결과적으로 자신의 의지에 따라 언제든 변할 수 있는 것이다.《성유식론》,《유식삼십송》등 참조.

30 여기서 말하는 전도된 견해, 즉 변견邊見은 존재에 대한 모든 왜곡된 견해를 말한다. 일반적으로는 상견常見과 단견斷見을 의미하지만, 구체적으로는 사구분별(tetra-lemma)을 통해 상단常斷을 구분하고 그로 인해 존재에 대한 견해가 왜곡된 것을 말한다. '사구분별'은 '(1) 있다(有), (2) 없다(無), (3) 있으면서 없다(亦有亦無), (4) 있는 것도 없는 것도 아니다(非有非無)'의 경우와 같은 존재에 대한 '네 가지 형태의 논의법(mu bzhi, catuṣkoṭika, 四項判斷 또는 四句分別, tetra-lemma)'을 말한다. 이것은 흔히 나가르주나의《중론근본송》등에 등장하는, '불생불멸不生不滅 불상부단不常不斷 불일불이不一不異 불래불거不來不去' 그리고 '부득부지不得不至' 등과 같은 부정을 통해, 진리를 드러내는 사구부정四句否定(dgag bzhi)'의 대상이 되는 것들이다. '사구부정'은 또한 앞의 '사구분별'에 나타나는 존재에 대한 양극단인 상견과 단견 등을 논파할 때 사용하는 방편이기도 하다. 특히, '사구부정'에서, '부정否定'이라는 말은 논증의 방식을 말하는 것이다. 나아가 이러한 '부정'의 목적이 '사구분별'에 집착하는 극단적인 견해인 '사구변견四句邊見(mtha' bzhi)'을 논박하여 상대방의 모순을 깨닫게 하는데 있기 때문에, 결과적으로 '사구논박四句論駁'이 되기도 한다.

31 편역자 주: 이에 대해서는 달라이 라마가 직접 해설한 Kalachakra Tantra: Rite of Initiation, trans. and introduced by Jeffrey

Hopkins(Boston: Wisdom Publications, 1999) 참조.

32   현교를 수행하든 밀교를 수행하든 이 게송[46~47]들에 담긴 논점은 이
론만으로 해결되는 문제가 아니다. 그래서 《입보리행론》의 여러 주석
가들도 이 게송들에 대한 해석상의 이견을 보이는 것이다. 표면적으로
는 아라한의 깨달음에 대한 논쟁으로 보이지만, 그 이면에는 12연기의
순행과 역행에 관계된 수행의 차제는 물론 존재에 관한 입체적 만달라
가 적용되어 있기 때문이다. 예를 들면, '점의 논쟁, 선의 논쟁, 면의 논
쟁, 그리고 입체의 논쟁'이 각각 그 깊이와 차원을 달리 하는 것처럼, 보
리도에 대한 실증적인 경험 없이 단순히 가설적 추론이나 참고 문헌만
을 가지고 이 게송들을 해석하려 든다면, 결국은 자기모순(自家撞着)에
빠지게 되는 것이다. 사실은 본문에 나오는 모든 게송들이 다 그러하기
때문에, 그 깊이를 제대로 헤아리기 위해서는 표면적인 언어를 넘어선
실증적인 수행적 탐구가 필요한 것이다.

33   여기서 말하는 '삼매'는 등지等至(samāpatti, snyoms 'jug) 혹은 지止(śamatha, zhi
gnas)의 의미인데, 기본적으로는 관觀(vipaśyanā, lhag mthong)이 없이 마음의
평정상태에 머무는 것을 말한다. 반야부 경전에서는, '이와 같은 삼매
는 공空, 무상無相, 무원無願 등에 대한 관이 없다는 이유로 반야의 지
혜가 결여된 삼매'로 여긴다.

34   자립논증파들이 말하는 자성은 허위가 없는 인식을 통해 드러는 것이
며 따라서 그들이 말하는 현실은 그와 같이 허위가 없는 자성을 기반
으로 존재하는 것이다.

35   이와 같은 자립논증학파의 입장은 결국 귀류파의 입장에서 정리된 것
이다. 따라서 약간은 모호하게 느껴질 수도 있다. 본문에는 더 이상의
자세한 설명이 없기 때문에, 자립논증학파의 입장을 구체적으로 살펴
보려면 결국 자립논증학파의 해석적 전통에 의지해야 한다.

36   인아를 구체화하는 수준에 따라 탐진치 등이 미치는 영향이나 범위가
달라진다는 말이다. 거친 수준에서 구체화된 인아는 그만큼 거친 수

준에서 탐진치의 인과를 경험하게 되며, 또한 미세한 수준에서 구체화된 인아는 그만큼 미세한 수준의 인과를 경험하게 되는 것이다.

37 편역자주: Ch. I, v. 80. 이 게송에 대한 영어 번역은 The Precious Garland, Trans. By John Dunne and Sara McClintock (Boston: Wisdom Publications, 1997), p. 21. 참조.

38 편역자주: '여래에 대한 분석과 통찰'은《중론근본송》제22장 관여래품 觀如來品 참조..

39 편역자 주 :《보행왕정론》, ch. 2, v. 73d-74. 영어 번역은 The Precious Garland, John Dunne et al., p. 36. 참조..

40 사념처四念處(catuḥ-smṛtyupasthāna, dran pa nye bar bzhag pa bzhi)는 각각 신념처身念處(kāya-smṛtyupasthāna, lus dran pa nye bar bzhag), 수념처受念處(vedanā-smṛtyupasthāna, tshor dran pa nye bar bzhag), 심념처心念處(citta-smṛtyupasthāna, sems dran pa nye bar bzhag), 법념처法念處(dharma-smṛtyupasthāna, chos dran pa nye bar bzhag)를 말한다.

41 여기서 사용하고 있는 '염念(smṛti)'이라는 용어는 보통 영역에서는 mindfulness라고 번역하는데, 이것은 남방불교에서 사용하는 사띠(sati)라는 용어의 영역인 mindfulness(마음챙김)이라는 의미와는 약간 다르다. 같은 용어라도 대승적인 방법이냐 혹은 소승적인 방법이냐 따라 수행의 깊이와 범위가 달라지는 것과 같다. 따라서 여기서는 본문의 내용을 좀더 명확하게 하기 위해 mindfulness를 '유념留念'이라는 용어로 번역하였다. 유념은 국어사전의 개념 그대로 '잊거나 소홀히 하지 않도록 마음속에 깊이 간직하여 생각한다'는 의미이다. 즉 유념하여 염두에 두는 것(念處)이다. 이것은 억념憶念과 정념正念의 뜻을 합한 것이다. 이는 필요에 의해 용어의 의미를 일반화한 것이다. 학자들은 자기주장을 위해 좀더 구체적인 개념화를 시도하겠지만, 실증적인 수행에 입문한 이들은 만약 그 뜻을 이해했다면 용어 자체에 매일 필요는 없다고 생각한다.

42 편역자 주: The Fundamental Wisdom of the Middle Way. Ch. 24, v.
19. gang phyir brten 'byung ma yin pa'i// chos 'ga'ang yod pa ma
yin pa// de phyir stong pa ma yin pa'i// chos 'ga' yod pa ma yin
no//

43 《대승보요의론大乘寶要義論》(고려대장경. K-1475) 혹은 《집경론集經論
(Sūtrasamuccaya, mDo kun las btus pa)》(데게판 No. 3934)이라고 한다. 원저자에
대한 이견은 있지만, 티벳에서는 나가르주나(龍樹)의 저술로 알려져 있
다. 《대승보요의론(약칭, 寶要義論)》은 주로 한문본에 쓰이는 제명題名
인데, 한문본은 송대宋代의 법호法護(Dharmarakṣa, 962-1058) 등이 산스
크리트본에서 번역한 것으로 알려져 있다. 티벳에서는 《집경론》이라
는 제명을 주로 사용한다. 티벳어본은 카슈미르 학자인 지나미뜨라
(Jinamitra, rGyal ba'i bShes gnyen)와 또 다른 인도의 대학자인 실렌드라보디
(Śīlendrabodhi, tshul khrims dbang po byang chub) 그리고 그의 역경 도반이었던
티벳인 역경사 예셰 데(sNa nam zhang Ye shes sDe, Jñānasena, 8세기 중반~9세기 초)
등이 산스크리트어에서 번역한 것으로 알려져 있다.

44 미팜의 해석에 따르면, 긍정은 진제 차원에서 [표현가능한] 유위진제
(rnam grangs pa'i don dam)"를 의미하며, 부정은 진제 차원에서 "[표현 불가능
한] 무위진제(rnam grangs ma yin pa'i don dam)를 의미한다.

45 귀경게의 두 게송을 말한다. 그 내용을 살펴보면 다음과 같다. "[일체
의 모든 현상이] 무언가에 의존하여 생기(緣起)한다는 것은 소멸함도 없
고(不滅) 생겨남도 없으며(不生) 단절됨도 없고(不斷) 항상함도 없으며(不
常) 오는 바도 없고(不來) 가는 바도 없으며(不去) 상이한 것도 아니고(不
異) 동일한 것(不一)도 아니라는 것이며, [이는 이원론적] 희론을 멸진滅盡
한 적정(空性)의 가르침이니, 이에 원만한 불설佛說들의 정각자이신 [석
가모니 부처님]께 정례올립니다." gang gis rten cing 'brel bar 'byung//
'gag pa med pa skye med pa// chad pa med pa rtag med pa// 'ong
pa med pa 'gro med pa// tha dad don med don gcig min// spros

pa nyer zhi zhi bstan pa// rdzogs pa'i sangs rgyas smra rnams
kyi// dam pa de la phyag 'tshal lo//

46 여기서 '적정(zhi)'이라는 단어를 '공성'이라는 의미로 읽으면 그 뜻을 좀
더 분명하게 이해할 수 있을 것이다.

47 《보성론寶性論(究竟一乘寶性論; 分別寶性大乘無上續論, Mahāyānottaratantra-Śāstra;
Ratnagotravibhāga, Theg pa chen po rgyud bla ma'i bstan bcos)》. 미륵(Maitreynātha,
Byams pa'i mgon po)의 '5대 논저(彌勒五論, byams chos sde lnga)' 중 하나로 알려
져 있다. 나머지는 각각 《현관장엄론現觀莊嚴論(Abhisamayālaṃkāra, mNgon
par rtogs pa'i rgyan)》《대승장엄경론大乘莊嚴經論(Māhayānasūtrālaṃkāra, Theg pa
chen po'i mdo sde rgyan)》《변중변론송辨中邊論頌(Madhyāntavibhāga, dBus dang mtha'
rnam par 'byed pa)》《변법법성론辨法法性論(Dharma-dharmatā-vibhāga, chos dang
chos nyid rnam par 'byed pa)》을 말한다.

48 족첸(Mahāsaṅdhi; Atiyoga, 大圓滿; 大究境) 수행은 부처님의 본심 그대로 마음
의 본성에 직입하는 닝마파 최고의 무상요가이다.

49 마하무드라(Mahāmudrā) 수행은 현교는 오도五道와 십지十地를 기반으로,
밀교는 구경차제(rdzogs rim, utpannakrama)를 기반으로, 핵심정수는 '족
첸' 수행과 유사하게 마음의 본성에 직입하는 방법으로 이루어진 까규
파의 최고 무상요가이다.

50 도과(Mārgaphala) 수행은 헤바즈라(Hevajra, Kya'i rdo rje) 딴뜨라를 기반으로
한 싸꺄파 최고의 무상요가이다.

51 구히야삼마자(Guhyasamāja) 수행은 야만따까(Yamāntaka, gShin rje gshed), 짜끄
라삼바라(Cakrasaṃvara, 'khor lo bde mchog gi rgyud) 수행과 함께 겔룩파에서
수행하는 3대 무상요가 중에 하나이다. 이외에도 다양한 유형의 무상
요가 행법들이 있다.

52 현상을 본질적이고 독립적인 실체로 파악하는 실유성이 부정되지 않
는다면, 모든 것은 다 영원히 고정된 것이 된다. 고정됐다는 것은 변하
지 않는다는 것이며, 변하지 않는 것은 살아서 움직일 수가 없다는 것

이다. 이는 우리가 인식하고 경험하는 역동적인 존재의 현실과 위배되는 것이다. 따라서 그들의 실유성은 부정되어야 한다. 그래야 우리가 인식하고 경험하는 역동적인 현실이 있는 그대로 일관되고 유효하게 성립될 수 있다. 실유성이 부정됨으로써 연기법에 따른 현실성이 인정되는 것이다.

53 유의할 점은 이와 같이 제시된 기준에 선후관계가 있다는 것이다. 즉 세속의 실유성을 먼저 부정한 이후에 비로소 그 현실을 있는 그대로 받아들인다는 것이다. 실유론적인 현실을 부정하지 않고 그대로 두면 그에 따른 윤회고의 경험에서 벗어날 수 없지만, 실유론적인 현실을 부정하고 그 궁극적인 본질을 깨달으면 세속의 현실에 결코 얽매이지 않게 되기 때문에 현실을 있는 그대로 받아들여도 더 이상 속박되지 않는다는 의미이다.

54 여기서는《깔라짜끄라딴뜨라(dus kyi 'khor lo)》밀전密典(Tantra)을 말한다. '딴뜨라'라는 말은 밀교 수행법과 그 내용을 담고 있는 문헌을 통칭하는 말로도 사용된다. '깔라짜끄라딴뜨라'는 10세기 이후, 티벳불교 신역新譯(gsar ma)시대의 종학파들이 주로 수행해온 밀교 행법이다. 대표적인 수행종학파로는 조낭(Jo nang)파와 겔룩(dGe lugs)파가 있다. 그 구성을 살펴보면, '깔라짜끄라딴뜨라 문헌'에는 아비달마(Abhidharma, chos mngon pa)의 철학만큼 정교하고 복잡한 '외부 우주 세계(第一部)와 내부 인체 세계(第二部)에 대한 지식'과 세계 평화를 위한 가장 정교하고 화려한 '입문관정의식(第三部)', 그리고 그에 따른 '생기차제(第四部)와 구경원만차제(第五部)'의 정교한 밀교적 수행법이 들어있다.

55 '법사의法四依 혹은 사의처四依處(catuḥpratisaraṇa, rton pa bzhi)'라고 한다. 내용은 '1. 사람에 의지하지 말고 가르침에 의지하라(gang zag la mi rton chos la rton), 2. 말에 의지하지 말고 의미에 의지하라(tshig la mi rton don la rton), 3. 잠정적인 의미에 의지하지 말고 분명한 의미에 의지하라(drang don la mi rton nges don la rton), 4. 세속적인 분별심에 의지하지 말고 지혜에 의지하

라(rnam shes la mi rton ye shes la rton)'인데, 이 가르침은 석가모니 부처님께서 최후의 반열반般涅槃(parinirvāṇa, yongs su myang 'das)에 드시기 전에 설하신 내용으로 알려져 있다. 아상가의 《유가사지론(Yogācārabhūmi)》 등 참조..

56 '괴멸壞滅(zhig pa)'이라는 용어는 쫑카파가 정의한 귀류파의 '팔대난점八大 難點' 중에 일곱 번째에 해당하는 개념이다. 모든 사물은 해체되는 과정 에 있는데, 그 과정을 담보하고 있는 사물의 특성을 괴멸이라고 한다. 즉 '무너져 흩어지는 것'이라는 의미이다. 따라서 무상한 것 혹은 괴멸 되는 것은 그것이 유위의 사물(zhig pa dngos po, 壞滅體)로서 존재하고 있다 는 것을 나타낸다. '팔대난점'은 각각 다음과 같이 열거된다. 1. 아뢰야 식(ālayavijñāna, kun gzhi rnam shes)은 세속적으로도 존재하지 않는다. 2. 자 체-인식하는 마음의 자립인自立因(rang rgyud kyi rtags)은 세속적 차원에서 도 부정된다. 3. 자증自證(sasaṃvitti, rang rig, 自悟: 自體立證)은 공성을 설명하 는 수단으로서 거부된다. 4. 인식하는 마음에 대립되는 마음 밖의 외 경外境(phyi don)을 인정한다. 5. 해탈을 이루기 위해 성문과 독각들은 인 아와 법아의 공성(二無我)을 모두 깨닫는다. 6. 현상(法我)의 실유에 대한 집착은 번뇌장(kleśavaraṇa, nyon mongs kyis sgrib pa)이다. 7. 괴멸壞滅(zhig pa, 解體) 의 상태는 무상한 존재, 즉 실질적인 유위의 사물(zhig pa dngos po, 壞滅體) 로서 정의된다. 8. 앞의 [일곱 번째] 난점을 기반으로 귀류파는 삼세(dus gsum)에 대한 특별한 주장을 가지고 있다.

57 마치 점멸하는 등불의 꺼짐이 또 다른 켜짐을 안배하는 것과 같다.

58 이와 같은 논리들을 살펴보기 위해서는 '중관의 4대 논리 혹은 중관의 5대 논리(gtan tshigs chen po lnga, 中觀[正見]五大論理)'를 이해해야 하는데, 이 는 가끔 '결과론적 논리' 혹은 '진제를 확립하기 위한 목적을 가진 논 리'라고 부른다. 이것은 존재에 대한 사구부정 중 첫 번째에 해당하는 '실재(有)의 부정'에 주로 적용하는 논리이다. '사구부정' 중에 첫 번째에 해당하는 이 '실재(有)의 부정'이 중요한 이유는 그 다음에 이어지는 세 가지 부정들의 기반이 되기 때문이다. 즉 '실재(有)에 대한 부정'에 성공

하면, 나머지 세 가지(無, 亦有亦無, 非有非無)에 대한 부정도 성공할 수 있다는 것이다. '중관의 4대 논리 혹은 '중관의 5대 논리'는 다음과 같다: (1) '동일한 것도 상이한 것도 아니라는 논리(gcig du bral gyi gtan tshigs, 離一離異因/非一非異因)'는 현상은 하나(一)로 존재하는 것도 아니고 다른 것(異)으로 존재하는 것도 아니라는 것을 나타내는 것이다. (2) '금강석파편(金剛屑)의 논리(rdo rje gzegs ma'i gtan tshigs, 金剛屑因)'는 현상의 원인을 관찰하는 것이다. [이것은 창과 방패의 모순처럼, 금강석은 자기 자신을 부술 수 없기 때문에, 원인이 원인을 발생시키거나 소멸시킬 수 없다는 논리이다.] (3) '연기법의 논리(rten 'brel gyi gtan tshigs, 緣起因)'는 연기법을 통해 현상의 본성을 점검하는 것이다. (4) '실재(有)와 비실재(無)의 결과를 파기하는 논리(破有無生因)'는 그 결과들을 관찰하는 것이다. 끝으로 (5) '네 가지 가능한 대안들(四句分別)과 관련된 논리(mu bzhi skye 'gog gi gtan tshigs, 破四句生因)'는 그 자체의 원인에 나타나는 과정을 관찰하는 것이다. 이 다섯 가지 논리는 가끔 (1)의 논리와 (3)의 논리를 '현상의 본질을 관찰하는 논리'로 묶어서 '중관의 4대논리'라고 부르기도 한다.

59 사구분별(tetra-lemma)은 '(1) 있다(有), (2) 없다(無), (3) 있으면서 없다(亦有亦無), (4) 있는 것도 없는 것도 아니다(非有非無)'의 경우와 같이 존재에 대한 '네 가지 형태의 논의법(mu bzhi, catuṣkoṭika, 四項判斷 또는 四句分別, tetra-lemma)'을 말한다. 즉, (1) 실재[P, 有], (2) 비실재[not-P, 無], (3) 실재이자 비실재[both P and not-P, 亦有亦無], (4) 실재도 비실재도 아닌 것[not-(P or not-P), 非有非無]'이라고 판단하고 분별하는 것이 사구분별(四句分別)이다. 이는 흔히 나가르주나의 《중론근본송》에 등장하는, '불생불멸不生不滅 불상부단不常不斷 불일불이不一不異 불래불거不來不去' 그리고 '부득부지不得不至' 등과 같은 부정을 통해 진리를 드러내는 사구부정(四句否定)(dgag bzhi)'의 대상이 되는 것들이다. 이 '사구부정'은 앞의 '사구분별'에 나타난 '존재에 대한 양극단인 상견과 단견 등을 논파할 때 사용'하는 방편이다. 특히, '사구부정'에서, '부정否定'이라는 말은 논증의 방식을

334

나타낸다. 사구부정의 논리를 스승이 제자를 일깨우는 차원에 적용해보면, '사구분별'에 집착하는 극단적인 견해인 '사구변견四句邊見(mtha' bzhi)'을 논박하여 그 모순을 깨닫게 하는데 목적이 있다는 것을 알 수 있다. 그래서 '사구부정'이라는 말은 곧 '사구논박四句論駁'을 의미하는 것이기도 하다.

60 오종논리五種論理 혹은 칠종논리七種論理는 짠드라끼르띠가 《입중론》에서 세간의 존재를 집합과 부분 등을 통해 분석했던 '5+2의 논리,' 즉 기존에 사용하던 다섯 가지 논리와 그에 둘을 더한 일곱 가지 논리를 말한다. 짠드라끼르띠는 다음과 같이 마차의 예를 들어 존재에 대한 분석을 주로 하였다. (1) 마차는 마차의 일부가 아니다. (2) 마차는 마차와 동일하지 않다. (3) 마차에는 마차의 일부가 없다. (4) 마차는 마차에 포함된 구성물이 아니다. (5) 마차는 구성물을 담는 용기가 아니다. 이상의 다섯 가지는 짠드라끼르띠 이전에도 널리 사용되었다. 하지만 그는 여기에 두 가지를 더하였다. (6) 마차는 마차의 부분들의 집합체가 아니다. (7) 마차는 마차의 형상이 아니다.

61 이와 같은 학파적 주장들이 실제로 인도의 힌두(正統六派)철학에 그대로 해당하는 것인지는 의문이 있을 수 있다. 이것은 티벳불교에서 인도 학파들을 사상이나 개념을 정리할 때 그것을 구체적으로 구분하지 않고 대강의 범주로 이해하고 있기 때문에 생기는 문제인데, 특히 논리학적 학습을 위한 《종학사宗學史(grub mtha')》 문헌들의 전통에서 비롯된 경우가 많다. 왜냐하면, 이 문헌들은 종학적 교육체계에 따라 그와 비교되는 학파들의 주장을 간단하게 요약하여 정리한 경우가 많기 때문이다. 따라서 본문에서는 이와 같은 개념과 주장들을 논박하는 이유에 더 많은 관심을 기울여야 할 것으로 보인다.

62 편역자 주 : 여기에는 실제로 보살계를 수지하는 의식이 포함되어 있지 않지만, 실제 법문 현장에서는 보살계 의식을 거행한 이후에 이와 같은 설법을 한다.

참고문헌

경전

- *Dependent Origination Sutra* (*Pratītyasamutpāda -adivibhanga-nirdeśa-sūtra*). (Tib. *rten cing 'brel bar 'byung ba dang po dang rnam par dbye ba bstan pa;* Toh 211, Kangyur, *mdo sde*, vol. tsha, 123b-125a).
- *Heart Sutra* (*Prajñāpāramitāhṛdaya-sūtra*). (Tib. *shes rab kyi pha rol du phyin pa'i snying po*; Toh 21, Kangyur, *shes phyin*, vol. *ka*, 144b-146a).

인도 논서

- Āryadeva. *Four Hundred Verses* (*Catuḥśatakaśāstra*). (Tib. rnal *'byor spyod pa bzhi brgya pa*; Toh 3846, Tengyur, *dbu ma*, vol. *tsha*, 1b-18a). Complete English Translation of this work with extant fragments of the Sanskrit original can be found in Karen Lang's *Āryadeva's Catuḥśataka* (Copenhagen: Akademisk Forlag, 1986). A translation of the root stanzas from the Tibetan edition with Gyaltsap Je's commentary can be found under the title *The Yogic Deeds of Bodhisattva: Gyel-tsap on Aryadeva's Four Hundred* (Ithaca: Snow Lion, 1994), translated and edited by Ruth Snam.
- Āryaśūra. *Compendium of the Perfections* (*Pāramitāsamāsa*). (Tib. *pha rol du phyin pa bsdus pa;* Toh 3944, Tengyur, *dbu ma*, vol. *khi*, 217b-235a). Complete English translation of this work from the Sanskrit original can be found in Carol Mradows's *Ārya-śūra's Compendium of the Perfections* (Bonn: Indica et Tibetetica Verlag, 1986)
- Asaṅga. *Bodhisattva Levels* (*Bodhisattvabhūmi*). (Tib. *rnal 'byor spyod*

336

pa'i sa las byang chub sems pa'i sa; Toh 4037, Tengyur, *sems tsam*, vol. *vi*, 1b-213a).

- *Compendium of Higher Knowledge* (*Abhidharmasamuccaya*). (Tib. *chos mngo pa kun las btus pa;* Toh 4049, Tengyur, *sems tsam*, vol. *ri*, 1b-77a, 44b-120a). English translation of this work from Walpola Rahula's French translation undertaken by Sara Boin-Webb in *Abhidharmasamuccaya: The Compendium of the Higher Teaching* (Fremont: Asian Humanities Press, 2001).

- *The Sublime Continuum* (*Uttaratantra*). (Tib. *theg pa chen po rgyud bla ma;* Toh 4024, Tengyur, *sems tsam*, vol. *phi*, 54b-73a). English Translation of this work can be found under the title *The Changeless Nature* (Eskdalemuir, Scotlans: Karma Drubgyud Dharjay Ling, 1985), translated by Ken and Katia Holmes.

- Bhāvaviveka. *Blaze of Reasoning* (*Tarkajvālā*). (Tib. *dbu ma rtog ge 'bar ba;* Toh 3856, Tengyur, *dbu ma*, vol. *dza*, 40b-329b)

- Candrakīrti. *Clear Words: Commentary on the "Fundamental Wisdom of the Middle Way"* (*Prasannapadā*). (Tib. *dbu ma rta ba'i 'grel pa tshig gsal ba;* Toh 3860, Tengyur, *dbu ma*, vol. *ha*, 1b-200a).

- *Commentary on the "Four Hundred Verses on the Middle Way"* (*Catuḥśatakaṭīkā*). (Tib. *bzhi brgya pa'i rgya cher 'grel pa;* Tog 3865, Tengyur, *dbu ma*, vol. *ya*, 30b-239a).

- *Supplement to the Middle Way* (*Madhyamakāvatāra*). (Tib. *dbu ma la 'jug pa;* Toh 3861, Tengyur, *dbu ma*, vol. *ha*, 201b-219a). Ang English Translation of this work can be found in C. W. Huntington, Jr.'s *The Emptiness of Emptiness* (Honolulu: University of Hawaii, 1989).

- Dharmakīrti. *Commentary on the "Valid Cognition"* (*Pramāṇavārttika*). (Tib. *tshad ma rnam 'grel gyi tshig le'ur byas pa;* Toh 4210, Tengyur, *tshad*

337

ma, vol. *ce*, 94b-151a).

- Nāgārjuna. *Commentary on the Awakening Mind* (*Bodhicittavaraṇa*). (Tib. *byang chup sems kyi 'grel pa;* Toh 1800 and 1801, Tengyur, *rgyud*, vol. *ngi*, 38a-42b, 42b-45a). An English Translation of this short work can be found in Chr. Lindtner's *Nagarjuniana: Studies in the Writings and Philosophy of Nāgārjuna* (Delhi: Motilal Banarsidass, 1987).

- *Compendium of Sutras* (*Sūtrasamuccaya*). (Tib. *mdo kun las btus pa;* Toh. 3934, Tengyur, *dbu ma*, vol. *ki*, .18b-215a).

- *The Precious Garland* (*Ratnāvalī*). (Tib. *rgyal po la gtam bya ba rin po che'i phreng ba;* Toh. 4158, Tengyur, *spring yig*, vol. *ge*, 107a-126a). An English translation of this work by John Dunne and Sara McClintock exists under the title *The Precious Garland: An Epistle to a King* (Boston: Wisdom Publications, 1997).

- *Stanzas on the Fundamental Wisdom of the Middle Way* (*Mūlamadhyamakakārikā*). (Tib. *dba ma rtsa ba'i tshig le'ur byas pa;* Toh. 3824, Tengyur, *dbu ma*, vol. *tsa*, 1b-19a). There are numerous English translations of this work, including Fredrick Streng's *Emptiness: A Study in Meaning* (Nashville: Abington Press, 1967), Kenneth Inada's *Nāgārjuna: A Translation of His Mūlamadhyamakakārikā with an Introductory Essay* (Tokyo: The Hokuseido Press, 1970), and Jay Garfield's *The Fundamental Wisdom of the Middle Way* (New York: Oxford University Press, 1995).

- Prajñākaramati. *Explanation of the Difficult Points of "Guide to the Bodhisattva's Way of Life"* (*Bodhicaryāvatāraprañjika*). (Tib. *byang chub sems pa'i spyod pa la 'jug pa'i dka' 'grel;* Toh. 3873, Tengyur, *dbu ma*, vol. *la*, 288b-349a).

- Śāntarakṣita. *Ornament of the Middle Way* (*Madhyamakālaṃkāra*). (Tib. *dbu ma rgyan gyi tshig le'ur byas pa;* Toh. 3884, Tengyur, *dbu ma*, vol. *sa*,

53a-56b).

- Śāntideva. *Compendium of Deeds* (*Śikṣāsamuccaya*). (Tib. *bslab pa kun las btus pa;* Toh. 3940, Tengyur, *dbu ma,* vol. *hi,* 3a-194b). Translated into English from Sanskrit by Cecil Bendall and W.H.D. Rouse (Delhi: Motilal Banarsidass, 1971; reprinted).

- *The Way of the Bodhisattva* (*Bodhicaryāvatāra*). (Tib. *byang chup sems pa'i spyod pa la 'jug pa;* Toh 3871, Tengyur, *dbu ma,* vol. *la,* 1b-40a). Several English translations of this work exist, including Stephen Batchelor's *Guide to the Bodhisattva's Way of Life* (Dharamsala: Library of Tibetan Works & Archives, 1979), *The Way of the Bodhisattva,* translated by the Padmakara Translation Group (Boston: Shambhala Publications, 1997), as well as *The Bodhicaryāvatāra,* translated by Kate Krosby and Andrew Skilton (New York: Oxford University Press, 1995).

- Vasubandhu. *Treasury of Higher Knowledge* (*Abhidharmakośa*). (Tib. *chos mngo pa mdzod kyi tshig le'ur byas pa;* Toh 4089, Tengyur, *mngon pa,* vol. *ku,* 1b-25a). English translation from La Valleé Poussin's French edition found in Leo M. Pruden, *Abhidharma-kośa-bhāṣyam* (Fremont: Asian Humanities Press, 1991).

티벳 문헌

- Künsang Palden, Khenpo. *Sacred Words of My Teacher Manjushri* (*byang chub sems dpa'i spyod pa la 'jug pa rtsa ba dang 'grel pa*). Type- set edition (Sichuan: National Minorities Press, 1990).

- Künsang Sönam, Minyak. *Brilliant Lamp Illuminating the Suchness of Profound Dependent Origination* (*spyod 'jug gi 'grel bshad rgyal sras yon tan bum bzang*). Typeset edition (Xinhua: National Minorities press,

1990).

- Mipham Jamyang Namgyal Gyatso. *Exposition of the Ornament of the Middle Way* (*dbu ma rgyan gyi rnam bshad*). The Collected Works of Ju Mipham, vol. *nga* (4).
- Tsongkhapa. *Notes on the Wisdom Chapter.* The Collected Works of Tsongkhapa, vol. *pha* (14).
- Gyaltsap Je. *Gateway of Entrance for the Bodhisattvas: A Thorough Exposition of the Guide to the Bodhisattva's Way of Life* (*byang chub sems dpa'i spyod pa la 'jug pa'i rnam bshad rgyal sras 'jug ngogs*). The Collected Works of Gyaltsap Je, vol. *nga* (4).